Hubert Feiereis und Jürgen Herhahn
Fragen aus der Praxis —
Antworten von Experten
Band 2

Fragen aus der Praxis — Antworten von Experten

Herausgegeben von
Hubert Feiereis und Jürgen Herhahn

Band 2

Hans Marseille Verlag GmbH München

Prof. Dr. Hubert Feiereis
Medizinische Universität
Ratzeburger Allee 160
2400 Lübeck 1

Dr. Jürgen Herhahn
Virchowstraße 32
2400 Lübeck 1

Einzeln nicht erhältlich

© 1991 by Hans Marseille Verlag GmbH, München 22
Druck und Bindung: Ebner Ulm

Geleitwort

In unserer Buchbeilage des letzten Jahres konnten wir eine Sammlung von Antworten auf Fragen unserer Leserinnen und Leser aus den verschiedenen Gebieten und Teilgebieten veröffentlichen und baten gleichzeitig, mit weiteren Fragen an der Gestaltung dieser Zeitschrift mitzuwirken. Eine intensive, positive Resonanz ermöglicht es uns, in einem weiteren Band viele Fragen und Antworten vorzulegen.

Dieses vielseitige Interesse weist auf die im Praxisalltag immer wieder notwendige Auseinandersetzung mit den ständig fortschreitenden Erkenntnissen in Diagnostik und Therapie hin, die den Spezialisten ebenso beschäftigen, wie sie allgemeine, fachübergreifende Beachtung hervorrufen.

Wir danken allen Kolleginnen und Kollegen für die häufig ausführliche Bearbeitung der Fragen und ebenso für die Bemühungen um die notwendigen Literaturbelege.

Wir empfinden diese Beilage als Zeichen enger Verbundenheit zwischen unseren Leserinnen und Lesern, den Experten sowie der Redaktion und dem Verlag. Wir hoffen, daß wir auch in Zukunft den Dialog zwischen Fragenden und Antwortenden vermitteln und möglichst viele in diesen Kreis einbeziehen können.

H. Feiereis und J. Herhahn

Inhaltsübersicht

Herz-Kreislauf, Hypertonie

Arrhythmie bei Vorhofflimmern	1
Therapie von Arrhythmien	3
Therapie des M. *Menière*	5
Venenbypass – Nachbehandlung	6
Intraarterielle Pharmakotherapie bei arterieller Verschlußkrankheit der Beine?	8
Arterielle Verschlußkrankheit	9
Digitale Subtraktionsangiographie der Aorta	10
Diagnostik bei Hypertonie	10
Blutdruckdifferenzen an der oberen Extremität	11
Beidseitige Blutdruckmessung	12
Blutdrucküberwachung in der Schwangerschaft	13
Arterielle Hypertonie im Kindesalter	14

Pulmonologie, Allergologie

Referenzwerte für die kleine Spirometrie	17
Bedeutung der Deposition verschiedener inhalativer Asthmamedikamente	19
Hyperreagibles Bronchialsystem bei Schulkindern	20
Hyperreagibilität	22
Schlafapnoe	23
Allergische Rhinitis nach Alkohol?	25
Insektengiftallergie	25

Blutkrankheiten, Onkologie, Gerinnung

Kontraindikationen für Blutspende	27
Akute intermittierende Porphyrie	28

Tumormarker MCA 29

Stellenwert des Tumormarkers
CA 15/3 beim Mammakarzinom 30

Extrakorporale Ganzkörperhyperthermie 31

Therapie mit Thymusfaktoren 33

Non-*Hodgkin*-Lymphome 34

Heparin nach Operationen 35

Antikoagulation 36

Unverträglichkeitsreaktion auf
Marcumar 38

Risiko einer thromboembolischen
Komplikation 39

Harntrakt

Grenzwerte bei prostataspezifischem
Antigen 41

B-Scan-Untersuchungen der
Nierenarterien 42

Nachweis der Nierenarterienstenose 43

Nierenangiographie bei arterieller
Hypertonie 44

Komplementspiegel bei Nephritiden 45

Magen-Darmtrakt, Ernährung

Zöliakie und Risiko einer
Krebserkrankung 47

Hepatitis B-Antikörper 50

Nachsorge bei Hepatitis B 51

H_2-Antagonisten: Indikationen 52

Thrombozytose bei M. *Crohn* 53

Gefahren durch Kontrastmittel
bei ERCP 54

Ursachen einer Lipase-Erhöhung 55

Symptomlose Persistenz erhöhter
Pankreasenzyme im Serum 56

Gastroösophageale Refluxkrankheit 57

Röntgenuntersuchung vor und nach
Magenresektion 58

Magenkarzinomrisiko nach
jahrelanger H_2-Blocker-Gabe? 59

Verwachsungsschmerzen nach
Unterleibsoperationen 61

Behandlung von Analfisteln 61

Abdomenübersichtsaufnahmen 63

Dickdarmvorbereitung 63

Parodontitis marginalis bzw.
Gingivarezessionen 64

Diät bei Gallensteinen 66

Lebenswichtige Nährstoffe 67

Sutoxine 68

Geselchte, gepökelte und geräucherte Lebensmittel kanzerogen? 70

Löslicher Kaffee schädlich? 70

Blutwerte während des Fastens 71

Notfälle

Intrakranielle Blutungen 73

Obere gastrointestinale Blutung 74

Anaphylaxieprophylaxe bei
Dextraninfusionen 75

Physostigmin bei Alkoholintoxikation 75

Infektionen

Verhindert eine 1. evtl. eine
2. Viruserkrankung? 77

Borreliose 79

Lyme-Borreliose 79

Borreliose durch Insekten?	80
Rötelnreinfektion	81
Antibiotikatherapie von Pneumonien	82
Malariaprophylaxe	83
Malariaprophylaxe mit Resochin	84
Chlamydieninfektionen	85
Perioperative Antibiotikaprophylaxe	87
Kardiale Diagnostik bei akuten Virusinfektionen	88
Kleiner Fuchsbandwurm	89
*Pfeiffer*sches Drüsenfieber	90

Endokrinologie, Stoffwechsel

Hormone im Klimakterium	91
Infertilität bei Fernsehtechnikern	92
Jodprophylaxe	92
Risikofaktor: Hyperurikämie	93
Diabetes Typ I oder Typ II?	95
Kombinationstherapie bei Typ II-Diabetikern	96
Cholesterinsynthese	97
Vegetarische Kost — Cholesterinspiegelerhöhung	98
Cholesterinbestimmung	98
Blutfettwerte	100
Lipidsenkende Maßnahmen	101
Adipositas	102
Folsäuremangel	103
Zusammenhang zwischen Vitamin A-Hypervitaminose und Leberzysten?	104
»Plurimetaboles Syndrom«	105
Beeinflussung des Kohlenhydratstoffwechsels durch ACE-Hemmer	106
Hypertriglyzeridämien bei Gravidität	107

Immunologie, Impfungen, Systemerkrankungen

Immunologische Bedeutung der Tonsillen	109
Nachweis zirkulierender Immunkomplexe	110
Bedeutung neuer Impfstoffkombinationen	111
Alter bei Mumpsimpfung	113
Rötelnimpfung in der Schwangerschaft	114
Polioimpfung bei Erwachsenen	115
Tetanusdurchseuchung	116
Pneumokokkenimpfung nach Splenektomie	118
Polyarthritis	119
Enzymtherapie bei chronischer Polyarthritis	119
Hyperkalzämie bei chronischer Polyarthritis	121
Diagnostik des Lupus erythematodes	122
Therapie des milden Lupus	123
Zellkernantikörpernachweis	124

Hauterkrankungen

Ernährung von Kindern und Jugendlichen bei Neurodermitis	127
Zusammensetzung von Melkfett	128
Melanom und Gravidität	129
M. *Recklinghausen* — Therapie mit Ketotifen?	130
Erythema migrans — Impfung und Therapie?	131
Therapie von Steißbeinfisteln	131
Therapie von Warzen	132
Anwendung der Lichttherapie	133
Akute und Intervalltherapie beim Granuloma anulare	135

Nervenkrankheiten

Elektrostimulation des Ganglion *Gasseri*	137
Lumbalpunktion bei eitriger Meningitis	138
*Friedreich*sche Ataxie – Therapie?	139
Subarachnoidalblutung – Diagnose und Therapie	140
Okulomotoriusparesen	143
Diagnose des M. *Alzheimer*	144
Apoplexie	145
Alkoholentzugskrämpfe	146
Verwirrtheitszustände in der Geriatrie	148

Arzneimitteltherapie

Hochdosierte Kortikoidtherapie	151
Anexate bei hepatischer Enzephalopathie	153
Tumortherapie mit Levamisol	154
Acetylsalicylsäure bei Koronarpatienten	155
ACE-Hemmer	157
Nitratpflaster	158

Verschiedenes

Einsichtsrecht in Krankenpapiere	161
Irrtümliche Gabe eines Depotinsulins	162
Blutalkoholgehalt von 0,23‰	163
Der betrunkene Patient in der Poliklinik	163
Schmerzbehandlung mittels Periduralkatheters	165
Erhitzen von Kuhmilch und Sterilisieren in der Mikrowelle	167
Mikrowellen nicht schädlich	169
Totale Eisenbindungskapazität	170
Gefahren bei Bildschirmarbeit?	171
Gesundheitsgefahren durch elektromagnetische Felder	173
Bedeutung der Elastase als Entzündungsparameter	175
Hyponatriämie	177
Chronische Schwermetallvergiftung durch Amalgamfüllungen?	179
Grenzwerte für Nikotin	180
Stillen und Gewichtsabnahme	181
Saunabesuch und Abhärtung	182

Autorenverzeichnis 183

Sachverzeichnis 191

Herz-Kreislauf, Hypertonie

Arrhythmie bei Vorhofflimmern

Frage: Ich habe in der letzten Zeit wiederholt widersprüchliche Mitteilungen darüber gelesen, daß es sinnvoll sei, Patienten mit neu eingetretener absoluter Arrhythmie bei Vorhofflimmern auch ohne Klappenfehler zur Embolieprophylaxe zu antikoagulieren. Da besonders viele ältere Patienten eine absolute Arrhythmie haben, wäre ich sehr daran interessiert, ob die möglichen Blutungskomplikationen nicht den Benefit, d. h. die Embolieprophylaxe übersteigen?

Das bei Patienten mit absoluter Arrhythmie infolge Vorhofflimmerns zweifellos erhöhte Risiko für arterielle Embolien hängt ab von der Größe des linken Vorhofs und ist am höchsten bei Patienten mit Mitralvitien bzw. anderen kombinierten Vitien oder dilatativer Kardiomyopathie, geringer bei koronarsklerotisch bedingtem Vorhofflimmern ohne Vergrößerung des linken Vorhofs und am geringsten, wenn keine Herzerkrankung oder Hyperthyreose vorliegt. Durch eine Langzeitantikoagulation kann das Risiko arterieller Embolien gesenkt werden, obwohl dieser Effekt niemals durch eine randomisierte Studie definitiv bewiesen wurde (4).

Eine jüngst publizierte randomisierte plazebokontrollierte Studie zur Prävention thromboembolischer Komplikationen bei länger bestehendem nicht-rheumatisch bedingtem Vorhofflimmern mit Warfarin bzw. Acetylsalicylsäure (75 mg/d) ergab in der Warfarin-Gruppe eine signifikant niedrigere Rate an thromboembolischen Komplikationen und vaskulär bedingten Todesfällen; Acetylsalicylsäure- und Plazebogruppe unterschieden sich diesbezüglich nicht signifikant (6). Bei 21 von 335 mit Warfarin behandelten Patienten (INR 2,8–4,2) mußte das Medikament wegen nicht-tödlicher Blutungen abgesetzt werden. Auch waren in der Warfarin-Gruppe Studienabbrüche häufiger als in der Acetylsalicylsäure- oder Plazebogruppe (wegen Weigerung des Patienten bei 19%, wegen schlechter Compliance bei 7%). Bemerkenswerterweise mußten 505 der ursprünglich vorgesehenen 2546 Patienten wegen Kontraindikationen gegen eines der beiden Medikamente ausgeschlossen werden.

Der Vergleich einer Langzeitantikoagulation bei 70 Patienten aus Maastricht mit Schlaganfall bei nicht-rheumatischem Vorhofflimmern mit 50 aus Oxfordshire, die keine Antikoagulantien erhalten hatten, ergab keine signifikante Differenz bezüglich der Überlebensrate oder der Schlaganfallrezidive (5).

Ob man sich bei Vorhofflimmern zur Einleitung einer Langzeitantikoagulation entschließt, hängt nicht allein von der zugrundeliegenden Ursache des Vorhofflimmerns, sondern auch von den beim betreffenden Patienten gegebenen Kontraindikationen gegen eine gerinnungshemmende Behandlung ab (ABC der Kontraindikationen siehe bei 3). Bei dringender Indikation sind intensive Bemühungen angebracht, um Kontraindikationen zu beseitigen: gute Einstellung einer Hypertonie, Sicherstellung der Compliance (gegebenenfalls Überwachung der Medikamenteneinnahme durch zuverlässige Angehörige), gleichzeitige Rezidivprophylaxe gastroduodenaler Ulzera usw. Das Alter per se stellt m. E. keine Kontraindikation gegen eine Antikoagulation dar, doch sind vorhandene Kontraindikationen im Alter schwerer zu gewichten. Bei nicht zu beseitigenden Kontraindikationen sollte man auf eine langfristige Applikation niedermolekularer Heparine ausweichen (2).

Zusammenfassend halte ich in Übereinstimmung mit *Richardt, Schömig* u. *Kübler* (7; dort auch weitere Literatur) eine Langzeitantikoagulation bei Vorhofflimmern unter folgenden Umständen für dringend indiziert:

1. wenn ein Vitum cordis, eine dilatative Kardiomyopathie oder eine Hyperthyreose vorliegen;

2. wenn bei koronarer Herzkrankheit echokardiographisch eine starke Vergrößerung des linken Vorhofs nachgewiesen wurde;

3. wenn – auch bei anderer Grundkrankheit – bereits arterielle Embolien abgelaufen sind;

4. wenn ein häufiger Wechsel zwischen Sinusrhythmus und Vorhofflimmern auftritt.

Wünschenswert ist eine Antikoagulation vor Durchführung einer Kardioversion, beginnend 3 Wochen vor dieser Maßnahme und endend etwa 6 Wochen danach, wenn bis dahin der Sinusrhythmus erhalten blieb.

Bei anderen Patienten, insbesondere älteren mit unzureichender Compliance ist das Embolierisiko wahrscheinlich nicht größer als das Risiko gravierender Blutungen, deren Häufigkeit mit der Dauer der Antikoagulation zunimmt (1), so daß bei dieser Patientengruppe eine Antikoagulation allein wegen des Bestehens eines Vorhofflimmerns nicht zu rechtfertigen ist.

Literatur

1. FORFAR, J. C.: A 7-year analysis of haemorrhage in patients on long-term anticoagulant treatment. Br. Heart J. **42**, 128 (1979).
2. HARENBERG, J. u. Mitarb.: Primary and secondary long-term prophylaxis of thromboembolism in outpatients with the low-molecular-weight heparin KABI 2165. Haemostasis **18**, 78–81 (1988).
3. HEINRICH, F. u. M. REDECKER: Therapie tiefer Venenthrombose – wann stationär, wann ambulant? Schwerpunktmed. **6**, 36–43 (1983).
4. LECHNER, K. u. Mitarb.: Orale Antikoagulantientherapie – Renaissance einer alten Therapie? Wien. klin. Wschr. **99**, 203–211 (1987).
5. LODDER, J. u. Mitarb.: Cooperative study on the value of long term anticoagulation in patients with stroke and non-rheumatic atrial fibrillation. Br. med. J. **296**, 1435–1438 (1988).
6. PETERSEN, P. u. Mitarb.: Placebo-controlled, randomised trial of warfarin and aspirin for prevention of

thromboembolic complications in chronic atrial fibrillation. The Copenhagen AFASAK Study. Lancet **1989/I**, 175–179.
7. RICHARDT, G., A. SCHÖMIG u. W. KÜBLER: Kardiogene Hirnembolien. Inn. Med. **15,** 123–125 (1988).

F. Heinrich, Bruchsal

Therapie von Arrhythmien

Ein in der allgemeinärztlichen Praxis relativ häufig vorkommendes Problem ist die Behandlung einer absoluten Arrhythmie bei Vorhofflimmern, die sich besonders bei älteren Patienten häufig zeigt. Meist sind diese Patienten wegen einer mäßiggradigen Herzinsuffizienz digitalisiert. Eine aktuelle Ursache für das Auftreten dieser Herzrhythmusstörung ist nach Ausschluß einer Hyperthyreose meist nicht zu finden.
Die nachstehenden Fragen beziehen sich nur auf Patienten, in denen das Vorhofflimmern mit absoluter Arrhythmie erst seit kurzer Zeit bekannt ist.

1. Frage: Welche weiteren Ursachen kommen infrage?

Neben den bekannten Ursachen kommen als nächst häufige nach unserer Erfahrung infrage:

1. hypertensive Herzkrankheit bzw. arterielle Hypertonie ohne nachweisbare Zeichen einer hypertensiven Herzkrankheit;

2. koronare Herzkrankheit mit und ohne abgelaufenen Infarkt;

3. sog. »lone atrial fibrillation«, d. h. Vorhofflimmern, meist intermittierend auftretend, ohne Nachweis einer organischen Herzerkrankung;

4. Klappenfehler, besonders bisher nicht bekannte Mitralklappenstenose, Mitralklappeninsuffizienz oder Aortenstenose.

2. Frage: Wie sieht die optimale Behandlung aus?

Vor der Therapie sollte — abgesehen von einer Notfalltherapie bei Vorhofflimmern mit rascher Überleitung auf die Kammer —

zunächst die weitere Diagnostik mit klinischer Untersuchung, Röntgenaufnahme des Thorax und Echokardiographie stehen. Bei rascher Kammerfrequenz ist u. E. bei jedem Patienten die Digitalisierung sinnvoll. Bei allen zusätzlichen therapeutischen Maßnahmen sollte klar entschieden werden, ob lediglich eine Senkung der Kammerfrequenz bei rascher Überleitung oder aber eine Rückführung in den Sinusrhythmus beabsichtigt ist.

Zur Reduktion der Kammerfrequenz haben sich folgende Arzneimittelkombinationen bewährt:

1. Digitalis und Verapamil;

2. Digitalis, Verapamil und Chinidin (in höherer Dosierung);

3. Digitalis und Sotalol;

4. bei therapierefraktärer rascher Kammerfrequenz auch Digitalis und Amiodaron plus evtl. zusätzlich ein Betarezeptorenblocker oder Klasse 1 A-Antiarrhythmikum (z. B. Disopyramid).

Zur medikamentösen Konversion in den Sinusrhythmus:

1. Digitalis und Chinidin (Chinidindosierung bis zu max. 1,2 g tägl.);

2. eine Kombination aus Digitalis, Chinidin und Verapamil (Chinidin in dieser Kombination bis max. 800 mg, Verapamil bis max. 240 mg);

3. Digitalis und Disopyramid (max. Dosierung bis 600 mg/d);

4. Digitalis und Flecainid (max. Dosierung bis 200 mg/d);

5. Digitalis und Propafenon (max. Dosierung bis 750 mg/d);

6. Digitalis und Amiodaron (max. Dosierung unter Dauertherapie bis 400 mg/d).

3. Frage: Sollte bei jedem Patienten die Rückführung in einen Sinusrhythmus angestrebt werden? Kann dies ambulant geschehen?

Die Rückführung in einen Sinusrhythmus sollte nicht bei jedem Patienten angestrebt werden. Eine Rückführung in den Sinusrhythmus ist nur dann sinnvoll, wenn das Vorhofflimmern weniger als 1—2 Jahre besteht (Ausnahme nach erfolgreichen kardiochirurgischen Eingriffen) und der linke Vorhof im Echokardiogramm nicht erheblich vergrößert ist. Gleichzeitig sollte eine stabile kardiale Situation vorliegen und eine zusätzliche internistische Grundkrankheit, die Vorhofflimmern unterhält, nicht vorhanden bzw. beseitigt sein.

Grundsätzlich ist eine medikamentöse Konversion von Vorhofflimmern in den Sinusrhythmus durchaus auch unter ambulanten Bedingungen möglich.

Voraussetzung hierfür sind:

1. Beantwortung aller obigen Fragen.

2. Bei mehr als 1 Woche andauerndem Vorhofflimmern vor medikamentöser und elektrischer Kardioversion, effektive Antikoagulation mit *Marcumar* oder mit Heparin für mindestens 14 Tage vor und mindestens 14 Tage (wenn möglich länger) nach Kardioversion. Nach Möglichkeit Ausschluß von Thromboemboliequellen im Bereich des linken Vorhofes vor Kardioversion mittels transösophagealer Echokardiographie.

3. Besonders unter ambulanten Bedingungen sollte man hohe Dosierungen von Antiarrhythmika zur medikamentösen Kardioversion vermeiden. Maximale Dosen für die häufig angewandten Antiarrhythmika sind: Chinidin 1,2 g/d, Disopyramid 0,6 g/d, Flecainid 0,2 g/d sowie Propafenon 0,75 g/d.

4. Bei nicht erfolgreicher medikamentöser Kardioversion sollten die Patienten zur

elektrischen Kardioversion für mindestens 12 Stunden stationär aufgenommen werden.

4. Frage: Welche weiteren Maßnahmen sind zu ergreifen, wenn Digitalis und Verapamil nicht zum Erfolg führen?

Die meisten der zur Verfügung stehenden Maßnahmen sind zur 2. Frage benannt. Neben einer Digitalisierung ist z. B. die 3mal tägliche Gabe von Verapamil und Chinidin (z. B. *Cordichin*) versuchsweise indiziert. Bei Nichterfolg evtl. zusätzliche Gabe von 2–3mal 200 mg Chinidin in retardierter Form.
Alternativ Gabe von Digitalis und Flecainid (bis zu 200 mg/d) und Gabe eines niedrig dosierten β_1-selektiven β-Blockers (z. B. 2mal 12,5 mg *Tenormin*).

5. Frage: Wie hoch ist das Risiko einer Chinidinsynkope? Kann im Hinblick auf diese die Einleitung einer Chinidinbehandlung unter ambulanten Bedingungen verantwortet werden?

Genaue Zahlen für das Risiko einer Chinidinsynkope (d. h. therapieinduzierte polymorphe Kammertachykardie oder Kammerflimmern) liegen in der Literatur nicht vor. Es muß mit einer Häufigkeit von 1 : 1000 bis 1 : 10000 behandelter Patienten gerechnet werden. Trotzdem kann eine Chinidintherapie auch unter ambulanten Bedingungen eingeleitet werden. Wir empfehlen zum Ausschluß einer Chinidinidiosynkrasie zunächst die Verabreichung einer Chinidintestdosis von 100–200 mg Chinidin in nicht retardierter Form (z. B. als Chinidin sulfuricum). Etwa 1–2 Stunden nach Gabe von Chinidin sollte die frequenzkorrigierte QT-Zeit gemessen werden, die Verlängerung der QT-Zeit sollte weniger als 15% betragen.

B. Schneider und T. Meinertz, Hamburg

Therapie des M. *Menière*

Frage: Mit welcher Therapie läßt sich ein Menière-Anfall schnell und effektiv durchbrechen? Wie ist die derzeitige Standardtherapie des M. Menière im Intervall?

Der M. *Menière* geht typischerweise einher mit einseitiger, wechselnder Schallempfindungsschwerhörigkeit und Schwindelanfällen bis zu einigen Stunden, die meistens sehr schwer und anfangs mit Übelkeit und Erbrechen verbunden sind. Die cochleären und vestibulären Störungen können gleichzeitig auftreten, oder eines der Symptome geht dem anderen um Tage bis Jahre voraus. Typisch sind auch Empfindungen von Druck- und Völlegefühl des Ohres vor den Schwindelanfällen verbunden mit Ohrrauschen. Man rechnet 46 Erkrankungen auf 100 000 Einwohner.
Pathologisch-anatomische Studien an Schläfenbeinen von Patienten mit dieser Erkrankung zeigen regelmäßig einen endolymphatischen Hydrops im Innenohr. Der wahrscheinlichste Grund dafür scheint der Verlust der Resorptionsfähigkeit des Saccus endolymphaticus zu sein, wozu mehrere Erkrankungen führen können. Die Krankheit kann in verschiedenen Stadien sistieren, kann aber auch bis zum weitgehenden Ausfall des Innenohres fortschreiten. Eine kausale Therapie ist bis heute nicht bekannt.
Alle therapeutischen Ansätze medikamentöser oder operativer Art, aber auch die spontane Beobachtung ohne Eingreifen berichten von Erfolgsquoten zwischen 60 und 80%.
Der akute *Menière*-Anfall läßt sich am besten durch temporäre Ausschaltung des Vestibularisorganes mittels *Dehydrobenzperidol* behandeln. Natürlich müssen die Kreislaufverhältnisse des Patienten vorher geprüft werden. Günstig sind 1 ml in 500 ml *Tutofusin*-Lösung. Damit wird das Gleichgewichtsorgan etwa für 6 Stunden ruhig gestellt. Natürlich lassen sich auch mit Sedativa und Antiemetika Linderungen des Anfalls erreichen.

Alle Therapien im Intervall sind nach oben Gesagtem nur symptomatisch. Für eine gefäßerweiternde Infusionstherapie gibt es aufgrund der pathologisch-anatomischen Befunde keine logische Begründung. Ebenso wenig sind spezielle Kostformen erfolgreich.

Operativ sind 3 Verfahren angewendet worden:

1. Drainage des Saccus endolymphaticus;
2. Endolymph-Perilymph-Shuntoperationen;
3. operative Ausschaltung des Vestibularapparates.

Die sicherste Methode ist, den peripheren Vestibularisapparat durch eine Tympanotomie zu zerstören. Das Innenohr wird durch das ovale Fenster eröffnet, der Utriculus unter Sicht entfernt und die Ampullen der Bogengänge werden blind sondiert.

Die operativen Verfahren werden vor allem eingesetzt, wenn die Schwindelattacken unerträglich werden. Als kleiner operativer Eingriff hat sich mit recht gutem Erfolg folgendes Vorgehen (*Lange* 1977) bewährt: Nach Einlage eines Paukenröhrchens in das Trommelfell wird Gentamicinsulfat in die Pauke gespült, wobei überwiegend das vestibuläre Epithel ausgeschaltet wird, so daß sich das Gehör bei etwa $2/3$ der Patienten erhalten läßt.
Die meisten Informationen stammen von *H. F. Schuknecht* aus Boston.

W. Pirsig, Ulm

Venenbypass – Nachbehandlung

Frage: Ein 33jähriger Mann, Raucher, wurde wegen eines Verschlusses der A. poplitea mit einem femoro-kruralen Venenbypass versorgt. Postoperative Marcumarisierung. Keine Herzrhythmusstörungen. Erhebliche Hyperlipidämie. Ist die Marcumarisierung indiziert und wenn ja, wie lange? Wäre eine Thrombozytenaggregationshemmertherapie nicht ausreichend?

Die in einer prospektiven Studie der Züricher Gruppe ermittelte Durchgängigkeitsrate nach femoro-poplitealem Venentransplantat lag unter Antikoagulanzientherapie tendenzweise höher als unter Gabe eines Thrombozytenfunktionshemmers (1). Im Gegensatz dazu stehen die Ergebnisse derselben Arbeitsgruppe nach Thrombendarteriektomie der A. femoralis. Hier zeigte die Prophylaxe mit Acetylsalicylsäure signifikant bessere Langzeitresultate als unter Antikoagulanzientherapie (2).
Die Ergebnisse werden gestützt durch die Wiener Arbeitsgruppe, die prospektiv den Wert einer Antikoagulation nach femoropopliteokruralem Venenbypass untersuchten (3). Nach diesen Ergebnissen scheint eine zur Besserung der Funktionswahrscheinlichkeit initiierte Antikoagulation auch allgemein Wirkungen im Sinne der Verlängerung des Patientenüberlebens zu haben (4).

Die Dauer der Antikoagulanzienbehandlung kann nicht eindeutig festgesetzt werden. Da ein Großteil der Rezidive innerhalb des ersten Behandlungsjahres eintritt (1), sollte zumindest in diesem Zeitraum behandelt werden. Die Bedeutung der Antikoagulanzientherapie für das Patientenüberleben wird besonders ab 2. Behandlungsjahr deutlich (4).

Den Vorteilen der Antikoagulanzientherapie stehen mögliche Nebenwirkungen gegenüber, die jeweils abgeschätzt werden müssen. Während 876 Patientenjahren (565 Patienten) traten bei 65 Patienten (12%) größere Blutungen auf, davon bei 10 Patienten (2%) tödliche. Die kumulative Inzidenz einer größeren Blutung nach 1, 12 und 48 Monaten betrug 3, 11 und 22%. Das monatliche Risiko einer größeren Blutung nahm im Laufe der Zeit ab. Es betrug 3% während des 1. Behandlungsmonates, 0,3% nach dem 1. Behandlungsjahr. Fünf voneinander unabhängige Risikofaktoren für eine Blutung konnten analysiert werden: Alter über 65 Jahre, Schlaganfallanamnese, Anamnese einer gastrointestinalen Blutung, ernsthafte Begleiterkrankungen (Herzinfarkt, Niereninsuffizienz, schwere Anämie) und Vorhofflimmern (5).

Bei dem hier vorgestellten Patienten wäre noch die Ätiologie des Verschlusses der A. poplitea zu eruieren. Zwar sind in erster Linie arteriosklerotische Veränderungen aufgrund eines Nikotinkonsumes und einer Hyperlipidämie zu diskutieren, jedoch müßten auch seltenere lokale Veränderungen wie eine zystische Adventitia-Degeneration oder ein popliteales Entrapment-Syndrom bedacht werden. Typische arteriographische Veränderungen und ein oft bilateraler Befall können wegweisend sein. Eine Thrombangiitis obliterans ist bei der anamnestischen Angabe einer Hyperlipoproteinämie sehr unwahrscheinlich.

Literatur

1. BOLLINGER, A. u. Mitarb: Thrombozytenfunktionshemmer und Antikoagulantien nach gefäßrekonstruktiven Eingriffen im femoro-poplitealen Bereich. In: BREDDIN, K. u. Mitarb. (Hrsg.): Prophylaxe venöser, peripherer, kardialer und zerebraler Gefäßkrankheiten mit Acetylsalicylsäure. S. 79. Schattauer, Stuttgart-New York 1981.
2. BOLLINGER, A. u. U. BRUNNER: Antiplatelet drugs improve the patency rates after femoro-popliteal endarterectomy. VASA **14,** 272 (1985).
3. KRETSCHMER, G.: Antiaggregation versus Antikoagulation beim femoro-popliteocruralen Venenbypass. VASA **20,** 65 (1987).
4. KRETSCHMER, G. u. Mitarb.: Influence of anticoagulant treatment in preventing graft occlusion following saphena vein bypass for femoro-popliteal occlusive disease. Br. J. Surg. **73,** 689 (1986).
5. LANDEFELD, C. S. u. L. GOLDMAN: Major bleeding in outpatients treated with warfarin: incidence and prediction by factors known at the start of outpatient therapy. Am. J. Med. **87,** 144 (1989).

A. Creutzig, Hannover

Intraarterielle Pharmakotherapie bei arterieller Verschlußkrankheit der Beine?

Frage: Intraarterielle Pharmakotherapie bei arteriellen Verschlußkrankheiten der Beine: Nach Literaturangaben (Kristen, van der Molen, K. E. Loose, Ph. Kriton) wird Lidocain oder Scandicain i.a. gegeben. Die intravasale Gabe dieser Medikamente ist nach Angaben der Hersteller kontraindiziert. Welche Rangstellung hat die Therapie heute im Rahmen der konservativen Behandlung der arteriellen Verschlußkrankheit?

Mir sind keine wissenschaftlichen Studien bekannt, die den therapeutischen Nutzen intraarterieller Injektionen von Lidocain oder *Scandicain* als Monotherapie belegen und schon gar keine prospektiven randomisierten Studien. Es wird behauptet, daß die Injektion derartiger Medikamente in die Arterie der erkrankten Extremität die Angiogenese fördert und das Kapillarwachstum ankurbelt, aber der wissenschaftliche Beweis ist nie geliefert.
Auch nach langdauernder intraarterieller Pharmakotherapie ist im Gefäßlaboratorium keine Verbesserung der Meßwerte festzustellen, die ausschließlich auf diese intraarteriellen Injektionen zurückzuführen ist.

Für die Tatsache, daß trotzdem manche Erkrankten sich nach der Behandlung besser fühlen, können mehrere Erklärungen gegeben werden:

1. Die Beschwerden, welche Gefäßpatienten empfinden, sind manchmal sehr wechselnd. Abhängig von vielen Faktoren (Gemütsstimmung, körperliches Wohlbefinden, Klima, Außentemperatur usw.) können Verbesserungen oder Verschlechterungen auftreten. Solche Änderungen der Beschwerden können auch spontan stattfinden.

2. Die Verbesserung kann z. T. einem Plazebo-Effekt zu verdanken sein. Hierbei muß man an einen therapeutischen Effekt der Beziehungen zwischen Arzt und Patienten denken. Wichtig dabei ist, welche Erwartungen der Patient und wieviel Vertrauen er in die Behandlung und in den behandelnden Arzt hat. Manchmal ist die Besserung der Aufklärung, der Führung und dem ermutigenden Zuspruch des Arztes zu verdanken, wodurch der Lebensmut des Patienten gestärkt wird.

3. Zweifellos spielt auch Autosuggestion des Patienten eine Rolle. Das Gefühl »es tut sich etwas im Bein« während der Injektion stärkt sein Vertrauen in die Therapie und seine Hoffnung. Vertrauen und Hoffnung können das Leistungsvermögen des Patienten steigern.

4. Die wichtigste Erklärung der manchmal beobachteten Besserung nach intraarterieller Pharmakotherapie ist die Tatsache, daß die Injektionen immer nur ein kleiner Bestandteil der Gesamttherapie sind. Kein Arzt wird seine Therapie nur auf Injektionen beschränken. Immer wird der behandelnde Arzt den Patienten über alle möglichen anderen Therapiemethoden beraten. Er wird ihm das Rauchen untersagen; er wird Gehtraining vorschreiben oder zumindest anordnen, viel zu laufen; er wird Übergewicht bekämpfen, vasoaktive und rheologisch wirksame Medikamente vorschreiben, eine kardiale oder pulmonale Erkrankung behandeln usw.

Viele von diesen Beratungen und Behandlungen haben einen viel größeren therapeutischen Effekt als die intraarteriellen Injektionen von irgendeinem Medikament.

Wie oben erwähnt ist der therapeutische Nutzen, der exklusiv durch intraarterielle Injektionen von Lidocain oder *Scandicain* hervorgerufen wird, nie bewiesen worden. Wenn man bedenkt, daß diese Behandlung schon jahrzehntelang angewendet wird, könnte man aufgrund des fehlenden wissenschaftlichen Beweises zu der

Schlußfolgerung kommen, daß das Verfahren in therapeutischem Sinn wertlos und nutzlos ist. Darüber hinaus sind die intraarteriellen Injektionen nicht ganz unschädlich. Das wiederholte Anstechen einer Arterienwand erzeugt ohne Zweifel einen Schaden, auch wenn dieser noch so gering ist.

R. J. A. M. van Dongen, Amsterdam

Arterielle Verschlußkrankheit

Frage: Wie ist ein einseitig oder beidseitig fehlender Puls der A. tibialis posterior (Palpation) zu bewerten, wenn die Pulse der A. dorsalis pedis beidseits tastbar sind und klinisch keine Anzeichen einer arteriellen Durchblutungsstörung der Füße festgestellt wurden?

Die A. tibialis posterior kann bei 5% gesunder Menschen fehlen. Die Plantararterien entspringen dementsprechend dann aus der A. peronaea *(Lippert* u. *Papst* 1985), so daß der Puls der A. dorsalis pedis tastbar ist. Eine gleichzeitig vorliegende arteriosklerotische Gefäßerkrankung könnte die Kompensation vorzeitig beeinträchtigen. Die klinische Bewertung einer arteriellen Verschlußkrankheit sollte daher stets mit einer Prüfung der Ultraschall-Doppler-Drucke in Ruhe und nach Belastung (30 Zehenstände in einer Minute) erfolgen. Der alleinige Palpationsbefund ist zur Einschätzung einer arteriellen Durchblutungsstörung unter diesen Umständen somit nicht ausreichend.

Literatur

LIPPERT, H. u. R. PAPST: Arterial variations in man. Bergmann, München 1985.

H. Böhme, Gauting

Digitale Subtraktionsangiographie der Aorta

Frage: Wie zuverlässig ist die intravenöse digitale Subtraktionsangiographie zur Beurteilung von Gefäßveränderungen und Stenosen im Bereich der Aorta? Gibt es Fehldiagnosen mit dieser Methode? Wann ist eine Aortographie notwendig?

Da bei der digitalen Subtraktionsangiographie mit intravenöser KM-Applikation ein ungünstigeres Signal-Rausch-Verhältnis vorliegt, können auch bei der Untersuchung der Aorta im Vergleich mit herkömmlichen Angiographietechniken vor allem geringfügige Veränderungen der Aortenwand, z. B. wenig erhabene arteriosklerotische Plaques, dem Nachweis entgehen. Dagegen sind vor allem hämodynamisch wirksame Stenosen der Aorta mit der intravenösen DSA sicher zu erfassen, vorausgesetzt bei dem untersuchten Patienten liegt eine ausreichende Herzleistung vor, die den notwendigen Transport des Kontrastmittels gewährleistet. So kann z. B. bei Patienten mit Herzinsuffizienz und Aortenaneurysma aufgrund des stark verlangsamten Blutstromes vor allem im Aneurysma der Ausflußtrakt des Aneurysmas unter Umständen nur ungenügend zur Darstellung kommen.

Indikationen zur i.v. DSA der Aorta sind das bereits genannte Aortenaneurysma und die Aortendissektion, Stenosen, z. B. auch Isthmusstenose, angeborene Aortenfehlbildungen, z. B. Arcus aortae duplex.

E. Gmelin, Lübeck

Diagnostik bei Hypertonie

Frage: Bei einem neu entdeckten Hypertonus stellt sich am Anfang der Diagnostik immer die Frage einer renalen Genese. Welche Verdachtsmomente rechtfertigen invasive diagnostische Maßnahmen (Pyelogramm, Isotopennephrogramm, digitale Substraktionsangiographie der Nieren)?

Bei bis zu 5% aller Patienten mit einer manifesten arteriellen Hypertonie liegt eine sekundäre Hochdruckursache vor. Die renale Hypertonie (renoparenchymatöser und renovaskulärer Hochdruck) ist die häufigste Form eines sekundären Hochdrucks. Bei der Seltenheit der meisten sekundären Hochdruckursachen und des kostenmäßigen Aufwands zu ihrer Diagnose wird die Frage, wann entsprechende weiterführende Untersuchungen indiziert sind, kontrovers diskutiert. Kosten-Nutzen-Analysen geben im Einzelfall keine praktische Hilfestellung. M. E. sollten weiterführende Untersuchungen durchgeführt werden, wenn:

1. der Verdacht auf das Vorliegen einer sekundären Hochdruckursache gegeben ist (körperliche Untersuchung, laborchemische Parameter, klinischer Befund);
2. eine arterielle Hypertonie mit exzessiv erhöhten Blutdruckwerten vorliegt;
3. eine arterielle Hypertonie vorliegt, die medikamentös schwer einstellbar ist;
4. die Erstmanifestation des Hochdrucks bei jungen Patienten vorliegt (<40 Jahre).

Hinweise für eine renoparenchymatöse oder renovaskuläre Hypertonie sind:

1. Anamnese (Nierenerkrankungen, Harnwegsinfekte, Nierensteine, Nierentrauma, Röntgenbestrahlung der Nieren, Medikamente [Analgetika]);
2. exzessiv erhöhte diastolische Blutdruckwerte (>120 mmHg);
3. schwer einstellbare oder »therapierefraktäre« Hypertonie;

4. maligne Hypertonie (Augenhintergrund!);
5. abdominelles Auskultationsgeräusch als Hinweis auf eine Nierenarterienstenose.

Die Empfehlungen zur Basisdiagnostik des Hochdrucks der Deutschen Liga zur Bekämpfung des hohen Blutdrucks sollten Grundlage für die Hypertoniediagnostik in Praxis und Klinik sein.

Als Basisdiagnostik bei jeder neu entdeckten arteriellen Hypertonie würde ich folgendes Untersuchungsschema durchführen:

1. Serumparameter (Na, K, Kreatinin);
2. Augenhintergrund;
3. abdomineller Ultraschall (Nieren, Nebennieren, Aorta);
4. Harnsediment, Eiweiß im Harn.

Bei Verdacht auf eine renale Genese sollten ergänzend untersucht werden:

1. Renin im Plasma;
2. venöse (oder arterielle) digitale Subtraktionsangiographie der Nieren (alternativ Nierenperfusionsszintigraphie mit seitengetrennter Clearance).

Auf die Anfertigung eines Ausscheidungsurogramms mit Frühurogramm kann meiner Meinung nach als ergänzende diagnostische Maßnahme bei Verdacht auf renale Hypertonie in der Regel verzichtet werden.
Alle Suchteste haben den Nachteil, daß sowohl falsch negative und falsch positive Ergebnisse möglich sind. Beweisend für die renoparenchymale Hypertonie wäre letztlich die pathohistologische Diagnosestellung nach Nierenbiopsie und der Ausschluß anderer sekundärer Hypertonieformen und für die renovaskuläre Hypertonie der Nachweis und die Artdiagnose der Nierenarterienstenose durch eine selektive Renovasographie.

H. Geiger, Würzburg

Blutdruckdifferenzen an der oberen Extremität

Frage: Wie ist das diagnostische Vorgehen bei Blutdruckdifferenz an der oberen Extremität (rechts-links)?

Blutdruckdifferenzen zwischen linkem und rechtem Arm von 5–10, maximal 20 mmHg sind noch als normal anzusehen und bedürfen somit keiner weiteren Klärung. Als Ursache darüber hinausgehender Differenzen kommen folgende Krankheiten bzw. Anomalien in Betracht:

Artefakte
1. anatomische Größendifferenz der oberen Extremität
2. fehlerhafte Manschettenbefestigung
3. unterschiedlicher Muskel- oder Gefäßtonus

kongenitale Herzerkrankungen
1. supravalvuläre Aortenstenose
2. offener Ductus arteriosus

erworbene Erkrankungen
1. Abgangsstenose einer Aortenbogenarterie
2. Aortendissektion
3. Aortenaneurysma
4. Scalenus-Syndrom
5. Mesaortitis luica
6. *Marfan*-Syndrom
7. *Takayasu*-Erkrankung mit Aortenbogensyndrom

Zur diagnostischen Erstmaßnahme gehört eine eingehende körperliche Untersuchung mit Beurteilung evtl. durchblutungsmangelbedingter Schäden, Arterienpalpation und -auskultation.

Sofern ein Artefakt ausgeschlossen ist, schließen sich weitere spezielle Untersuchungstechniken an. Zunächst erfolgt eine dopplersonographische Untersuchung zur genaueren Erfassung der Druckdifferenzen und evtl. Bestimmung von Stenoselokalisationen mittels subtiler Etagendiagnostik. Es schließt sich eine Röntgenaufnahme der Thoraxorgane an, die vereinzelt diagnostische Hinweise bieten kann. Bei entsprechendem Verdacht (insbesondere Aortendissektion, Aortenaneurysma) wird als nächster Schritt einer nicht-invasiven Diagnostik eine echokardiographische Untersuchung — bevorzugt auch eine transösophageale Untersuchung — eingesetzt. Alternativ bzw. in Ergänzung erfolgt eine computertomographische Untersuchung der Thoraxorgane mit Kontrastmittel zur genaueren anatomischen Beurteilung der großen intrathorakalen Gefäße.

Sofern die nicht-invasive Diagnostik keine genaue Diagnosestellung erlaubt, bzw. sich Hinweise auf die Notwendigkeit einer operativen Intervention ergeben, muß als letzter Schritt eine selektive angiographische Klärung möglichst mittels intraarterieller digitaler Subtraktionsangiographie (DSA) erfolgen. Zur vorläufigen Orientierung kann wegen ihrer geringeren Invasivität evtl. auch zunächst eine intravenöse DSA durchgeführt werden.

H. W. Wiechmann, Hamm

Beidseitige Blutdruckmessung

Frage: Bei Patienten, bei denen sich vielfache Hinweise auf sklerotische Veränderungen im Sinne einer Makroangiopathie finden, fiel mir des öfteren auf, daß die Blutdruckmessung im Vergleich zwischen rechtem und linkem Arm deutlich unterschiedliche Blutdruckwerte ergab (Differenz größer als 20 mmHg). Während des Untersuchungsganges war dies wiederholt feststellbar. Bei späteren Kontrollen konnte ich dann diese unterschiedlichen Blutdruckwerte nicht mehr beobachten. Da ich dieses wechselnde Phänomen jetzt bereits mehrfach festgestellt habe, wäre ich für eine Stellungnahme dankbar, ob es hierfür eine mögliche physiologische Erklärung gibt.

Die beidseitige Blutdruckmessung ist sowohl bei der Erstuntersuchung eines Patienten als auch zur Verlaufskontrolle bei Patienten mit bekannten arteriosklerotischen Gefäßerkrankungen empfehlenswert. Dabei ist eine Seitendifferenz bis zu 20 mmHg noch als physiologisch anzusehen. Verschiedene Autoren lassen auch eine Seitendifferenz bis zu 30 mmHg als noch physiologisch gelten. Bei Differenzen, die darüber liegen, ist eine Einengung der arteriellen Strombahn, z. B. im Sinne einer Stenose bzw. eines Verschlusses der A. subclavia auszuschließen (Strömungsgeräusch, abgeschwächter Radialispuls).

Für Meßunterschiede des Blutdruckes ist darüber hinaus auch das Verhältnis zwischen Oberarmumfang und Manschettenbreite verantwortlich. Bei einer handelsüblichen Manschette beträgt bei einem Oberarmumfang zwischen 24—36 cm die Meßgenauigkeit ± 5%.
Ein wiederholt meßbarer Seitenunterschied um 20 mmHg ist daher durchaus noch als physiologisch zu bewerten.

H. Böhme, Gauting

Blutdrucküberwachung in der Schwangerschaft

Frage: Häufig beobachten wir bei der Blutdrucküberwachung von Patientinnen mit Gestose eine signifikante Seitendifferenz; sowohl systolisch als auch diastolisch liegen vor allem rechtsseitige Meßwerte oft um 30 mmHg höher als links. Wurde dieses Phänomen auch andernorts beobachtet? Gibt es eine pathophysiologische Erklärung?

Die Blutdruckmessung wird bei allen Patientinnen durch zahlreiche Faktoren beeinflußt. Vor allem sind die starke Variabilität des Blutdrucks, die unterschiedliche Interpretation des *Korotkoff*schen Strömungsgeräusches und äußere Umstände, wie Aufregung oder Streß der Patientin, zu nennen.

Blutdruckunterschiede an beiden Armen wurden bei nichtschwangeren Patientinnen von *Paky* u. Mitarb. (1) untersucht. Die Autoren konnten bei allen Messungen signifikant höhere systolische Blutdruckwerte am rechten Arm feststellen, während diastolisch die Blutdruckwerte links geringgradig erhöht waren. Die Ursachen für diese Unterschiede sind bisher nicht bekannt; es werden u. a. die Spontanvariabilität des Blutdrucks und der kontinuierliche Blutdruckabfall im Laufe mehrerer serieller Messungen diskutiert. Bei Blutdruckseitenunterschieden von über 20 mmHg sollte eine organische Ursache, z. B. arterielle Stenosen oder Verschlüsse im Bereich der oberen Extremitäten, ausgeschlossen werden.

Untersuchungen über Seitenunterschiede des Blutdrucks bei schwangeren Patientinnen liegen m. W. nicht vor. Allerdings ist bekannt, daß lagebedingte Veränderungen des Blutdrucks in der Schwangerschaft auftreten können. Dreht sich die gravide Patientin von der Linksseitenlage in die Rückenlage, so ist ein signifikanter Anstieg des diastolischen und systolischen Blutdrucks festzustellen. Ein weiterer Anstieg erfolgt nach dem Wechsel von der Rückenlage in die sitzende Position. Insgesamt ist der Blutdruck bei der schwangeren Patientin im Sitzen hochsignifikant höher als in Linksseitenlage. Als Ursache für diese Unterschiede werden u. a. der unterschiedliche hydrostatische Druck zwischen der Herzhöhe und der Höhe der Blutdruckmanschette diskutiert.

Es ist festzustellen, daß die Blutdruckmessung unter standardisierten Bedingungen in sitzender Position erfolgen sollte. Ein Gespräch mit der Patientin ist während der Blutdruckmessung zu vermeiden, da dadurch ein Blutdruckanstieg provoziert werden kann. Während der Schwangerschaft wird der diastolische Blutdruck bei Leiserwerden der *Korotkoff*-Geräusche (nicht bei Aufhören der *Korotkoff*-Geräusche) bestimmt.

Literatur

1. PAKY, A. u. Mitarb.: Blutdruckunterschiede an beiden Armen. Schweiz. Rdsch. Med. (Praxis) **72,** 906 (1983).

St. Niesert, Hannover

Arterielle Hypertonie im Kindesalter

Frage: Wie ist das diagnostische und therapeutische Vorgehen bei juveniler Hypertonie?

Bei der Diagnostik der arteriellen Hypertonie im Kindesalter sind folgende Punkte zu beachten:

Meßtechnik

Prinzipiell gelten für die Blutdruckmessungen von Kindern und Jugendlichen die gleichen Regeln wie im Erwachsenenalter. Zur genaueren Beurteilung sollten 2 Messungen im Abstand von wenigen Minuten ausgeführt werden, bei größeren Differenzen eine 3. Messung. Als Meßinstrument wird ein Quecksilber-Manometer verwendet, lediglich bei unter 2jährigen empfiehlt sich der Einsatz der Dopplermethode. Entscheidend ist die Verwendung einer dem jeweiligen Alter angepaßten Manschette. Im Gegensatz zum Erwachsenenalter wird der diastolische Wert durch Verwendung der 4. *Korotkow*-Phase (Leiser- und Dumpferwerden der Töne) bestimmt, während der systolische Wert in üblicher Weise ermittelt wird.

Definition

Wegen des kontinuierlichen Anstiegs des Blutdruckes im Wachstumsalter kann die im Erwachsenenalter übliche Definition erhöhter Blutdruckwerte nicht auf die pädiatrische Altersgruppe übertragen werden. Es müssen vielmehr altersspezifische Blutdrucknormalwerte bzw. erhöhte Blutdruckwerte definiert werden. Wegen der individuellen Schwankungen werden unter diesem Gesichtspunkt Blutdruckwerte erst dann als erhöht angesehen, wenn sie bei mindestens 3 zeitlich getrennten Messungen über der 95. Altersperzentile liegen.

Ursachen

Die Angaben über die Häufigkeit primärer und sekundärer Hypertonieformen im Kindesalter schwanken in entsprechenden Untersuchungen sehr stark, so daß in Abhängigkeit von Definition und Selektion der hypertensiven Kinder eine relative Häufigkeit der primären Hypertonie von 1—95% (!) angegeben wird. Prinzipiell gilt, daß die Wahrscheinlichkeit des Vorliegens einer sekundären Hypertonie um so größer ist, je jünger das betroffene Kind und je schwerer die Blutdruckerhöhung ist.

Als Ursachen einer sekundären Hypertonie kommen — ohne in Einzelheiten zu gehen — im wesentlichen folgende Erkrankungen bzw. Erkrankungsgruppen in Betracht:

renal
Nierenparenchymerkrankungen
renovaskuläre Erkrankungen

endokrin
katecholaminproduzierende Tumoren
Störungen der Nebennierenrinde
reninproduzierende Tumoren
Hyperthyreose
Hyperparathyreoidismus

kardiovaskulär
Aortenisthmusstenose
Aorteninsuffizienz
offener Ductus Botalli
A.V.-Fistel

neurogen
u. a. intrakranielle Tumoren

Spezielle Diagnostik

Die Klärungsbedürftigkeit einer Hypertonie im Kindesalter wird bestimmt vom Ausmaß der Blutdruckerhöhung, vom Lebensalter und vom Vorhandensein sekundärer Organschädigungen. Abgesehen von Extremfällen sollte zunächst immer eine wiederholte Blutdruckmessung über einen längeren Zeitraum hinweg erfolgen. Liegt aber der Blutdruck im Bereich oder nur gering oberhalb der 95. Alterspersentile, sollten folgende diagnostische Maßnahmen erfolgen:

1. ausführliche Anamnese (Familienanamnese!) mit Erfassung der Lebensgewohnheiten (Salzkonsum!).

2. körperliche Untersuchung (Herzgeräusche, Stenosegeräusche, Tumoren) mit Blutdruckmessung im Liegen, Sitzen, Stehen, Blutdruckmessung an beiden oberen und unteren Extremitäten, Fundusskopie.

3. Labor: Harnstatus, Blutbild, Serumelektrolyte, Serumkreatinin.

Bei anhaltend deutlich höheren Blutdruckwerten sind weitere Untersuchungen notwendig:

1. Ekg, Röntgenaufnahmen der Thoraxorgane;

2. Sonographie des Abdominalraums, Frühurogramm;

3. Plasma-Renin-Spiegel, Plasma- und Harn-Aldosteron und -Cortisol, Harnkatecholamine.

Bei ungeklärter schwerer Hypertonie, sowie bei gezieltem Verdacht auf renovaskuläre Hypertonie sind indiziert:

1. Aortographie bzw. selektive Nierenangiographie oder intravenöse digitale Subtraktionsangiographie;

2. seitengetrennte Nierenvenen-Renin-Bestimmung.

Weitergehende diagnostische Maßnahmen wie Miktionszystourographie, Nierenbiopsie, Herzkatheteruntersuchungen und Gefäßdarstellungen sind nur bei Vorliegen richtungsweisender Symptome indiziert.

Therapie

Bei der Therapie der juvenilen Hypertonie sind folgende Punkte zu beachten:

1. Die Indikation zur Therapie sollte, außer bei extremen Blutdruckentgleisungen, erst nach sorgfältiger, längerfristiger Beobachtung erfolgen.

2. Selbstverständlich sollten kausale Therapiemöglichkeiten bei sekundären Hypertonieformen voll ausgeschöpft werden.

3. Hinsichtlich einer medikamentösen Therapie sollte grundsätzlich Zurückhaltung geübt werden. Selbstverständlich sind vor der Verordnung von Medikamenten nicht-medikamentöse Maßnahmen wie Einschränkung des Kochsalzkonsums, Gewichtsreduktion, sportliche Betätigung und Abbau anderer kardiovaskulärer Risikofaktoren konsequent durchzuführen.

4. Erst bei unzureichendem Erfolg nicht-medikamentöser Maßnahmen wird die Indikation zur speziellen antihypertensiven Therapie gestellt, und zwar bei Kindern bis zu 12 Jahren bei anhaltender Erhöhung des diastolischen Druckes über 90 mmHg, bei älteren Kindern bei Werten über 100 mmHg.

5. Bei der medikamentösen Langzeittherapie im Kindesalter hat sich ein stufenweises Vorgehen, ähnlich wie im Erwachsenenalter, bewährt; allerdings liegen nur wenige kontrollierte pharmakologische Studien über eine begrenzte Anzahl von Antihypertensiva im Wachstumsalter vor.

Aufgrund bisheriger Erfahrungen kann folgendes Stufentherapieschema als Leitfaden gelten:

Stufe 1: salzarme Kost + Hydrochlorothiazid oder Propranolol.

Stufe 2: Stufe 1 + Propranolol bzw. Hydrochlorothiazid.

Stufe 3: Stufe 2 + Dihydralazin.

Stufe 4: Stufe 3 + Alpha-Methyldopa oder Prazosin.

Dosierungsempfehlungen werden im Kindesalter auf das Körpergewicht bzw. die Körperoberfläche bezogen, bei älteren Kindern sind gegebenenfalls die Dosierungsrichtlinien für Erwachsene heranzuziehen.
Die Kombination verschiedener Antihypertensiva ist durchaus vorteilhaft, da sich synergistische Effekte ergeben und durch Reduktion der Dosis der Einzelsubstanzen Nebenwirkungen verringert werden können.

Begrenzte pädiatrische Erfahrungen liegen auch mit Nifedipin und Captopril vor, so daß diese Substanzen alternativ eingesetzt werden können.

6. Zur Therapieüberwachung sollten die Eltern bzw. die Jugendlichen selbst möglichst regelmäßig eine Blutdruckmessung vornehmen. Ärztliche Kontrollen evtl. Nebenwirkungen einer medikamentösen Therapie müssen in mehrwöchigen, langfristig in mehrmonatigen Abständen erfolgen.

H. W. Wiechmann, Hamm

Pulmonologie, Allergologie

Referenzwerte für die kleine Spirometrie

Frage: In meiner Praxis führe ich Lungenfunktionsuntersuchungen durch, auch bei Kindern und Jugendlichen. Leider sind mir keine Grenz-(Norm-)Werte für Vitalkapazität und FEV1 (1-Sekundenwert) bei Kindern und Jugendlichen bekannt. Bitte, nennen Sie Quellen oder, wenn möglich, Richtwerte.

Die in der Anfrage angesprochene sog. kleine Spirometrie stellt eine wesentliche Bereicherung des diagnostischen Repertoires niedergelassener Allgemeinmediziner, Internisten, Kinderärzte und natürlich Pneumologen dar. Obstruktive Lungenerkrankungen und deren Reversibilität durch Gabe eines Bronchodilatators können auf diese Weise relativ sicher und gut reproduzierbar beantwortet werden.

Sog. Referenzwerte für die kleine Spirometrie im Kindes- und Jugendalter stehen in mehreren Versionen zur Verfügung. Die pharmazeutische Industrie hat zum Teil einfach anzuwendende und praxisgeeignete Behelfe zur Verfügung gestellt. Zu erwähnen wären z. B. die Lungenfunktionstafeln für Kinder und Jugendliche der Firma *Boehringer Ingelheim,* basierend auf den Angaben von *Zapletal* u. Mitarb. (3). Die Tabelle stellt einen handlichen Überblick für Kinder und Jugendliche zwischen 100 und 180 cm dar (Tab. 1).

Für den mitteleuropäischen Gebrauch haben sich die *Zapletal*-Werte besonders breit eingeführt. Andere Referenzwerte wurden von *von der Hardt,* Hannover, *Götz,* Wien, *Forche* u. Mitarb., Graz, *Thal* u. Mitarb., Magdeburg, erstellt.
Von besonderer Bedeutung sind die Spielbreiten der Norm, die üblicherweise für den 1-Sekundenwert und die Vitalkapazität ±10% betragen. Aus wissenschaftlicher Sicht muß die Angabe des Bezugswertes auch mit einer Standardabweichung versehen sein.

männlich						weiblich					
Größe	VC	FEV$_1$	Größe	VC	FEV$_1$	Größe	VC	FEV$_1$	Größe	VC	FEV$_1$
100	960	760	141	2500	2040	100	940	750	141	2340	1930
			142	2550	2080				142	2380	1970
101	990	780	143	2600	2120	101	970	770	143	2420	2010
102	1010	800	144	2650	2170	102	1000	800	144	2470	2050
103	1040	830	145	2700	2210	103	1020	820	145	2520	2090
104	1070	850	146	2750	2250	104	1050	840	146	2560	2130
105	1100	870	147	2800	2300	105	1070	860	147	2610	2170
106	1130	900	148	2860	2340	106	1100	880	148	2650	2210
107	1160	920	149	2910	2390	107	1130	910	149	2700	2250
108	1190	950	150	2970	2440	108	1160	930	150	2750	2290
109	1220	970				109	1190	950			
110	1250	1000	151	3020	2480	110	1210	980	151	2800	2330
			152	3080	2530				152	2850	2370
111	1280	1030	153	3140	2580	111	1240	1000	153	2900	2410
112	1320	1050	154	3190	2630	112	1270	1030	154	2950	2460
113	1350	1080	155	3250	2680	113	1300	1050	155	3000	2510
114	1380	1110	156	3310	2730	114	1330	1080	156	3050	2550
115	1420	1140	157	3310	2780	115	1370	1110	157	3100	2590
116	1450	1160	158	3430	2830	116	1400	1130	158	3150	2640
117	1490	1190	159	3490	2880	117	1430	1160	159	3200	2690
118	1520	1220	160	3550	2930	118	1460	1190	160	3260	2730
119	1560	1250				119	1490	1210			
120	1600	1280	161	3610	2980	120	1530	1240	161	3310	2780
			162	3680	3040				162	3370	2830
121	1630	1310	163	3740	3090	121	1560	1270	163	3420	2880
122	1670	1350	164	3800	3150	122	1600	1300	164	3480	2920
123	1710	1380	165	3870	3200	123	1630	1330	165	3540	2970
124	1750	1410	166	3930	3260	124	1670	1360	166	3590	3020
125	1790	1440	167	4000	3320	125	1700	1390	167	3650	3070
126	1830	1480	168	4070	3370	126	1740	1420	168	3710	3120
127	1870	1510	169	4140	3430	127	1770	1450	169	3770	3180
128	1910	1540	170	4200	3490	128	1810	1480	170	3830	3230
129	1950	1580				129	1850	1510			
130	1990	1610	171	4270	3550	130	1890	1550	171	3890	3280
			172	4340	3610				172	3950	3330
131	2040	1650	173	4410	3670	131	1920	1580	173	4010	3390
132	2080	1690	174	4480	3730	132	1960	1610	174	4070	3440
133	2120	1720	175	4560	3790	133	2000	1650	175	4130	3490
134	2170	1760	176	4630	3850	134	2040	1680	176	4190	3550
135	2210	1800	177	4700	3920	135	2080	1720	177	4250	3600
136	2260	1840	178	4780	3980	136	2120	1750	178	4320	3660
137	2300	1880	179	4850	4050	137	2170	1790	179	4380	3720
138	2350	1920	180	4930	4110	138	2210	1820	180	4450	3770
139	2400	1960				139	2250	1860			
140	2450	2000				140	2290	1900			

Tab. 1
»Referenzwerte« von VC und FEV$_1$ für Kinder und Jugendliche (nach *Zapletal, A.* u. Mitarb. und *H. Fischer*)

In Abhängigkeit von der verwendeten Methode der Erstellung der Lungenfunktionswerte (konventionelles Spirometersystem gegenüber »offenem« Pneumotachographiesystem) liegen zum Teil unterschiedliche »Normalwerte« vor.

Die heute meist verwendeten elektronischen Spirometer sind in der Regel vom Hersteller mit geräteentsprechenden »Normalwerten« programmiert und erlauben somit eine Aussage hinsichtlich der beobachteten Übereinstimmungen bzw. Abweichungen. Die physiologisch und methodisch zum Teil komplexen Zusammenhänge werden dargestellt in *Zapletal* u. Mitarb. (4) sowie in *Polgar* u. *Promadhat* (2). Eine einfachere Übersicht findet sich bei *Fischer* (1).

Literatur

1. FISCHER, H.: Die einfache Lungenfunktionsprüfung in der Praxis. Gedon und Reuss, München 1985.
2. POLGAR, D. u. V. PROMADHAT: Pulmonary Function Testing in Children. Saunders, Philadelphia 1971.
3. ZAPLETAL, A., T. PAUL u. M. SAMANEK: Die Bedeutung heutiger Methoden der Lungenfunktionsdiagnostik zur Feststellung einer Obstruktion der Atemwege bei Kindern und Jugendlichen. Z. Erkrank. Atmungs-Org. **149**, 343–371 (1977).
4. ZAPLETAL, A., M. SAMANEK u. T. PAUL: Lung Function in Children and Adolescents. Karger, Basel 1987.

M. Götz, Wien

Bedeutung der Deposition verschiedener inhalativer Asthmamedikamente

Frage: Es ist bekannt, daß bei der Asthmabehandlung β-Sympathomimetika schon durch Einsprühen in die Nase zu einer Bronchodilatation führen können. Auf der anderen Seite wird behauptet, daß antiallergisch- und antientzündlich wirkende Substanzen wie Dinatrium cromoglicicum (DNCG), Nedocromil-Natrium oder Steroide als Inhalat möglichst tief in die Bronchien und Bronchiolen (Alveolen?) gelangen sollten, um eine optimale Wirkung zu erzielen. Welche Bedeutung ist dem Ort der Deposition wirklich beizumessen, und welcher Unterschied besteht bei den einzelnen Substanzgruppen hinsichtlich ihres Einsatzes als Pulver, Dosieraerosol (mit oder ohne Vorschaltkammer) oder als Aerosoltherapie mittels Vernebler?

Grundsätzlich ist zu bemerken, daß inhalative Medikamente zur Behandlung des kindlichen Asthma bronchiale nur dann von Vorteil sind, wenn sie optimal intrapulmonal deponiert werden. Der Vorteil einer topischen Anwendung von Medikamenten liegt darin, daß weniger hoch dosiert werden muß und dementsprechend weniger systemische Nebenwirkungen zu befürchten sind.

Zwar können β-2-Sympathomimetika, die wegen unsachgemäßer Inhalation im Oropharynx deponiert werden, auch auf systemische Weise wirken, da sie, einmal resorbiert, via Bronchialarterien wirken können. Die Dosierung ist aber bei einer solchen Verabreichung ungenügend.

Ganz anders verhält es sich mit Medikamenten, wie Dinatrium cromoglicicum (DNCG) und ähnlichen oder topischen Steroiden. Diese Medikamente zeigen ihre Wirkung ausschließlich am Ort, wo sie deponiert werden. Es muß also dafür gesorgt werden, daß sie auch bei Kindern mittels Einsatz einer geeigneten Inhalierhilfe bis in die Lungen gelangen. Besonders bei topischen Steroiden kann die Deposition im Oropharynx eine lokale Candidiasis hervorrufen.

Für die Praxis ist wichtig zu wissen, daß Dosieraerosole immer und ausschließlich nur mit einer großvolumigen Vorschaltkammer (*Volumatic* oder *Nebuhaler*) eingesetzt werden. Die Forderung nach einer Vorsatzkammer von mindestens 750 ml Inhalt wurde durch die Arbeitsgruppe *Sackner* u. Mitarb. erforscht (2), und wir haben einen Wirkungsvergleich des *Nebuhalers* im Vergleich zu 2 anderen Applikationsformen vor ein paar Jahren bei Asthmakindern untersucht (3). Inwiefern sich atemangetriebene Inhalationsgeräte, bei welchen die Wirksubstanz in Form von Pulver inhaliert wird, bei Kindern bewähren, geht aus einer Arbeit hervor, die wir nächstens in der »Schweizerischen Medizinischen Wochenschrift« veröffentlichen werden (1).

Die korrekte Wirkungsweise der einzelnen Inhalierhilfen ist direkt abhängig vom inspiratorischen Fluß, den das Kind erzeugen kann. Dabei hat sich gezeigt, daß mindestens 1 l/Sek. notwendig ist, eine Bedingung, die vom *Turbuhaler* (0,4 l/Sek.), vom *Rotahaler* (0,65 l/Sek.) und vom *Diskhaler* (0,8 l/Sek.) erfüllt wird. Der *Spinhaler* hingegen benötigt einen Fluß von mind. 1,6 l/Sek. und ist somit zum Einsatz bei Kindern mit Asthma bronchiale oder zystischer Fibrose nicht geeignet.

Literatur
1. HOLMANN, J. Ch., A. SCHIBLER u. R. KRAEMER: Charakteristiken der inspiratorischen Fluß-Volumenkurve bei Kindern mit Asthma bronchiale und Patienten mit zystischer Fibrose. Schweiz. med. Wschr. (im Druck).
2. KIM, Ch. S., M. A. ELDRIDGE u. M. A. SACKNER: Oropharyngeal Deposition and Delivery Aspects of Metered-Dose Inhaler Aerosols. Am. Rev. resp. Dis. **135**, 157–164 (1987).
3. KRAEMER, R., F. SENNHAUSER u. M. SCHÖNI: Der »Nebuhaler« in der Behandlung von Kindern mit Asthma bronchiale: Wirkungsvergleich mit zwei anderen Applikationsformen. Schweiz. Rdsch. Med. **18**, 463–466 (1974).

R. Kraemer, Bern

Hyperreagibles Bronchialsystem bei Schulkindern

Frage: Welche Therapiemöglichkeiten gibt es beim hyperreagiblen Bronchialsystem bei Schulkindern?

Das hyperreagible Bronchialsystem ist definiert als überschießende Verengung der Atemwege, meist auf inhalative Reize. Dabei ist zu berücksichtigen, daß prinzipiell jedes Bronchialsystem ab einer bestimmten Intensität und Konzentration einer Reizsubstanz mit einer Bronchokonstriktion reagiert. Das hyperreagible unterscheidet sich vom gesunden Bronchialsystem lediglich durch eine stärkere Bronchokonstriktion auf geringere Reize. Die pathologische Bronchokonstriktion wird willkürlich bei Überschreiten eines bestimmten Schwellenwertes festgelegt.

Es sind zahlreiche Auslöser der Hyperreagibilität bekannt:

1. chemische Noxen (z. B. SO_2, Ozon, Sprays, Rauch);
2. physikalische Noxen (z. B. Kaltluft, Hyperventilation — psychogen oder bei körperlicher Anstrengung —, Husten, Lachen);
3. Medikamente und pharmakologisch wirksame Substanzen (z. B. Betablocker, Acetylsalicylsäure, Metacholin, Prostaglandine, Leukotriene, PAF);
4. Allergene bei allergisch disponierten Individuen (z. B. Pollen, Tierepithelien, Hausstaub, Nahrungsmittel);
5. Entzündung (z. B. Virus-Bronchitis).

Die Hyperreagibilität läßt sich sehr zuverlässig mit Hilfe einfacher Provokationstests nachweisen und in ihrem Schweregrad abschätzen. Das Prinzip besteht in der inhalativen Exposition steigernder Konzentrationen beispielsweise von Histamin. Ein Abfall der FEV_1 von 20% gegenüber der Ausgangs-FEV_1 gilt als beweisend für ein hyperreagibles Bronchialsystem. Der Test ist nur dann sinnvoll, wenn die Ausgangs-FEV_1 normal ist (i.e. > 70% der Vitalkapazität).

Die nachgewiesene Hyperreagibilität ist das gemeinsame Kennzeichen aller Formen des Asthma bronchiale. Sie reicht allerdings für die Diagnose eines Asthmas allein nicht aus, da es hyperreagible Individuen gibt, die keine subjektive Asthmasymptomatik (anfallsweise Dyspnoe, Hypersekretion, Dyskrinie) haben. Gerade bei Kindern ist die asymptomatische Hyperreagibilität nicht selten. Die Therapie sollte sich in aller Regel auf diejenigen Patienten beschränken, bei denen die Hyperreagibilität mit einer Asthmasymptomatik einhergeht.

Vor der medikamentösen Therapie einer symptomatischen bronchialen Hyperreagibilität sollte zunächst versucht werden, eine mögliche exogene Ursache aus dem Umkreis des Patienten zu identifizieren und zu eliminieren bzw. die Exposition so weit als möglich zu vermeiden.

Bei allergischer Ursache kann beispielsweise der Austausch von Federbetten gegen andere Materialien oder die Vermeidung bestimmter Nahrungsmittel sinnvoll sein, wenn sich diese potentiellen Allergene tatsächlich als Verursacher der individuellen Hyperreagibilität erweisen. Diese Allergene werden häufig als spezifische Reize der Hyperreagibilität bezeichnet. Daneben sollte auch herausgearbeitet werden, ob das Kind möglicherweise unspezifischen Inhalationsnoxen, wie z. B. Rauchgasen (Ofenheizungen) ausgesetzt ist. Eine weitere wichtige inhalative Belastung von Kindern ist das Zigarettenrauchen der Eltern. Epidemiologische Untersuchungen haben gezeigt, daß Kinder von zigarettenrauchenden Eltern signifikant häufiger an bronchialer Hyperreagibilität erkranken.

Reichen Umfeldsanierungsmaßnahmen allein nicht aus oder liegt keine exogene Ursache der symptomatischen bronchialen Hyperreagibilität vor, so kann eine medikamentöse Therapie notwendig werden, die individuell und stufenweise durchgeführt werden sollte und sich prinzipiell nur wenig von der Therapie des Erwachsenen unterscheidet.

Man kann bei der medikamentösen Therapie zwischen einer intermittierenden bzw. Bedarfstherapie und einer Dauertherapie trennen.

Die Bedarfsbehandlung sollte möglichst schon vor einer möglichen oder zu erwartenden überschießenden Bronchokonstriktion ansetzen. Beispielsweise sollten Schulkinder mit einem sog. Anstrengungsasthma schon vor Beginn des Sportunterrichtes ein inhalatives Beta-Sympatomimetikum verwenden, um so einer Bronchokonstriktion vorzubeugen und am normalen Sportunterricht teilnehmen zu können. Bei einer saisonalen Hyperreagibilität bei Pollenallergie kann es beispielsweise sinnvoll sein, die Behandlung auf wenige Frühjahrs- oder Sommermonate zu beschränken. Eine weitere Indikation zu einer intermittierenden Therapie kann die protrahierte bronchiale Entzündung mit Hyperreaktivität nach einem Virusinfekt der oberen Luftwege sein. Bei diesen Patienten kann eine mehrwöchige, niedrig dosierte inhalative Steroidtherapie die weitere Chronifizierung und damit auch die Chronifizierung der Hyperreaktivität verhindern.

In der Dauertherapie stützt sich die Behandlung prinzipiell auf Beta-Sympathomimetika, Anticholinergika, Mastzellstabilisatoren und Steroide. Initial besteht die Behandlung in der Anwendung eines inhalativen Beta-Sympathomimetikums, evtl. in Kombination mit einem Anticholinergikum. Gegebenenfalls ist die zusätzliche Therapie mit DNCG sinnvoll. Sollte die Einstellung unter dieser Medikation weiter unbefriedigend sein, sollte eine Behandlung mit einem inhalativen Steroid durchgeführt werden. In der üblichen Dosierung sind dabei keine systemischen unerwünschten Wirkungen der Steroide zu erwarten. Bei schwerer Exazerbation ist es auch bei Schulkindern indiziert, kurzfristig ein orales Steroid in höherer Dosierung zu geben. Problematisch bleibt bei Kindern eine längerfristige hochdosierte orale Steroidtherapie u. a. wegen ungünstiger Einflüsse auf das Wachstum, so daß eine derartige Dauertherapie, wenn irgend möglich, vermieden werden sollte.

Eine Therapie mit Theophyllin-Präparaten als Dauerbehandlung kann ein weiteres sinnvolles Standbein einer Therapie des Asthma bronchiale auch im Kindesalter sein. Nach heutiger Einschätzung bleiben jedoch Theophyllin-Präparate in ihrer Bedeutung beispielsweise hinter der von inhalativen Steroiden zurück.

Literatur

1. FABEL, H.: Pneumologie. Urban & Schwarzenberg, München 1989.
2. LINDEMANN, H. u. Mitarb.: Kinder mit Atemnot. Fortschr. Med. **108**, 1–19 (1990).
3. WIESSMANN, K.-J.: Diagnose des hyperreagiblen Bronchialsystems. Dt. med. Wschr. **108**, 1843–1845 (1983).

H. Hamm und H. Fabel, Hannover

Hyperreagibilität

Frage: Gibt es sichere Hinweise auf eine Entstehung unspezifischer bronchialer Hyperreagibilität allein durch chronische oder akute physikalische Einwirkungen (z. B. Hitze, Kälte)?

Es gibt m. W. keine epidemiologischen Daten, die das Vorkommen einer ausschließlich physikalisch induzierten Hyperreagibilität belegen.

Es gibt jedoch Einzelbeobachtungen, nach denen es wahrscheinlich ist, daß zumindest eine vorübergehende Hyperreagibilität durch physikalische Noxen entstehen bzw. klinisch manifestiert oder wesentlich verschlimmert werden kann. So kann eine bronchoskopische Untersuchung zu einer Zunahme der bronchialen Reaktivität führen (4). In gleicher Weise dürften Epithelschäden bzw. starke inhalative Reize durch andere physikalische Faktoren bei entsprechend disponierten Personen in der Lage sein, eine Hyperreagibilität wesentlich zu verschlimmern bzw. klinisch zu manifestieren. Dies gilt insbesondere für eine akute Exposition gegen große Hitze oder Kälte.

Möglicherweise ist das gelegentlich auch ohne jegliche allergische Faktoren zu beobachtende Anstrengungsasthma (exercise-induced asthma) als physikalisch induziertes Asthma bzw. physikalisch induzierte Hyperreagibilität einzuordnen. Die Pathogenese der Symptomatik ist noch unklar; diskutiert werden vor allem zwei Hypothesen: a) respiratorischer Wärmeverlust bedingt durch Verdunstungskälte an der Schleimhaut infolge Hyperventilation kalter Luft mit nachfolgendem Absinken der Wasserdampfspannung und b) respiratorischer Wasserverlust durch denselben Mechanismus. Es wird angenommen, daß es durch Wasserverlust zu einer Zunahme der Osmolarität des Flüssigkeitsfilmes der Atemwegsschleimhaut kommt. Für die Hypothese b) sprechen Befunde von *Hahn* u. Mitarb. (3), nach denen trotz unterschiedlicher Temperaturen die Atemwegsobstruktion nach Anstrengung bei gleichem Wassergehalt gleichbleibt. Das Anstrengungsasthma wäre hiernach ein »hyperosmolares« Asthma. Hyperosmolare oder hyposmolare Lösungen können zur Bronchokonstriktion führen (1, 2).

Insgesamt sind ausschließlich physikalisch induzierte Formen der Hyperreagibilität jedoch sicherlich selten. Fahndet man bei derartigen Patienten mit zunächst anscheinend »rein physikalisch« verursachter Hyperreagibilität nach anderen Ursachen, z. B. allergischen Faktoren oder früheren längeren Phasen mit Atemwegssymptomen, so wird man solche vielfach feststellen.

Literatur

1. ANDERSON, S. D., R. E. SCHOEFFEL u. M. FINNEY: Evaluation of ultrasonically nebulized solutions as a provocation in patients with asthma. Thorax **38**, 284–291 (1983).
2. ESCHENBACHER, W. L., H. A. BOUSHEY u. D. SHEPPARD: Alterations in osmolarity of inhaled aerosols cause bronchoconstriction and cough but absence of a permeant anion causes cough alone. Am. Rev. resp. Dis. **129**, 211–215 (1984).
3. HAHN, A. u. Mitarb.: A re-interpretation of the effect of temperature and water content of the inspired air in exercise-induced asthma. Am. Rev. resp. Dis. **130**, 575–579 (1984).
4. PETRO, W. u. Mitarb.: Effekt der Bronchoskopie (starr und fiberoptisch) auf Atemmechanik und Reagibilität der Atemwege. Prax. Klin. Pneumol. **37**, 866–870 (1983).

G. Schultze-Werninghaus, Frankfurt/M.

Schlafapnoe

Frage: Welche Bedeutung hat die Schlafapnoe, die häufig bei Männern, verbunden mit Schnarchen, beobachtet wird? Risiken, Therapie?

Die Schlafapnoe gehört zum Formenkreis der schlafbezogenen Atmungsstörungen und stellt hier das häufigste Krankheitsbild dar. Epidemiologische Untersuchungen zeigten, daß Männer 15–20mal häufiger als Frauen betroffen sind. Diese Tatsache weckte das Interesse vieler Forscher, die versuchten, hormonelle Pathomechanismen aufzuzeigen, die für die Entwicklung der Schlafapnoe von Bedeutung sind und sich möglicherweise therapeutisch hätten nutzen lassen. Alle diese Versuche erbrachten bis zum jetzigen Zeitpunkt jedoch noch keine greifbaren und praktisch nutzbaren Ergebnisse.

Weiterhin wurde in den epidemiologischen Untersuchungen aufgezeigt, daß etwa 1% der Bevölkerung von der Schlafapnoe betroffen ist. Bei Männern zwischen 40 und 60 Jahren steigt dieser Prozentsatz sogar auf 8–10%. Aktuelle Schätzungen für die Bundesrepublik Deutschland gehen davon aus, daß etwa 200 000 Männer derzeit akut durch die Schlafapnoe gefährdet sind.

Eines der häufigsten Symptome der Schlafapnoe ist das Schnarchen. Häufig nur als Geräuschphänomen verkannt und belächelt, vielleicht als Störfaktor für den Schlaf der Ehefrau oder der Nachbarn angesehen, kann lautes und unregelmäßiges Schnarchen Ausdruck der Schlafapnoe sein. Aus der Geräuschintensität kann nicht auf die Ursache des Schnarchens und seine Bedeutung zurückgeschlossen werden – inwieweit es Symptom der Schlafapnoe, Schnarchen im Sinne des sog. »Heavy-Snorer-Disease« oder für den Schlafenden harmloses Schnarchen ist. Diese Unterscheidung kann nur durch eine entsprechende Untersuchung getroffen werden.

Die Risiken der Schlafapnoe manifestieren sich vorwiegend an Herz und Kreislauf. Mittlerweile gut belegt ist der Zusammenhang der Schlafapnoe mit dem Auftreten einer essentiellen und/oder pulmonalen Hypertonie. Etwa 60% der Apnoeiker leiden an einer essentiellen, etwa 50% an einer pulmonalen Hypertonie. Weiterhin neigen diese Patienten zur Entwicklung einer Herzinsuffizienz. Akut bedrohlich sind die bei fast allen Patienten zu findenden Herzrhythmusstörungen, die vorwiegend im Schlaf und gekoppelt an die Apnoe auftreten. Maligne ventrikuläre Arrhythmien, höhergradige AV- oder SA-Blockierungen wurden vielfach beschrieben. Diese Herzrhythmusstörungen sind wahrscheinlich auch verantwortlich für das Risiko eines plötzlichen nächtlichen Herztodes.

Die Therapie der Schlafapnoe besteht primär in einer Verhaltensberatung: Gewichtsnormalisierung, Schlafhygiene, Meiden von Alkohol, Schlafmitteln und Sedativa. Medikamentös hat sich bisher lediglich die Gabe von niedrig dosiertem Theophyllin bei milden bis mittelschweren Befunden bewährt.

Die effektivste Therapieform besteht in einer nächtlichen nasalen kontinuierlichen Atemwegsüberdruckbeatmung. Hierdurch wird die Atmung im Schlaf normalisiert, und eine ungestörte Schlafstruktur stellt sich wieder ein. Bei Versagen kann eine nächtliche intermittierende Überdruckbeatmung versucht werden. Operativ bleibt bei Therapieversagern die Anlage eines Tracheostomas. Neuere Entwicklungen geben Hoffnung, daß durch eine maxillo-mandibuläre Osteotomie bei entsprechender Indikation gute Therapieerfolge zu erzielen sind.

Die über lange Zeit praktizierte Uvulo-Palato-Pharyngeo-Plastik muß wegen Unwirksamkeit und erheblicher Nebenwirkungsraten für die Patienten abgelehnt werden. Ebenso ist eine nächtliche Sauerstofftherapie (weder nasal noch transtracheal) zur Therapie der Schlafapnoe geeignet. Lediglich bei gleichzeitigem Bestehen einer Atemwegs- und/oder Lungenerkrankung kann die Sauerstoffgabe nach den hierfür geltenden Indikationen erwogen werden.

T. Podszus, Marburg/Lahn

Allergische Rhinitis nach Alkohol?

Frage: Gibt es eine allergische Rhinitis nach Alkoholgenuß? Eine 45jährige Patientin berichtet, nach Genuß von Alkohol in jeder Form mehr oder weniger an Schnupfen und tränenden Augen (etwa 2 Tage lang) zu leiden.

Tatsächlich gibt es eine Rhinitis nach Alkoholgenuß, wobei diese häufiger »pseudoallergisch« als allergisch ausgelöst sein dürfte. Alkoholische Getränke können einen nicht unerheblichen Gehalt an Histamin aufweisen und damit direkt Symptome verursachen. Durch die Schwefelung von Weinen sind diese Getränke häufig sulfitreich, wobei Sulfite – auch in Trockenfrüchten und Fruchtsäften – Unverträglichkeitsreaktionen hervorrufen können. Ursächlich können auch Farbstoffe (z. B. der Farbstoff der Schildlaus im Campari), Klärungsmittel (Gelatine, Kasein, Ovalbumin) und Geschmackskorrigentien sein. Über anaphylaktoide Reaktionen durch Ethanol wurde ebenfalls kürzlich berichtet.
Allergische Reaktionen im eigentlichen Sinne können durch Schimmelpilze (Botrytis, Rhizopus, Fusarium u. a.), Gewürze und Aromen in Likören (Banane, Orange, Nuß, Anis etc.), Getreide und Obstanteile sowie Hefen ausgelöst werden. Kreuzallergien bei Pollen- und Schimmelpilzallergikern sind denkbar.
Die Diagnose bzw. die Feststellung des auslösenden Agens kann sehr schwierig sein. Richtungsweisend sind zusätzliche Symptome durch weitere Nahrungsmittel oder inhalative Allergene bzw. zusätzliche Organmanifestationen. Zur Diagnostik sind neben einer Prick-Testung vor allem die Diät mit gezielter Exposition wertvoll. Immer sollte nach einer Acetylsalicylsäure-Intoleranz gefahndet werden. Die Therapie besteht ausschließlich in der Karenz des auslösenden Agens.

C. Bachert, Mannheim

Insektengiftallergie

Frage: Wann ist die Diagnose aufgrund Anamnesedaten wahrscheinlich/sicher? Wie schließt man unspezifische Kreislaufreaktionen und nur sehr ausgeprägte Lokalreaktionen aus?
Sichern Prick-Hauttest und IgE-RAST die Diagnose? Welche Laborwerte sind bei Verdacht auf Insektengiftallergie hilfreich?
Bei welchen Patienten soll eine Hyposensibilisierung eingeleitet werden? Wie soll sie praktisch erfolgen, und wie lange muß behandelt werden? Welche Laborbefunde sollen während einer Hyposensibilisierung kontrolliert werden?

Die Diagnose einer Insektengiftallergie – gemeint sind hier die Sofortreaktionen – ist dann gesichert, wenn das Insekt und der Stich selbst zweifelsfrei beobachtet wurden und in entsprechendem zeitlichem Zusammenhang damit, d. h. innerhalb 15, maximal 30 Minuten nach dem Stich, typische Symptome der Typ-I-Reaktion auftraten und zweifelsfrei geschildert werden.
Gegen eine allergische Kreislaufreaktion spricht das Fehlen von weiteren Symptomen der Typ-I-Reaktion. Unspezifische Lokalreaktionen treten eher langsamer auf, halten länger an und zeigen – außer an der unmittelbaren Einstichstelle – keine urtikariellen Merkmale. Im Zweifel ist in beiden Fällen per RAST die Sensibilisierung zu überprüfen und gegebenenfalls ein Provokationstest durchzuführen.

Hauttest und RAST allein sichern nie die Diagnose einer Allergie, bestätigen oder widerlegen nur eine Sensibilisierung. Die Diagnose Allergie ergibt sich erst aus der Kombination von Sensibilisierungsnachweis plus zweifelsfreier Anamnese bzw. Provokationstest. Außer den Sensibilisierungsnachweisen gibt es keine Laborwerte, die zur Diagnosestellung beitragen.
Die Indikation zur Hyposensibilisierung sollte streng gestellt werden. Behandelt werden sollten alle Patienten mit schwerer

bzw. bedrohlicher Allgemeinreaktion und solche mit zunehmender Reaktionsstärke bei wiederholten Stichen. Weniger klar ist die Entscheidung bei jenen, die erstmals reagiert haben, aber nur mit Urtikaria. Bei Kindern unter 16 Jahren ergibt sich in der Regel keine Behandlungsindikation, da sie mit wenigen Ausnahmen bei weiteren Stichen ebenfalls nur urtikariell oder gar nicht mehr reagieren. Ein- oder 2malige urtikarielle Reaktionen als »Durchgangssyndrom« zur Toleranz sind bei Kindern häufig. Bei allen anderen Patienten sollte im Zweifel ein Provokationstest durchgeführt werden.

Die Hyposensibilisierung wird als Injektionstherapie mit reinen Insektengiften, auf keinen Fall mit Ganzkörperextrakten durchgeführt. Je nach Gefährdungslage des Patienten, Zeitpunkt des Beginns in Bezug auf die Insektensaison und den Gesamtumständen wird entweder ein Schnellverfahren (1—3 Wochen bis zur Erhaltungsdosis) oder ein »konventionelles« Vorgehen (etwa 3 Monate bis zur Erhaltung) gewählt.

Einhellige Empfehlungen zur Behandlungsdauer existieren noch nicht. Die Ansichten reichen von »mindestens 3 Jahre« über »bis das spezifische IgE verschwunden ist« bis zu »lebenslang«. Auch hier kommt es sehr auf den einzelnen Patienten an.

Außer der Bestimmung von IgE- und IgG-Antikörpern sind im Verlauf der Therapie keine Laborwerte obligatorisch.

Literatur

MÜLLER, U. R.: Insektenstichallergie. Klinik, Diagnostik und Therapie. Fischer, Stuttgart-New York 1988.

H. Rebmann, Tübingen

Blutkrankheiten, Onkologie, Gerinnung

Kontraindikationen für Blutspende

Frage: Welche Dauermedikamente gelten als Kontraindikation für eine Blutspende? Einer meiner Patienten wurde z. B. wegen der Einnahme von Allopurinol abgelehnt.

In den Richtlinien zur Blutgruppenbestimmung und Bluttransfusion der Bundesärztekammer (Deutscher Ärzteverlag, Köln 1988) heißt es: »Von der Blutspende auszuschließen sind Personen, die ständig Medikamente benötigen, z. B. Antihypertonika, Antikoagulanzien, Kortikoide, nach individueller Entscheidung durch den Arzt« (Seite 18).

Ob ein Medikament, das ein Blutspender eingenommen hat, beim Empfänger eines Blutproduktes unerwünschte Wirkungen hervorruft, hängt von zahlreichen Faktoren ab. In erster Linie sind hier der Zeitpunkt der Einnahme vor der Blutspende, die Dosis, die Pharmakokinetik und die pharmakologischen und toxikologischen Eigenschaften des Medikamentes zu nennen.

Ein Schaden für den Empfänger kann dann auftreten, wenn die übertragene Dosis für eine pharmakologische Wirkung ausreicht oder der Empfänger allergisch gegen dieses Medikament ist. Eine pharmakologische Wirkung wird bei erwachsenen Empfängern infolge der geringen Gesamtdosis in der Regel nicht auftreten.

Ein Blutspendedienst muß jedoch aus logistischen Gründen jedes Blutpräparat auch für die Bluttransfusion von Neu- und Frühgeborenen oder Schwangeren vorhalten. Bei Neugeborenen können pharmakologisch wirksame Dosen schnell erreicht werden; toxische Wirkungen sind denkbar (z. B. bei einem Blutaustausch). Bei Schwangeren sind teratogene Wirkungen auf den Embryo oder Feten zu befürchten. Auf der anderen Seite sind Medikamente im transfundierten Blut auch für erwachsene Empfänger nicht unbedenklich, da auch geringe Dosen eine allergische Reaktion auslösen können. Medikamente können weiterhin die Funktion der Thrombozyten so weit beeinträchtigen, daß ein Thrombozytenkonzentrat beim Empfänger nicht die gewünschte Wirkung hervorruft.

Blutspender sollen daher 7 Tage vor einer Blutspende Medikamente, die Acetylsalicylsäure enthalten, nicht einnehmen. Unbedenklich ist eine Dauermedikation bei Blutspendern nur dann, wenn eine teratogene Wirkung des Medikamentes ausgeschlossen ist, die pharmakologische Wirkung bei allen potentiellen Empfängern, einschließlich Neugeborenen, unschädlich erscheint, die allergene Potenz gering ist und nachteilige Wirkungen auf die Blutkomponenten (besonders Thrombozyten) nicht zu erwarten sind. Dies gilt z. B. bei der Substitutionstherapie mit Thyroxin. Eine darüber hinaus gehende »Positivliste« kann hier leider wegen der Vielzahl der zu beachtenden Faktoren nicht aufgestellt werden.

Allopurinol ist durch die Störung der Purinnukleotidsynthese potentiell embryotoxisch. Ein Blutspender sollte Allopurinol daher nicht einnehmen.

Da nach wie vor bei allen Blutspendediensten ein erheblicher Spendermangel besteht, würden wir uns freuen, wenn niedergelassene Kolleginnen und Kollegen geeignete Patienten zur Blutspende ermuntern. Weitere Hinweise zur Spendetauglichkeit können den oben genannten Richtlinien entnommen werden.

G. Bein, Lübeck

Akute intermittierende Porphyrie

Frage: Welche medikamentöse Therapie ist bei einer akuten intermittierenden Porphyrie angezeigt?

Bei der akuten intermittierenden Porphyrie kommt es zu einer gestörten Hämbildung mit starker Erhöhung der Hämvorstufen Porphobilinogen und δ-Aminolävulinsäure. Die Behandlung einer akuten Porphyrieattacke sollte auf einer Intensivstation erfolgen.

Ziel der Therapie ist die Hemmung der δ-Aminolävulinsäuresynthese. Hierzu eignet sich als wichtigste Therapiemaßnahme die hochdosierte Glukosegabe (500 g in 24 Std., d. h. 1000 ml 50% Glukose mit 40 ml/Std. über einen zentral venösen Katheter). Auch die Gabe von Hämatin 2mal täglich mit 3 mg/kg KG (als Infusion über 15 Minuten in 12stündigem Abstand) hemmt die δ-Aminolävulinsäuresynthese. Hämatin kann über große Blutbanken oder auch über die *Dr. Falk GmbH,* Freiburg, bezogen werden. Hat sich das klinische Bild unter alleiniger Glukosegabe gebessert, so kann auf Hämatin verzichtet werden.

Zur symptomatischen Therapie gehört eine ausgeglichene Wasser- und Elektrolytzufuhr. Zur Sedierung eignet sich Promethazin *(Atosil)* oder Diazepam *(Valium),* bei Übelkeit kann Triflupromazin *(Psyquil)* gegeben werden. Schmerzen werden durch Acetylsalicylsäure oder Morphinderivate gelindert.

Neben der Therapie der Krankheitserscheinungen ist eine Prophylaxe durch Vermeidung von porphyrinogenen Substanzen eminent wichtig: Zu vermeiden sind insbesondere Alkohol, Barbiturate, Hormonpräparate und Antikonvulsiva (genaue Auflistung vgl. Anhang rote Liste). Da es sich um eine autosomäl dominant vererbbare Erkrankung mit einem

Vererbungsrisiko von 50% handelt, sollte auch eine Familienuntersuchung durchgeführt werden.

Literatur

1. GROSS, R., P. SCHÖLMERICH u. W. GEROK: Lehrbuch der Inneren Medizin. S. 849–862. Schattauer, Stuttgart 1987.
2. PIERACH, C. A.: Was ist gesichert in der Therapie von Porphyrien? Internist **22**, 726–732 (1981).

K. Schwarting, Lübeck

Tumormarker MCA

Frage: MCA (Mucin Like Carcinoma Associated Antigen): ist dieser neue Tumormarker zur Verlaufskontrolle beim metastasierenden Mammakarzinom sinnvoll einzusetzen und zu empfehlen?

Mit dem MCA kann man wie mit ähnlichen sog. Tumormarkern z. B. CEA und CEA 15-3 ein Rezidiv bzw. eine erneute Progredienz der Tumorerkrankung erkennen. Jedoch muß darauf hingewiesen werden, daß die Spezifität von einmalig erhöhten Werten bei weitem nicht ausreichend ist, um aufgrund eines solchen Wertes eine Therapieentscheidung zu treffen. Der Verdacht auf eine Metastasierung muß unbedingt durch bildgebende Verfahren verifiziert werden.

Aufgrund der Biologie des Mammakarzinoms und wegen der beschränkten therapeutischen Möglichkeiten ist heute eine möglichst frühe Kenntnis von asymptomatischen Metastasen nicht sinnvoll (siehe »Sinnvolle Nachsorge des Mammakarzinoms«, gynäkol. prax. **14**, 1–9, 1990). Der Einsatz sog. Tumormarker einschließlich des genannten MCA hat u. E. in der Nachsorge des Mammakarzinoms keinen Stellenwert. Fraglich erhöhte oder leicht erhöhte Werte verunsichern die Patientinnen und lösen eine Kaskade unnötiger Folgeuntersuchungen aus, die bei Beschwerdefreiheit ausschließlich dazu dienen, das rezidivfreie Intervall der Patientin zu verkürzen. Dies bietet den Patientinnen keinerlei therapeutischen Vorteil.

Dasselbe gilt für die Verlaufskontrolle beim schon metastasierten Mammakarzinom. Kein verantwortungsvoller Arzt wird allein wegen eines wieder ansteigenden Tumormarkers eine noch palliativ wirksame Therapie frühzeitig ändern! Man wird ein wirksames Therapieprinzip, z. B. eine Hormontherapie, so lange einsetzen, bis der palliative Effekt nachläßt, und erst dann z. B. eine Chemotherapie beginnen.

Die risikoadaptierte Therapie des metastasierenden Mammakarzinoms setzt sicherlich viel Erfahrung voraus. Diese läßt sich durch die Bestimmung von sog. Tumormarkern nicht ersetzen. Diese Marker haben in der Nachsorge des Mammakarzinoms u. E. keinen Wert für die jeweilige Therapieentscheidung. Darüber hinaus sind sie ein unnötiger Kostenfaktor.

H. Wandt, Nürnberg

Stellenwert des Tumormarkers CA 15/3 beim Mammakarzinom

Frage: Wie hoch wird der Aussagewert des Tumormarkers CA 15/3 beim Mammakarzinom eingeschätzt?

Idealerweise wünscht man sich von einem Tumormarker eine hohe Sensitivität, d. h. richtig-pathologische Tests bei Kranken, und eine hohe Spezifität, d. h. richtig-negativ beurteilte Befunde bei Nichtkranken. Beide Parameter können als diagnostische Effizienz zusammengefaßt werden. Bislang gibt es jedoch nur wenige Tumormarker, für die das zutrifft, so z. B. das Alpha 1-Fetoprotein beim primären Leberkarzinom oder das Kalzitonin beim C-Zellkarzinom. Die Mehrzahl der bislang verfügbaren Tumormarker, auch die neuentwickelten monoklonalen, lassen bislang eine Organspezifität vermissen und zeigen darüber hinaus eine Fülle von abhängigen Variablen.

Hinsichtlich des CA 15/3 als Tumormarker beim Mammakarzinom liegen ausgedehnte Untersuchungsergebnisse der gynäkologischen Tumormarkergruppe vor. Hierbei fanden sich bei Patientinnen mit primärem Mammakarzinom in 22% richtig-positive Befunde. Bei Patienten mit Endometriumkarzinom fanden sich 26% und bei Patienten mit einem Ovarialkarzinom sogar 71% richtig-positive Befunde, so daß es sich auch bei diesem Tumormarker nicht um einen Tumormarker handelt, der spezifisch und speziell das Mammakarzinom nachweist. Bei nodal-negativen Patientinnen soll eine Beziehung zur Tumorgröße bestehen, bei nodal-positiven steigt die Ansprechrate bei mehr als 3 befallenen Lymphknoten. Bei der Verlaufskontrolle des CA 15/3 bei Patientinnen mit Mammakarzinom fanden sich vor Nachweis und Beginn der Metastasentherapie 65% und bei Progression der Erkrankung sogar bei 77% richtig-positive Serumspiegel.

Die besondere Bedeutung des CA 15/3 als Tumormarker beim Mammakarzinom scheint somit in dem frühen Ansprechen bei Rezidiv bzw. Generalisierung zu sein, wie auch in der Beurteilung des Verlaufs beim metastasierenden Mammakarzinom.

Literatur

1. GROSS, R.: Einführung: Tumormarker in der Inneren Medizin. In: CEA und andere Tumormarker. Ein Symposiumsband. TumorDiagnostik, Köln 1980.
2. KREIENBERG, R. u. Mitarb.: Klinische Relevanz des CA 15/3 als Tumormarker beim Mammacarcinom. Ergebnisse der gynäkologischen Tumormarkergruppe (GTMG). In: BELLER, F. K. u. D. SEITZER (Hrsg.): 7. Wissenschaftliche Tagung der Deutschen Gesellschaft für Senologie 1987, S. 183–184. Feldmann, Mülheim 1989.

E. Kiffner, Lübeck

Extrakorporale Ganzkörperhyperthermie

Frage: Welcher Malignompatient sollte dieser Behandlung zugeführt werden? Ist sie eine Ultima ratio? Wie sind die bisherigen Behandlungsresultate? Welche Klinikzentren im deutschsprachigen Raum verfügen bereits über entsprechende Erfahrungen mit dieser Behandlungsmethode?

Die Ganzkörperhyperthermie ist eine sehr aufwendige, experimentelle Methode, bei der die Körpertemperatur des Patienten auf 40,5–43°C angehoben wird, um solide Tumoren samt Metastasen zu erwärmen (4, 14). Da der Therapieerfolg auch von der Hyperthermiedosis (Höhe der Temperatur × Dauer) abhängt, sind hohe Körpertemperaturen (>42,5°C) wünschenswert und rein technisch auch praktikabel (2, 7); sie führen jedoch zu ernsthaften Schäden des Gehirns und der Leber, so daß derzeit therapeutische Körpertemperaturen >43°C vermieden werden müssen. Um dennoch auf akzeptable Thermodosen zu kommen, müssen 40,5–43°C über Stunden angewandt werden. Dies führt zu schwerwiegenden Veränderungen des Kreislaufs (1), der Gerinnung (6, 12), der Hormone (9), der Immunologie (17) und des Neuroendokrinums (10).

Jede noch so wirksame Ganzkörperhyperthermie muß mit einer etablierten Therapiemodalität (Chemotherapie [3] oder Strahlentherapie [11]) kombiniert werden. Systematische Untersuchungen weisen darauf hin, daß die chemotherapieassoziierten Nebenwirkungen durch Hyperthermie verstärkt werden (8, 13, 16).

Demgegenüber stehen beeindruckende Behandlungserfolge bei Kindern mit progredienten, mit konventionellen Methoden inkurablen soliden Malignomen. Die Leipziger Arbeitsgruppe um *U. Willnow* (Universität Leipzig, Klinik für Kinderheilkunde) behandelte 17 Kinder im Alter von 9 Monaten bis $16^{5}/_{12}$ Jahren mit Ganzkörperhyperthermie (41,8–42,0°C, 120–180 Minuten lang), Hyperglykämie (20–25 mmol/l) und einer Polychemotherapie. Sie erreichten damit an vorher ausbehandelten Kindern 1 komplette Remission und 8 partielle Remissionen (wenigstens 50%ige Tumorrückbildungen). Nur bei 3 Kindern kam es zu einer Tumorprogression (15).

Wie die Münchner Arbeitsgruppe um *R. D. Issels* (Universität München, Klinikum Großhadern, Klinik für Innere Medizin) nachweisen konnte, scheint die Thermochemotherapie auch bei Kindern mit bestimmten Sarkomen sehr erfolgreich zu sein. Die Münchner Arbeitsgruppe um *J. Lange* (Technische Universität München, »Rechts der Isar«, Chirurgische Klinik) belegte in einer sorgfältigen Studie mit allerdings sehr kleinen Patientenzahlen ein gutes Ansprechen von disseminierten kolorektalen Karzinomen (5 von 6 Patienten). Bei Patienten mit metastasierenden malignen Melanomen scheint sich der Einsatz der Ganzkörperhyperthermie mit einer Polychemotherapie nicht gelohnt zu haben (7). Zum gleichen Studienergebnis kam die Freiburger Arbeitsgruppe um *R. Engelhardt* (Universität Freiburg, Klinik für Innere Medizin), die 23 Patienten mit Ganzkörperhyperthermie und Chemotherapie behandelte (von 15 auswertbaren Patienten keine komplette Remission und 3 partielle Remissionen [5]).

Die Ganzkörperhyperthermie (40,5–43°C für 120–180 Minuten oder länger), die obligat mit einer etablierten Krebsbehandlungsmodalität kombiniert werden muß, ist eine rein experimentelle, sehr aufwendige Methode zur Behandlung von Patienten mit progredienten, mit konventionellen Methoden nicht mehr beherrschbaren disseminierten Malignomen.

Literatur

1. EISLER, K. u. Mitarb.: Kardiozirkulatorische Veränderungen während therapeutischer Ganzkörperhyperthermie. Anaesthesist **31**, 505–510 (1982).
2. ENGELHARDT, R.: Whole-body hyperthermia. Methods and clinical results. In: Proceedings. 4th International Symposium on Hyperthermic Oncology. Bd. 2, S. 263–279. Taylor u. Francis, London 1985.
3. ENGELHARDT, R.: Hyperthermia and drugs. Recent Results in Cancer Res. **104**, 136–203 (1987).
4. ENGELHARDT, R.: Summary of recent clinical experience in whole-body hyperthermia combined with chemotherapy. Recent Results Cancer Res. **107**, 200–204 (1988).
5. ENGELHARDT, R. u. Mitarb.: Treatment of disseminated malignant melanoma with cisplatin in combination with whole-body hyperthermia and doxorubicin. Int. J. Hyperthermia **6**, 511–515 (1990).
6. KLAUBERT, W. u. Mitarb.: Coagulation and fibrinolysis during whole-body hyperthermia. Recent Results Cancer Res. **107**, 205–208 (1988).
7. LANGE, J. u. Mitarb.: Extrakorporal induzierte Ganzkörperhyperthermie bei konventionell inkurablen Malignompatienten. Dt. med. Wschr. **108**, 504–509 (1983).
8. MELLA, O. u. Mitarb.: Acute systemic toxicity of combined cis-DDP and hyperthermia in the rat. Eur. J. Cancer Clin. Oncol. **23**, 365–373 (1987).
9. ROBINS, H. I. u. Mitarb.: Rise in plasma beta-endorphin, ACTH, and cortisol in cancer patients undergoing whole body hyperthermia. Horm. Metab. Res. **19**, 441–443 (1987).
10. ROBINS, H. I. u. Mitarb.: Neuroendocrine changes in patients undergoing whole body hyperthermia. Int. J. Hyperthermia **3**, 99–105 (1987).
11. ROBINS, H. I. u. Mitarb.: A pilot study of whole body hyperthermia and local irradiation for advanced non-small cell lung cancer confined to the thorax. Int. J. Radiat. Oncol. Biol. Phys. **15**, 427–431 (1988).
12. STROTHER, S. V., J. M. BULL u. S. A. BRANHAM: Activation of coagulation during therapeutic whole body hyperthermia. Thromb. Res. **43**, 353–360 (1986).
13. WALTON, M. I., N. M. BLEEHEN u. P. WORKMAN: The effects of whole body hyperthermia on the pharmakokinetics and toxicity of the basic 2-nitroimidazole radiosensitizer Ro 03-8799. Br. J. Cancer **55**, 469–476 (1987).
14. WIEDEMANN, G. u. Mitarb.: Hyperthermie. Grundlagen und Stellenwert einer neuen Therapiemodalität in der Onkologie. Dt. med. Wschr. **113**, 787–790 (1988).
15. WILLNOW, U. u. Mitarb.: Behandlung konventionell inkurabler Tumorerkrankungen im Kindesalter mit Ganzkörperhyperthermie und Chemotherapie. Dt. med. Wschr. **114**, 208–213 (1989).
16. WONDERGEM, J., R. E. BULGER u. F. R. STREBEL: Effect of cis-diamminedichloroplatinum combined with whole body hyperthermia on renal injury. Cancer Res. **48**, 440–446 (1988).
17. ZÄNKER, K. S. u. J. LANGE: Whole body hyperthermia and natural killer cell activity. Lancet **1982/I**, 1079–1080.

G. Wiedemann, Lübeck

Therapie mit Thymusfaktoren

Frage: Gibt es sichere Hinweise über den Verlauf von Tumoren des Immunsystems unter der Therapie mit Thymusfaktoren? Ich hatte 2mal den Übergang eines zentrozytisch-zentroblastischen Lymphoms in ein Immunozytom beobachtet, so daß sich die Frage stellt, ob bei Stimulierung eines malignen Lymphozytenklons bzw. anderer lymphozytenassoziierter Zellklons der Malignitätsgrad gesteigert werden kann?

Der Übergang eines zentrozytisch-zentroblastischen Lymphoms (M. *Brill-Symmers*) in ein Immunozytom erscheint äußerst unwahrscheinlich, da es sich bei beiden Lymphomentitäten um niedrigmaligne Non-*Hodgkin*-Lymphome einer unterschiedlichen Differenzierungsreihe handelt. Auch kann man nicht generell davon sprechen, daß ein Immunozytom einen höheren Malignitätsgrad als ein zentrozytisch-zentroblastisches Lymphom aufweist. Nicht auszuschließen ist, daß bei der schwierigen Diagnostik der Non-*Hodgkin*-Lymphome auch einmal eine Fehlbewertung des primären histologischen Bildes vorkommt. Denkbar ist auch, daß das Immunozytom eine Zweitneoplasie darstellt und dann klinisch im weiteren Verlauf durch die bei dieser Entität meist vorliegende Generalisierung (primär leukämisch, Stadium IV nach *Ann Arbor*) ganz in den Vordergrund rückt.

Unabhängig von den angesprochenen Erkrankungen, kann man bei niedrigmalignen Non-*Hodgkin*-Lymphomen nach langjährigem, relativ benignem Verlauf in der Spätphase häufig eine rasche klinische Verschlechterung oder auch Transformation in ein hochmalignes Non-*Hodgkin*-Lymphom vom blastären Typ beobachten. Dies gilt beispielsweise für das erwähnte zentrozytisch-zentroblastische Lymphom, das in ein rein zentroblastisches Non-*Hodgkin*-Lymphom übergehen kann.

Die von ihrer Zusammensetzung schlecht definierten Thymusfaktor-Präparate können Lymphokine enthalten, die theoretisch eine Wachstumsstimulation oder blastäre Transformation von Non-*Hodgkin*-Lymphomen bewirken können. Hierzu liegen jedoch weder aussagefähige in vitro-Befunde noch kontrollierte Studien vor. Einzelbeobachtungen sind immer nur mit äußerster Vorsicht zu bewerten, da auch der spontane Verlauf bzw. das Verhalten der Non-*Hodgkin*-Lymphome unter einer Chemotherapie beim einzelnen Patienten kaum voraussehbar ist.

Da der Nutzen einer Therapie mit Thymusfaktoren allgemein keineswegs gesichert ist und gerade bei Non-*Hodgkin*-Lymphomen eine Wachstumsstimulation denkbar erscheint, sollte man sicherheitshalber bei dieser Tumorentität auf eine Therapie mit Thymusextrakten ganz verzichten.

Th. Wagner, Lübeck

Non-*Hodgkin*-Lymphome

Frage: Welche Verböserungen von Tumoren des Immunsystems (z. B. Übergang eines zentrozytisch-zentroblastischen Lymphoms mit relativ guter Prognose in das prognostisch wesentlich ungünstigere Immunozytom) sind bekannt: 1. bei Spontanverlauf, 2. bei zytostatischer Therapie, 3. bei Therapie mit Thymusfaktoren, 4. bei Kombination von 2 und 3?

Niedriggradig maligne Non-*Hodgkin*-Lymphome (NHL) können ihre histologische Morphologie und ihr klinisches Verhalten wandeln. Dabei wird nicht ein Übergang von einem niedriggradig malignen NHL zu anderen niedriggradig malignen Entitäten beobachtet, sondern die Evolution zu hochgradig malignen NHL. So wurde der Zusammenhang zwischen der chronisch lymphatischen Leukämie und der Entwicklung eines (hochmalignen) Retikulosarkoms bereits 1938 von *Richter* beschrieben (9). Weitere Berichte aus jüngster Zeit umfassen größere Patientenzahlen (4, 11). Nach der Kiel-Klassifikation kann das *Richter*-Syndrom häufig als immunoblastisches NHL eingeordnet werden (8). Chronisch lymphatische Leukämien können auch häufiger in eine Prolymphozytenleukämie transformieren (10).

Zentroblastisch-zentrozytische NHL können ebenfalls in hochgradig maligne NHL übergehen. 515 Patienten mit niedriggradig malignen Lymphomen wurden am nationalen Krebsinstitut der USA auf eine Transformation untersucht (3, 6). Bei 114 wurde wegen des klinischen Verlaufs eine zweite Biopsie notwendig. In 41% der Patienten mit nodulärer Histologie wurde dabei ein hochgradig malignes Lymphom diagnostiziert. In einer anderen Studie betrug das Risiko einer malignen Transformation nach 8 Jahren kumulativ 60% (1). Es wurde in einigen Fällen auch beschrieben, daß ein erfolgreich behandeltes hochgradig malignes NHL als niedriggradig malignes NHL rezidiviert (7). In diesen Fällen dürften ebenfalls sekundär hochgradig maligne NHL vorgelegen haben. Die sekundär hochgradig malignen Lymphome erweisen sich mit Ausnahme der Prolymphozytenleukämie klinisch als äußerst bösartig und sind häufig therapierefraktär. Die mediane Überlebenszeit liegt im Bereich weniger Monate.

Zytogenetische Untersuchungen zeigen, daß die maligne Transformation mit der Entwicklung von zusätzlichen zytogenetischen Aberrationen einhergeht (2, 5, 12). Besonders gut ist die Entwicklung hochmaligner Zellklone beim zentroblastisch-zentrozytischen NHL untersucht, für das die Translokation t(14; 18) (q32; q21) charakteristisch ist. Eine Trisomie 7, 12, oder 17, eine Inversion 17q oder Deletion 6q ist für die hochmaligne Transformation typisch (2, 12).

Das Auftreten zusätzlicher zytogenetischer Aberrationen ist als Grundprinzip einer stufenweisen höher malignen Entartung zu verstehen. Mit den Aberrationen ist eine zusätzliche Aktivierung von Onkogenen oder Onkogen-Amplifikation verbunden. Neue Chromosomen-Aberrationen kommen unter anderem durch die genetische Instabilität der Tumorzellen bei gleichzeitig erhöhtem Proliferationsindex zustande. Die zytostatische Therapie der niedrig malignen NHL enthält alkylierende Substanzen als das wesentlichste Wirkprinzip. Die kanzerogene Potenz dieser Substanzen ist durch Langzeituntersuchungen an Patienten mit Morbus *Hodgkin* gut bekannt. Es ist daher denkbar, daß eine langdauernde Behandlung mit Alkylantien die maligne Transformation begünstigen könnte. Auf der anderen Seite wird durch die Behandlung die Tumormasse vermindert und damit auch die Anzahl der Zellteilungen, bei denen neue chromosomale Aberrationen entstehen können. Thymusextrakte können Wachstumsfaktoren für T-Zellen enthalten. Sie könnten direkt oder indirekt die Proliferation von T- und B-Lymphomen stimulieren und somit das Risiko der Entstehung hochmaligner Zellklone steigern.

Die bisherigen Berichte geben über die Frage keine zuverlässige Auskunft, welche

Relevanz diese Überlegungen in der Praxis haben, da es sich durchweg um Sammelstatistiken ohne einheitlich behandelte Vergleichsgruppen handelt. Eine zu frühe Therapie mit Alkylanzien oder eine niedrig dosierte Dauertherapie sollte jedoch bei niedriggradig malignen NHL vermieden werden. Eine Therapie mit Thymusfaktoren ist nicht indiziert.

Literatur

1. ACKER, B. u. Mitarb.: Histologic conversation in the non-Hodgkin's lymphomas. J. Clin. Oncol. **1**, 11 (1983).
2. ARMITAGE, J. O. u. Mitarb.: Correlation of secondary cytogenetic abnormalities with histologic appearance in non-Hodgkin's lymphomas bearing t(14; 18) (q32; q21). J. Natl. Cancer Inst. **80**, 576–580 (1988).
3. DEVITA, V. T.: Human models of human disease. Breast cancer and the lymphomas. J. Radiat. Oncol. Biol. Phys. **5**, 1855 (1979).
4. HAROUSSEAU, J. L. u. Mitarb.: Malignant lymphoma supervening in chronic lymphocytic leukemia and related disorders. Richter's syndrome: A study of 25 cases. Cancer **41**, 1302 (1981).
5. HOWELL, P. u. Mitarb.: Cytogenetic evidence for the clonal nature of Richter's syndrome. Blood **58**, 183 (1981).
6. HUBBARD, S. M. u. Mitarb.: Histologic progression in non-Hodgkin's lymphoma. Blood **59**, 258 (1982).
7. KERRIGAN, D. P., K. FOUCAR u. L. DRESSLER: High-grade non-Hodgkin lymphoma relapsing as low-grade follicular lymphoma: So-called downgraded lymphoma. Am. J. Hematol. **30**, 36–41 (1989).
8. NAGY, I. u. Mitarb.: Zwei Fälle von Richter-Syndrom. In: LUTZ, D. u. Mitarb. (Hrsg.): Leukämien und Lymphome. Fortschritte und Hoffnungen. S. 149. Urban & Schwarzenberg, München 1988.
9. RICHTER, M. N.: Generalized reticular cell sarcoma of lymph nodes associated with lymphocytic leukemia. Am. J. Path. **4**, 285 (1928).
10. STARK, A. N. u. Mitarb.: Prolymphocytic transformation of CLL: a clinical and immunological study of 22 cases. Leuk. Res. **10**, 1225 (1986).
11. TRUMP, D. L. u. Mitarb.: Richter's syndrome. Diffuse histiocytic lymphoma in patients with chronic lymphocytic leukemia. Am. J. Med. **68**, 539 (1980).
12. YUNIS, J. J. u. Mitarb.: Multiple recurrent genomic defects in follicular lymphoma: a possible model for cancer. New Engl. J. Med. **316**, 79–84 (1987).

M. Freund, Hannover

Heparin nach Operationen

Frage: An der Unfallambulanz unseres lokalen Krankenhauses wird seit einigen Monaten jedem Patienten, der eine Ruhigstellung einer unteren Extremität bekommt, niedermolekulares Heparin-Natrium zur täglichen Selbstapplikation für die gesamte Dauer der Ruhigstellung verordnet, ungeachtet der zugrunde liegenden Verletzung und ob konservativ oder operativ behandelt wurde.
Gibt es genaue Daten über die Reduktion von Thrombosen und deren Komplikation durch die Heparinprophylaxe bei ambulanten Patienten, und gibt es Richtlinien zur Indikationsstellung und Therapiedauer? Ist in jedem Fall Heparin indiziert oder ist auch die Verordnung von Plättchenaggregationshemmern sinnvoll?

Die Thromboseprophylaxe mit konventionellem und neuerdings niedermolekularem Heparin hat insbesondere in der perioperativen Anwendung ihren Wert erwiesen und ist bei dieser Indikationsstellung in zahlreichen kontrollierten Studien untersucht worden. Abhängig vom Risikoprofil der Patienten, der durchgeführten Operation und dem angewandten Thrombosenachweis (Radiofibrinogen-Test oder manifeste Thrombose) kann eine Senkung der Thromboseinzidenz um 60–80% erzielt werden. Es kann kein Zweifel bestehen, daß auch bei ambulanten Patienten nach Trauma und Ruhigstellung einer unteren Extremität tiefe Venenthrombosen gehäuft auftreten, die durch eine Heparinprophylaxe weitgehend vermieden werden können. Genaue Daten liegen hierzu meines Wissens nicht vor.

Problematisch ist es sicherlich, eine Risikodifferenzierung anhand der Verletzungs- und Behandlungsform vornehmen zu wollen.

Eine kritische Nutzen-Risiko-Abwägung läßt eine generelle Thromboseprophylaxe mit Heparin gerechtfertigt erscheinen.

Diese Prophylaxe sollte aufrechterhalten bleiben, solange der Patient mehr als die Hälfte des Tages immobilisiert ist. Bei gut sitzenden Unterschenkelgehgipsen kann spätestens nach 1 Woche auf die Fortführung der Prophylaxe verzichtet werden.

Zu bevorzugen ist heute die Standardprophylaxe mit der täglich einmaligen Gabe eines niedermolekularen Heparins mit vorgegebener Dosis in der Fertigspritze.

Bei Hochrisikopatienten, z. B. mit vorausgegangenen Thromboembolien, erheblichem Übergewicht und angeborenem Inhibitormangel (AT III, Protein C), sollte eine intensivierte Therapie mit täglich 2maliger Gabe der Standardprophylaxe oder einmaliger Gabe eines höher dosierten niedermolekularen Heparins angewendet werden.

Die alleinige Verordnung von Plättchenaggregationshemmern ist wenig sinnvoll, da die Thrombozyten, anders als im arteriellen Strombereich, im venösen Schenkel bei der Entstehung von Phlebothrombosen nur eine untergeordnete Rolle spielen. In ihrer prophylaktischen Wirkung sind sie dem Heparin eindeutig unterlegen.

Th. Wagner, Lübeck

Antikoagulation

Frage: Gibt es durch Studien belegte Empfehlungen für die Dauer der Marcumarisierung nach tiefen Beinvenenthrombosen (getrennt nach Unterschenkel-, Poplitea-, Oberschenkel- und Beckenvenenthrombosen), Lungenembolien, Rezidivthrombosen und -embolien?

Randomisierte Studien mit unterschiedlicher Dauer einer Antikoagulation nach Venenthrombosen unterschiedlicher Lokalisation bzw. Ausdehnung und nach Lungenembolien gibt es meines Wissens und auch nach den Angaben von *Lechner* u. Mitarb. (5) nicht.

Mit einer Antikoagulation nach Thrombosen tiefer Venen und/oder Lungenembolie verfolgt man 2 Ziele: Verhütung von Rezidiven und Schutz der Rekanalisationsvorgänge. Die bisherigen Empfehlungen zur Dauerantikoagulation bei den genannten Indikationen stützen sich auf klinische Studien mit der Beobachtung auftretender Rezidive und auf pathologisch-anatomische Untersuchungen, aus denen hervorgeht, daß die Rekanalisationsvorgänge (nicht zu verwechseln mit den spontanen Lysevorgängen) in thrombosierten Venen etwa 12 Monate in Anspruch nehmen. Die Antikoagulation soll eine Behinderung dieser Vorgänge durch immer wieder neu hinzutretende Thrombosierungen vermeiden. Da man davon ausgehen kann, daß diese Rekanalisationsvorgänge in kleinkalibrigen Venen rascher abgeschlossen sind, ist bei alleinigen Unterschenkelvenenthrombosen eine kürzere Dauerantikoagulation gerechtfertigt.

Das Endothel der Pulmonalarterien verfügt über ein stärkeres fibrinolytisches Potential; außerdem sind die Lungenarterien, da im Hauptschluß des Kreislaufs gelegen, permanent gut durchströmt. Damit kann erklärt werden, daß schwere Lungenembolien, wenn nur die erste bedrohliche Phase überwunden wurde und keine

Rezidive hinzutreten, eine gute Prognose haben. Nach einmaliger — auch schwerer — Lungenembolie entwickelt sich im Gegensatz zu multiplen kleinen Embolien nur selten ein chronisches Cor pulmonale (6). Da aber ein während der spontanen Lyse- und Rekanalisationsvorgänge auftretendes Rezidiv einer Lungenembolie die Prognose dramatisch verschlechtern kann, ist bei jeder Lungenembolie — sofern keine strikten Kontraindikationen dagegenstehen — eine Antikoagulation über mehrere Monate indiziert.

Für eine Rezidivprophylaxe nach einmaliger Venenthrombose und/oder Lungenembolie werden 1 Monat (4), 6 Wochen (7) bzw. 3—6 Monate (2, 3, 5, 9) mit INR-Werten von 2,0—3,0 für ausreichend gehalten. Unter dem Gesichtspunkt einer Verbesserung der Rekanalisation erscheinen 12 Monate sinnvoll. Eine mehrjährige u. U. lebenslange Antikoagulation ist zu empfehlen bei rezidivierenden Thrombosen tiefer Venen und/oder Lungenembolien, die auf eine erhöhte »Thrombophilie« hinweisen, deren Ursachen sich oft trotz intensiver Suche nicht aufdecken lassen (2, 5).

Bei nur temporär vorhandenem Risikofaktor für die Auslösung einer Venenthrombose bzw. Lungenembolie wird die Antikoagulation über eine kürzere Zeitspanne empfohlen als bei dauernd bestehendem Risiko bzw. unbekannter Ursache oder gar bei aufgetretenen Rezidiven (8).

Literatur

1. BOUNAMEAUX, H. u. E. ZEMP: Le traitement de la thrombose veineuse profonde des membres inferieurs. Schweiz. med. Wschr. **118,** 1125 (1988).
2. HALL, R.: Problems in the management of pulmonary embolism. Herz **14,** 148—156 (1989).
3. HIRSH, J.: The treatment of venous thromboembolism. Nouv. Revue fr. Hémat. **30,** 149—153 (1988).
4. HOLMGREN, K. u. Mitarb.: One month versus six months therapy with oral anticoagulants after symptomatic deep-vein thrombosis (abstract). Thromb. Haemostasis **50,** 310 (1983).
5. LECHNER, K. u. Mitarb.: Orale Antikoagulantientherapie — Renaissance einer alten Therapie? Wien. Klin. Wschr. **99,** 203—211 (1987).
6. PARASKOS, J. A. u. Mitarb.: Late prognosis of acute pulmonary embolism. New. Engl. J. Med. **289,** 55—58 (1973).
7. PETITI, D. B. u. Mitarb.: Duration of warfarin anticoagulant therapy and the probabilities of reccurent thromboembolism and hermorrhage. Am. J. Med. **81,** 255—259 (1986).
8. SCHULMAN, S. u. Mitarb.: The duration of oral anticoagulation after deep vein thrombosis. A randomized Study. Acta Med. scand. **217,** 547—552 (1985).
9. STRINGER, M. D. u. V. V. KAKKAR: Prevention of venous thromboembolism. Herz **14,** 135—147 (1989).

F. Heinrich, Bruchsal

Unverträglichkeitsreaktion auf *Marcumar*

Frage: Sind Ihnen Unverträglichkeitsreaktionen auf Marcumar bekannt (juckende Ekzeme, Oberbauchbeschwerden o. ä.)?

Die therapeutische Anwendung von Phenprocoumon *(Marcumar)* bringt außer den Nebenwirkungen, die in direktem Zusammenhang mit der Hauptwirkung dieses Medikamentes stehen und dann meist auch auf einer relativen oder absoluten Überdosierung beruhen, also Blutungen aller Art, nur äußerst selten Unverträglichkeitsreaktionen mit sich. Beobachtet wurden vereinzelt Purpura, Urtikaria und Exantheme sowie auch Diarrhoe, Appetitlosigkeit, Nausea und Erbrechen. Etwas häufiger beschrieben wurden reversible, mäßige Anstiege der GOT und GPT ohne daß Dauerschäden auftreten.

Weiterhin liegen ganz vereinzelte Berichte über Leukopenien, Agranulozytosen, Priapismus, reversibler Haarausfall (bei Männern angeblich etwas häufiger als bei Frauen), verzögerte Frakturheilung und das Auftreten brennender Schmerzen und livider Verfärbung der Großzehen (»purple toes«) vor.

Ebenfalls sehr selten kommt es zum Auftreten der sog. »*Marcumar*nekrose«, besonders wenn gleichzeitig ein Mangel an Inhibitoren der plasmatischen Gerinnung besteht (z. B. Protein C) und/oder die Einleitung der Therapie mit *Marcumar* nicht unter dem Schutz einer hochdosierten Applikation von Heparin erfolgt.

Marcumar tritt sowohl durch die Plazentaschranke als auch in die Muttermilch über. Es führt bei etwa $2/3$ der Patientinnen zu erheblichen fetalen Mißbildungen; nicht konstant läßt sich eine Beeinflussung des kindlichen Gerinnungssystems nachweisen.

Abschließend soll nicht unerwähnt bleiben, daß Phenprocoumon mit vielen gängigen Arzneimitteln ausgeprägte Wechselwirkungen zeigt, die zu einer erheblichen Wirkungsverstärkung oder auch -abschwächung sowohl bei der Substanz selbst als auch beim Reaktionspartner führen kann.

G. Schwieder, Lübeck

Risiko einer thromboembolischen Komplikation

Frage: Risiken thromboembolischer Erkrankungen im arteriellen und venösen System bei Thrombozytose? Unterschiedliche Risiken bei den verschiedenen einer Thrombozytose/-zythämie zugrunde liegenden Erkrankungen?

Wie schon in der Fragestellung angedeutet, ist das Risiko einer thromboembolischen Komplikation entscheidend von der Ursache der Thrombozytose abhängig. Wichtig ist vor allem, eine Thrombozythämie bei myeloproliferativer Erkrankung von der sehr viel häufigeren (reaktiven) Thrombozytose abzugrenzen.
Als myeloproliferative Erkrankungen werden die chronisch myeloische Leukämie, Polycythaemia vera, essentielle Thrombozythämie, Osteomyelofibrose sowie Zwischenformen wie chronisch megakaryozytär-granulozytäre Myelose und nicht klassifizierbare Formen zusammengefaßt. Allen diesen Erkrankungen gemeinsam liegt eine klonale Stammzellerkrankung zugrunde, die die Granulozytopoese, die Monozytopoese, die Erythrozytopoese, die Megakaryozytopoese sowie teilweise auch die Lymphozyten betrifft. Dementsprechend weisen die als Folge der autonomen Megakaryozytopoese gebildeten Blutplättchen zahlreiche intrinsische Anomalien auf, z. B. hinsichtlich ihrer Größenverteilung, ihrer Morphologie, ihrer Speicherorganellen und ihrer Zellmembranen, die in funktionellen Störungen resultieren können (5, 8). Im Zusammenhang mit weiteren in der Proliferation der anderen Zellreihen begründeten Veränderungen (hier ist vor allem der erhöhte Hämatokrit bei Polycythaemia vera zu nennen) führen sie zu thromboembolischen Komplikationen sowohl im arteriellen als auch im venösen System sowie auch zu Blutungen.
Im eigenen Kollektiv (262 Patienten mit myeloproliferativen Erkrankungen) erlitten 57% der Patienten Hämostasekomplikationen, wobei thromboembolische Komplikationen bei Polycythaemia vera am häufigsten auftraten (36% der Patienten). Allerdings korrelierte die Häufigkeit thrombotischer Ereignisse nicht mit der Höhe der Thrombozytenzahl.

Einer reaktiven Thrombozytose können zahlreiche Ursachen zugrunde liegen (Tab. 2), am häufigsten ist sie Ausdruck einer entzündlichen Reaktion oder eines Tumorleidens. Dabei kommt es zur Stimulation der Megakaryozytopoese, die durch Interaktion mehrerer Zytokine vermittelt wird (2). In Abhängigkeit von der auslösenden Ursache können auch hierbei morphometrische Veränderungen der Blutplättchen beobachtet werden (z. B. erhöhtes Plättchenvolumen bei Zustand nach Blutung, Splenektomie oder in der Remission einer Immunthrombozytopenie, vermindertes Plättchenvolumen bei Inflam-

Tab. 2
Ursachen reaktiver Thrombozytosen

Tumorerkrankungen
   z. B. pulmonale, gastrointestinale Tumoren, M. *Hodgkin*

Chronisch entzündliche Erkrankungen
   z. B. Tuberkulose, rheumatoide Arthritis, M. *Crohn*

Gewebszerfall
   z. B. nach Operation, Trauma

Regulative Thrombozytose
   z. B. nach Blutung, Chemotherapie, Splenektomie, bei Anämie, Eisenmangel

mation oder Tumorthrombozytose), und auch die Funktionskapazität der Plättchen kann verändert sein (große, neu gebildete Plättchen enthalten mehr Granula und sind nach Stimulation funktionell aktiver, 7). Dadurch treten jedoch nicht vermehrt spontane thromboembolische Komplikationen auf. Solche Komplikationen können jedoch durch die Erkrankung bedingt sein, die auch der reaktiven Thrombozytose zugrunde liegt.

Das eindrucksvollste Beispiel stellt hier die Tumorthrombozytose dar (6). Tumorzellen sind in der Lage, prokoagulatorische Aktivität, überwiegend Gewebsfaktoraktivität, und proteolytische Aktivität zu sezernieren, und sie induzieren möglicherweise auch noch prokoagulatorische Aktivität über die Stimulation des Monozyten/Makrophagen-Systems mit der bekannten Folge der »schleichenden Umsatzstörung« (4). Andererseits konnte gezeigt werden, daß die Stimulation der Megakaryozytopoese mit der Tumormasse korreliert (9), was wahrscheinlich ebenfalls auf die tumorinduzierte Aktivierung der Abwehrreaktion des Körpers zurückzuführen ist. Auf diese Weise führt die Tumorkrankheit auf parallelen, aber voneinander unabhängigen Wegen zur Thrombozytose und zur Thromboseneigung. Dabei kann in einem hohen Prozentsatz der Fälle mit empfindlichen Methoden eine Aktivierung des Hämostasesystems nachgewiesen werden, und auch autoptisch werden häufig Thrombosen beschrieben. Zur klinischen Manifestation einer Thrombose kommt es jedoch nur bei etwa 10% der Tumorpatienten (1).

Bei anderen Formen der reaktiven Thrombozytosen, wie sie postoperativ, vor allem nach Splenektomie, oder bei chronisch entzündlichen Erkrankungen vorkommen, ist nicht mit einer gesteigerten Thromboseneigung zu rechnen. Daher bedarf die reaktive Thrombozytose außer der Behandlung der Grunderkrankung keiner spezifischen Therapie, abgesehen von Patienten mit ausgedehntem Tumor und Thromboseneigung, bei denen eine Therapie des Tumors selbst nicht mehr effektiv durchgeführt werden kann. Dagegen stellt die Diagnose einer myeloproliferativen Erkrankung bei nahezu allen Patienten die Indikation zu einer differenzierten Langzeitbehandlung und regelmäßigen Kontrolle der hämatologischen Parameter dar (3).

Literatur

1. DVORAK, H. F.: Abnormalities of hemostasis in malignancy. In: COLMAN, R. W. u. Mitarb. (Hrsg.): Hemostasis and thrombosis. S. 1143–1157. Lippincott, Philadelphia 1987.
2. HOFFMAN, R.: Regulation of megakaryocytopoiesis. Blood **74**, 1196–1212 (1989).
3. KUTTI, J.: The management of thrombocytosis. Eur. J. Haematol. **44**, 81–88 (1990).
4. RICKLES, F. R. u. R. L. EDWARDS: Activation of blood coagulation in cancer: Trousseau's syndrome revisited. Blood **62**, 14–31 (1983).
5. SCHAFER, A. I.: Bleeding and thrombosis in the myeloproliferative disorders. Blood **64**, 1–12 (1984).
6. SCHNEIDER, W.: Tumor, Thrombozytose und Thrombosegefährdung. Dt. med. Wschr. **113**, 740–746 (1988).
7. THOMPSON, C. B. u. Mitarb.: Size dependant platelet subpopulations: relationship of platelet volume to ultrastructure, enzymatic activity, and function. Br. J. Haematol. **50**, 509–519 (1982).
8. WEHMEIER, A. u. Mitarb.: Bleeding and thrombosis in chronic myeloproliferative disorders: Relation of platelet disorders to clinical aspects of the disease. Haemostasis **19**, 251–259 (1989).
9. WINKELMANN, M. u. Mitarb.: Ploidy pattern of megakaryocytes in patients with metastatic tumors with and without paraneoplastic thrombosis and in controls. Haemostasis **14**, 501–507 (1984).

A. Wehmeier und W. Schneider, Düsseldorf

Harntrakt

Grenzwerte bei prostataspezifischem Antigen

Frage: Gibt es einen verläßlichen Grenzwert bei dem prostataspezifischen Antigen, bei dessen Überschreitung mit entsprechendem klinisch verdächtigem Palpationsbefund von einem Neoplasma der Prostata gesprochen werden kann? Gibt es eine »Grauzone« und für welche Differentialdiagnosen (Prostatahyperplasie) trifft sie zu?

Das prostataspezifische Antigen (PSA) ist ähnlich wie die prostataspezifische saure Phosphatase (PAP) ein Glukoprotein und ein Sekretionsprodukt der Prostatadrüsenzelle und somit nicht tumorspezifisch. Im Gegensatz zur PAP handelt es sich jedoch um ein gewebespezifisches Antigen. Die obere Diskriminationsschwelle für die Diagnostik relevanter Patientengruppen, einerseits Patienten mit Prostataadenom und Entzündung der Prostata, andererseits Patienten mit Prostatakarzinom, dürfte entgegen den Angaben der Hersteller zwischen 10 und 14 µg/l liegen.

Die Konzentrationen an PSA sind beim Prostataadenom denen bei Frühstadien des Prostatakarzinoms sehr ähnlich. Die bisher vorläufige diagnostische Relevanz zeigt, daß durch die Bestimmung des PSA nur das metastasierende Prostatakarzinom verläßlich diagnostiziert werden kann.

In einer Studie mit Festsetzung des Entscheidungskriteriums auf 10 µg/l hatten 96% der Patienten mit Prostatakarzinom erhöhte PSA-Werte. 98% der Patienten mit gesicherter prostatischer Hyperplasie hatten Werte unter 10 µg/l. Die diagnostische Sensitivität des PSA als Verlaufsparameter der Patienten mit Tumorprogression oder Tumorremission schien besser als die der PAP. Da PAP und PSA voneinander unabhängig gebildet werden, besteht die Möglichkeit durch die Kombination beider Untersuchungen, die Sensitivität der Diagnostik und Verlaufskontrolle des Prostatakarzinoms noch zu erhöhen.

Literatur (zitiert nach *L. Thomas:* »Labor und Diagnose«. Die Medizinische Verlagsgesellschaft, Marburg 1988)

1. FORNARA, P. u. Mitarb.: Klinische Relevanz und radioimmunologische Bestimmung des prostataspezifischen Antigens (PSA) beim Prostatakarzinom. Urologe **26**, 158 (1987).
2. LANGE, P. H.: Tumor markers in prostata cancer. Excerpta Medica, Amsterdam 1986.
3. LIEDTKE, R. J. u. J. D. BATJER: Measurement of prostate specific antigen by radioimmunoassay. Clin. Chem. **30**, 649 (1984).
4. WANG, M. C. u. Mitarb.: Prostate antigen of human cancer patients. Methods Cancer Res. **19**, 179 (1982).

R. Ackermann, Köln

B-Scan-Untersuchungen der Nierenarterien

Frage: Wie groß ist die Sensitivität der B-Scan-Untersuchung der Nierenarterien im Vergleich zur herkömmlichen venösen oder arteriellen digitalen Subtraktionsangiographie?

Die sonographische Darstellbarkeit der Gefäßabgänge der Aorta abdominalis ist bei einem hohen Prozentsatz der Patienten infolge Darmgasüberlagerungen und Adipositas eingeschränkt. Der meist nicht ganz geradlinige Verlauf und die Tatsache, daß doppelte Nierenarterien nicht sicher erfaßt werden, schränkt die Methode doch erheblich ein. Größenunterschiede der Nieren, die bei länger bestehender Nierenarterienstenose auftreten können, werden zwar mit der Sonographie erfaßt, sind jedoch zur Frühdiagnostik nicht aussagefähig. Insgesamt ist die Sonographie sicherlich nicht zum Screening geeignet. Eine geeignete Methode steht hier mit dem Captopril-Test zur Verfügung.

In der Praxis wird bei positivem Captopril-Test die Abklärung des Hochdrucks, die auch den Ausschluß der renalen Ursache umfaßt, elektiv durchgeführt. Aus diesem Grund erscheint die i.v. digitale Subtraktionsangiographie der Nierenarterien in Kombination mit einer Nierenvenenblutentnahme zur Reninbestimmung sinnvoll. Dabei sollten auf jeder Seite mehrere Proben zentral und peripher aus dem renalvenösen System entnommen werden. Bewertet werden nicht die absoluten Werte, sondern der Quotient aus den beiden Seiten, der 1,5 nicht überschreiten soll. Zusätzliche Proben aus der infrarenalen V. cava können als Basiswerte herangezogen werden.

B. Cramer, Wuppertal

Nachweis der Nierenarterienstenose

Frage: Welche Screeningmethode ist am besten geeignet, eine Nierenarterienstenose als Ursache einer diastolischen Blutdruckerhöhung auszuschließen?

Eine einfache Screeningmethode, die spezifisch für eine renovaskuläre Genese der Hypertonie ist, existiert leider nicht. In der Tat gibt es aber einige klinische Charakteristika, die gehäuft mit einer Nierenarterienstenose assoziiert sind:

Ein Erstmanifestationsalter unter 30 Jahren bei exzessivem Hochdruck, insbesondere erhöhten diastolischen Werten, sollte an die Nierenarterienstenose denken lassen. Eine große Bedeutung bei der Screeninguntersuchung hat meiner Meinung nach ein abdominelles Strömungsgeräusch. Von diagnostischer Relevanz sind vor allem systolisch-diastolische Strömungsgeräusche, die sich seitlich des Nabels projizieren. Ein abdominelles Strömungsgeräusch wird bei über der Hälfte der Patienten bei renovaskulärem Hochdruck gefunden, aber bei weniger als 10% der Patienten mit primärer Hypertonie.

Häufig läßt sich bei Patienten mit Nierenarterienstenose eine Hypokaliämie nachweisen. Die einmalige Bestimmung von Renin und Aldosteron im Plasma unter basalen Bedingungen (morgendliche Blutentnahme nach Bettruhe) oder Ruhe (nach zweistündigem Liegen) ist zur Beurteilung des Renin-Angiotensin-Aldosteron-Systems nur begrenzt aussagefähig. Die Plasmawerte beider Parameter hängen von der Natriumbilanz ab und werden durch viele Pharmaka beeinflußt.

Weiterführende Untersuchungen in der Diagnostik der renovaskulären Hypertonie sind die Nierensonographie, die Farbdoppleruntersuchung der Nierenarterien (soweit einsehbar), die Isotopennephrographie und die Nierenfunktionsszintigraphie. Ergänzend kann unter stationären Bedingungen die Renin-Aktivität seitengetrennt in beiden Nierenvenen (evtl. auch nach Gabe eines Angiotensin-Converting-Enzym-Hemmers) bestimmt werden.

Zum exakten Nachweis der Nierenarterienstenose stehen heute die digitale, intravenöse oder arterielle Subtraktionsangiographie zur Verfügung. Die direkte renale Arteriographie ist nur noch vereinzelt indiziert.

H. Geiger, Würzburg

Nierenangiographie bei arterieller Hypertonie

Frage: Bei welchen Patienten, vor allem auch Patientinnen, sehen Sie bei der Diagnostik einer neu aufgetretenen bzw. erstmals festgestellten arteriellen Hypertonie die Indikation zur Nierenarteriendarstellung (Angiographie, arterielle oder venöse DSA)? Ich arbeite in der Inneren Abteilung eines kleineren Krankenhauses, was bedeutet, daß diese Untersuchung jeweils in einem auswärtigen Haus gemacht werden muß, so daß es schon sehr sinnvoll erscheint, die oben angesprochene Indikation möglichst gezielt zu stellen.

Vorbemerkung

1. Eine Nierenangiographie im Rahmen der differentialdiagnostischen Klärung einer arteriellen Hypertonie dient der Erfassung einer Nierenarterienstenose und damit einer mittels Ballondilatation oder Operation prinzipiell definitiv behandelbaren sekundären Hypertonieursache.

2. Eine Nierenarterienstenose als Ursache einer arteriellen Hypertonie liegt bei etwa 1% aller Hypertoniker mit einem Häufigkeitsgipfel zwischen dem 40. und 50. Lebensjahr vor. Dabei muß unterschieden werden zwischen der fibromuskulären Form, die vor allem bei jüngeren Patienten und bevorzugt bei Frauen (80%) auftritt, und der arteriosklerotischen Form, die vor allem im höheren Lebensalter vorliegt.

3. Hinweisend für eine Nierenarterienstenose können folgende Faktoren — insbesondere wenn sie zusammen auftreten — sein:

a) kurze Hochdruckanamnese;

b) mittelschwere und schwere Hochdruckformen, die therapeutisch nur schwer einzustellen sind;

c) abdominelle Strömungsgeräusche.

4. Einer invasiven Diagnostik mittels Angiographie sollten nicht-invasive Untersuchungsmethoden vorausgehen, hierzu zählen als aussagekräftigste Verfahren der Captopril-Test als funktionelle Methode und die Duplex-Sonographie als modernstes nicht-invasives Untersuchungsverfahren mit großer Aussagekraft, wobei allerdings entsprechende Erfahrung vorausgesetzt werden muß.

5. Als relativ aufwendige Untersuchungsmethode ist die Indikation zur Nierenangiographie auch von den jeweiligen örtlichen Gegebenheiten abhängig, wobei ein breiter Ermessensspielraum besteht.

Zur Beantwortung der Frage

Auf dem Hintergrund dieser Hinweise läßt sich folgende Empfehlung geben:
Eine Nierenarteriendarstellung zum Ausschluß einer Nierenarterienstenose sollte bei folgenden Hypertonikern durchgeführt werden:

1. Bei jüngeren (unter 45jährigen) Patienten — insbesondere Patientinnen —, die eine mittlere bis schwere Blutdruckerhöhung aufweisen, und vor allem dann, wenn diese relativ schwer einzustellen ist.

2. Bei älteren (über 50jährigen) Patienten mit kurzer Hochdruckanamnese, schwer einstellbarem Hochdruck und Hinweisen auf weitere arteriosklerotische Gefäßveränderungen.

3. Bei pathologischem Ausfall der nicht-invasiven Untersuchungsmethoden mit indirekten Hinweisen auf eine funktionell wertige Nierenarterienstenose.

Abschließend ist noch einmal zu betonen, daß die Indikationsstellung zur Nierenangiographie immer auf dem Hintergrund gesehen werden muß, daß sie der Erfassung einer potentiell heilbaren sekundären Hypertonieform dient und durch sie — abgesehen von Organkomplikationen — eine jahrzehntelange medikamentöse

Therapie verhindert werden kann. Insofern ist eine großzügige Indikationsstellung prinzipiell gerechtfertigt, die allerdings in ihrem Ermessensspielraum die örtlichen Gegebenheiten berücksichtigen muß und letztlich auch die sicherlich geringe Häufigkeit dieser Hypertonieform.

H. W. Wiechmann, Hamm

Komplementspiegel bei Nephritiden

Frage: Welche Bedeutung hat die Bestimmung der Komplementfaktoren C3, C4 für die Diagnostik von Nierenerkrankungen?

Bei der Mehrzahl der Glomerulonephritiden (GN), d. h. Nierenerkrankungen, die durch die klassischen Zeichen der Entzündung in den Glomerula charakterisiert sind, ist eine Immunkomplex-Genese wahrscheinlich. So gehören sowohl die akute postinfektiöse GN (Poststreptokokken-GN; endokapilläre GN) wie auch 60—90% aller chronischen GN zum Typ der Immunkomplex-Glomerulonephritiden.

Die Bildung von Immunkomplexen aus Antigen und Antikörper geht mit Komplementanlagerung an den Komplex einher. Dabei kann der Komplementspiegel im Serum absinken. Dem Komplementverbrauch versucht der Organismus durch verstärkte Nachproduktion entgegenzuwirken, wodurch es einige Wochen nach Krankheitsbeginn einer akuten postinfektiösen GN vorübergehend auch zu einer Erhöhung dieser Komponenten kommen kann.

Üblich und einfach ist die Bestimmung von C3 und C4 im Serum durch Lasernephelometrie oder radiale Immundiffusion. Die ebenfalls einfache Bestimmung anderer Komplementkomponenten (z. B. Clq) erbringt wenig zusätzliche Informationen. Die Bestimmung von Komplementspaltprodukten ergibt prinzipiell die sicherste Information über eine Aktivierung des Komplementsystems, ist aber abnahmetechnisch und methodisch aufwendig und hat daher, ähnlich wie die Bestimmung der CH50 und des sogenannten C3-Nephritisfaktors (eines Autoantikörpers gegen eine C3-Konvertase), nur bei speziellen Fragestellungen und nur bei optimalen labortechnischen Möglichkeiten praktische Bedeutung.

Erhöhte Komplementspiegel sind wie unspezifische Entzündungsparameter zu werten und erbringen zusätzlich zur Blutkörperchensenkungsgeschwindigkeit oder zur Bestimmung des C-reaktiven Proteins keine zusätzliche Information.

Erniedrigte Komplementspiegel finden sich vor allem bei der akuten Poststreptokokken-GN, bei der (chronischen) idiopathischen membranoproliferativen GN und beim systematischen Lupus erythematodes.

Bei akuter postinfektiöser GN ist in der Frühphase der Erkrankung häufig ein Abfall von C3 bis auf 50% der Normwerte zu beobachten, während die C4-Spiegel kaum erniedrigt sind. Der C3-Spiegel normalisiert sich in der Regel innerhalb weniger Wochen und kann dann vorübergehend erhöht sein. Eine über Monate bestehende C3-Erniedrigung korreliert mit einem raschen Fortschreiten der Erkrankung. Außerdem sollte an die Möglichkeit anderer mit einem Komplementverbrauch eingehender Erkrankungen gedacht werden, wie die idiopathische membranoproliferative GN, Endokarditiden oder Kryoglobulinämie. Eine konstante C3-Spiegelerniedrigung bei gleichzeitiger C4-Erniedrigung spricht eher gegen das Vorliegen einer Poststreptokokken-GN, sondern evtl. für einen systemischen Lupus erythematodes mit renaler Manifestation.

Während sich bei den chronischen GN zeitweilig und unterschiedlich häufig wenig ausgeprägte Hypokomplementämien nachweisen lassen, finden sich bei der idiopathischen membranoproliferativen GN oft auffallende C3-Erniedrigungen (und erhöhter C3-Nephritis-Faktor), die auch zur Bezeichnung hypokomplementämische GN geführt haben. Die C4-Spiegel sind meist normal. Bei persistierender Komplementverminderung ist eine fortschreitende Entwicklung zur terminalen Niereninsuffizienz wahrscheinlich.

Beim systemischen Lupus erythematodes (SLE) sind C3 und C4 häufig erniedrigt, wobei der C4-Spiegel sensibler als der C3-Spiegel reagiert. Obwohl es SLE-Patienten gibt, die trotz deutlich erniedrigtem Komplementspiegel nur geringe Krankheitsaktivität aufweisen, stellt die Verlaufskontrolle des Serumkomplements in der Langzeitbeobachtung eines Patienten einen sinnvollen Parameter dar: Wenn keine der seltenen kongenitalen Komplementdefizienzen vorliegen (abklärbar durch Subklassen-Analyse, z. B. C4A und C4B), gehen erfolgreiche Behandlungen mit einer Normalisierung des Komplementspiegels einher. So konnte in jüngster Zeit an einem großen Patientenkollektiv gezeigt werden, daß Patienten mit Lupus-Nephritis, bei denen sich unter Therapie die Komplementspiegel langfristig normalisierten, seltener und später dialysepflichtig wurden, als Patienten, bei denen dies nicht gelang.

Auch bei anderen Systemerkrankungen oder Vaskulitiden, wie Purpura *Schönlein-Henoch*, *Goodpasture*-Syndrom, *Wegener*scher Granulomatose und Panarteriitis nodosa können in unterschiedlicher Häufigkeit erniedrigte Komplementspiegel gefunden werden, die aber nicht charakteristisch sind.

Beim Vorliegen einer ätiologisch unklaren renalen Erkrankung sollte daher immer auch eine C3- und C4-Bestimmung erfolgen. Erniedrigte Werte sollten Anlaß zu weitergehender Diagnostik und Verlaufsbeobachtung sein.

H.-J. Gutschmidt und H. H. Euler, Kiel

Magen-Darmtrakt, Ernährung

Zöliakie und Risiko einer Krebserkrankung

Frage: Zöliakie und Risiko einer Krebserkrankung: Erhöhte Erkrankungsgefahr im Vergleich zu Gesunden? Welche Maßnahmen sind erforderlich?

Die ersten Beobachtungen über eine erhöhte Inzidenz von malignen Erkrankungen bei Patienten mit Zöliakie bzw. mit Sprue sind schon 1962 von *Read* u. Mitarb., Bristol (England), publiziert worden. In dieser ersten Patientengruppe handelte es sich aber ausschließlich um Patienten mit Sprue, bei denen die Diagnose recht spät gestellt worden ist (meist nach dem 50. Lebensjahr) und außerdem unklar blieb, inwiefern ihre Symptome durch die Sprue oder durch die sich schon manifestierende maligne Erkrankung bedingt waren, da sich die Zeitspanne zwischen der Diagnosestellung einer Sprue und derjenigen der Malignität meist als sehr kurz erwies. Selbstverständlich war damals der Effekt einer ein- oder nicht-eingehaltenen glutenfreien Diät unter den gegebenen Umständen nicht eruierbar.

In den folgenden 20 Jahren sind weitere Publikationen zum Thema erschienen. Es ist daraus klar geworden, daß bei erwachsenen Spruepatienten, d. h. bei Patienten, bei welchen die gluteninduzierte Sprue sich erst im Erwachsenenalter manifestiert, eine gegenüber einer vergleichbaren Kontrollpopulation wesentlich erhöhte Inzidenz von Nicht-*Hodgkin* Lymphomen des Gastrointestinaltraktes, zudem aber auch von Karzinomen (vorwiegend Mund, Pharynx und Ösophagus) zu beobachten ist (z. B. die Studie von *Swinson* u. Mitarb., Lancet **1983/I**, 111−115 u. a. m.).

Unklar blieb immer noch die Frage, ob das Einhalten einer glutenfreien Diät vor der Entwicklung solcher maligner Erkrankungen schützt. Die verschiedenen Arbeiten darüber ermöglichten, meist aus methodi-

maligne Erkrankungen	Gruppe	beobachtet	erwartet	Quotient beobachtet/erwartet	p
alle	1	14	9,06	1,5	—
	2	17	6,42	2,6	**
Oropharynx und Ösophagus	1	1	0,33	3,0	—
	2	5	0,22	22,7	**
Non-*Hodgkin*-Lymphome	1	2	0,12	26,7	*
	2	7	0,09	77,8	**
andere	1	11	8,61	1,3	—
	2	5	6,11	0,8	—

Tab. 3
Malignität bei Zöliakiepatienten 1972—1985:
Rolle der glutenfreien Diät
Gruppe 1 = sterile glutenfreie Diät, n = 108
Gruppe 2 = keine oder inkonsequente Diät, n = 102
* = <0,01
** = <0,001
(Tab. modifiziert aus *Holmes* u. Mitarb., GUT **30,** 333 [1989])

Tab. 4
Malignität bei Zöliakiepatienten 1972—1985:
Rolle der Dauer der glutenfreien Diät (GFD).
* = <0,01
** = <0,001
(Tab. modifiziert aus *Holmes* u. Mitarb., GUT **30,** 333 [1989])

Verlaufsdauer	Häufigkeit von Malignität				
	n	beobachtet	erwartet	beobachtet/erwartet	p
Verlauf 1—9 J.					
strikte GFD	108	2	0,04	44,4	**
keine GFD	102	3	0,03	100,0	**
Verlauf >10 J.					
strikte GFD	100	0	0,08	—	—
keine GFD	74	4	0,05	80,0	**

schen Gründen (Aufbau der Studien und statistische Analyse der Ergebnisse), keine definitiven Aussagen. Bemerkenswert ist, daß unter den Zöliakiepatienten im Kindes- und Adoleszentenalter bislang nur über 2 Adoleszenten mit einer solchen Malignität publiziert worden ist *(Arnaud-Battandier* u. Mitarb., J. Pediat. Gastroenterol. Nutr. **2**, 320—323 [1983] und *Verkasalo* u. Mitarb., J. Pediat. Gastroenterol. Nutr. **4**, 839—841 [1985]). Bei beiden wurde die Malignität während einer Diätunterbrechung bzw. einer Glutenbelastung diagnostiziert.

Sind diese Erkrankungen in der pädiatrischen Population so selten, weil die Patienten in dieser Altersgruppe sich besser an ihre glutenfreie Diät halten — oder weil die Krankheitsdauer zu kurz war?

Erst kürzlich ist eine klare, definitive Antwort auf die gestellte Frage gegeben worden: Die Ergebnisse einer bis zu 20 Jahren dauernden Untersuchung und Verlaufskontrolle von 210 Spruepatienten in Birmingham, England *(Holmes* u. Mitarb., GUT **30**, 333—338 [1989]) sind in den Tab. 3 u. 4 zusammengefaßt.

Aus diesen Zahlen ist sofort ersichtlich, daß das Malignitätsrisiko bei diätetisch nicht- (bzw. inkonsequent) behandelten Patienten tatsächlich eindeutig größer ist als bei diätetisch behandelten, daß aber zusätzlich dazu der wesentliche Unterschied erst nach einer mehr als 10 Jahre dauernden diätetischen Behandlung offensichtlich wird.

Die Konsequenzen aus dieser Studie sind klar: Ist einmal die Diagnose einer gluteninduzierten Zöliakie bzw. Sprue gesichert, damit ist der eindeutige Nachweis der schwersten typischen Läsion der Dünndarmmukosa bei unbehandelten Patienten und das prompte Ansprechen auf eine strikte glutenfreie Diät gemeint, so sollten die Patienten instruiert und motiviert werden, sich auf ihre neuen Eßgewohnheiten einzustellen, also Gluten aus Weizen, Hafer, Roggen und Gerste strikt und definitiv zu meiden. Diese Motivierung ist eine Daueraufgabe; sie kann nicht mit einer »Einmal-Instruktion« erledigt werden und sollte durch den betreuenden Arzt, durch die Ernährungsberatung und unter Mithilfe der Patienten- bzw. Elternvereine sehr langfristig fortgesetzt werden, um dem Patienten das Sich-Einstellen auf seine spezielle Ernährung möglichst zu erleichtern.

D. H. Shmerling, Zürich

Hepatitis B-Antikörper

Frage: Ist nach Hepatitis B von einer lebenslangen Immunität auszugehen, auch wenn im Verlauf Anti-HBs negativ ist?

Die Frage nimmt Bezug auf die Beobachtung, daß bei der Ausheilung einer akuten Hepatitis B während der Rekonvaleszenz nicht immer Antikörper gegen das Hüllprotein des Hepatitis B-Virus (Anti-HBs) meßbar werden. In einer klinischen Studie der DFG während der 70er Jahre bei mehreren 100 ausgeheilten Hepatitis B-Patienten wurde trotz engmaschiger Verfolgung und empfindlicher Nachweistechnik (RIA) bei 20% kein Anti-HBs festgestellt. Bei weiteren 10% war es bereits 2 Jahre nach Ausbruch der Hepatitis B wieder negativ (7).

Diese Zahlen machen deutlich, daß eine nachweisbare Bildung von Anti-HBs keine Bedingung für eine Ausheilung der Hepatitis B ist und daß andere Faktoren des Immunsystems dafür ausreichend sind. Hier sind Antikörper gegen die Prä-S1-Domäne der Virushülle zu nennen, die von den gegenwärtigen Anti-HBs-Tests nicht erfaßt werden (2).

Noch wichtiger ist wahrscheinlich die zelluläre Immunität. Da die Anti-HBs negativen Hepatitis B-Rekonvaleszenten offensichtlich solche Immunmechanismen ausgebildet haben, ist bei ihnen auch von einer nachfolgenden Immunität auszugehen. Wie lange jedoch diese Immunität wirklich andauert, ist nicht sicher zu beantworten.

Ein indirekter Hinweis, daß diese Immunität sehr lange besteht, ist zum einen das Fehlen von Literaturberichten über Zweitinfektionen mit dem HBV und weiterhin die Tatsache, daß in hochendemischen Gebieten das Hepatitis B-Virus als Erreger von akuten Hepatitiden bei Erwachsenen praktisch keine Rolle spielt. In diesen Ländern gibt es einen großen Anteil von Personen mit Antikörpern gegen das Hepatitis B-core-Antigen (Anti-HBc), die aber kein HBsAg oder Anti-HBs haben (6). Diese Personen werden trotz des hohen Expositionsrisikos nicht krank und sind offensichtlich immun. Wird das Immunsystem, z. B. bei einer Organtransplantation, unterdrückt, so kann es aber zur endogenen Reaktivierung des latent vorhandenen HBV kommen (5). Diese Gefahr ist hierzulande wahrscheinlich höher einzuschätzen als die exogene Infektion.

Wesentlicher für praktische Belange ist die Frage, ob bei Anti-HBc positiven Personen ohne Anti-HBs überhaupt eine Immunität angenommen werden darf. Ist eine frühere HBV-Infektion nicht von vornherein eindeutig bekannt, so kann aus einem positiven Anti-HBc-Befund nicht automatisch auf eine frühere HBV-Infektion geschlossen werden, da 1–3% der nicht infizierten Normalbevölkerung (z. B. Blutspender) mit den zur Zeit üblichen Enzymimmunoassays falsch positiv reagieren (1).

Bei ernsthaftem Expositionsrisiko sollten Anti-HBc-positive Personen ohne Anti-HBs aktiv mit einer Dosis Hepatitis B-Vakzine geimpft und nach einer Woche sollte der Anti-HBs-Titer gemessen werden. Wird nach dieser einen Impfdosis bereits Anti-HBs in mittleren (10–100 internationale Einheiten/ml) oder hohen (>100) Titern nachweisbar, so lag wohl bereits eine Immunität vor, die durch die Impfung geboostert wurde. Bei Ausbleiben dieser anamnestischen Reaktion sollte der volle Impfzyklus mit 3 Dosen verabreicht werden und der Anti-HBs-Titer 4 Wochen nach der 3. Impfung geprüft werden.

Liegt nunmehr ein mittlerer oder hoher Titer vor, hatte die Person vermutlich bislang keinen Kontakt mit dem HBV, und der Anti-HBc-Befund ist womöglich unspezifisch. Bleibt, bei sonst intaktem Immunsystem, die Anti-HBs-Antwort aus, ist es wahrscheinlich, daß diese Person früher mit HBV infiziert war und dieses Virus eliminiert hat, aber nicht zur Anti-HBs-Bildung in der Lage ist (4). Eine Immunität kann hier vermutet werden, ist jedoch wegen fehlender Erfahrungen nicht gewährleistet. Bei akuter Exposition ist bei solchen Patienten eine passive Immunisierung anzuraten, auch wenn inzwischen Zweifel am Wert der passiven Prophylaxe aufgekommen sind (3).

Literatur

1. CASPARI, G. u. Mitarb.: Unsatisfactory specificities and sensitivities of six enzyme immunoassays for antibodies to hepatitis B core antigen. J. clin. Microbiol. **27**, 2067–2072 (1989).
2. DEEPEN, R. u. Mitarb.: Assay of preS epitopes and preS1 antibody in hepatitis B virus carriers and immune persons. Med. Microbiol. Immunol. **179**, 49–60 (1990).
3. IWARSSON, S.: Post-exposure prophylaxis for hepatitis B: active or passive? Lancet **1989/II**, 146–147.
4. LOK, A. S., C. L. LAI u. P. C. WU: Prevalence of isolated antibody to hepatitis B core antigen in an area endemic for hepatitis virus infection: implications in hepatitis B vaccination programs. Hepatology **4**, 766–770 (1988).
5. NAGINGTON, J., Y. E. COSSART u. B. J. COHEN: Reactivation of hepatitis B after transplantation operations. Lancet **1977/I**, 558–560.
6. NEPPERT, J. u. W. H. GERLICH: Studien zur serologischen Manifestation der Hepatitis B Virus Infektion in der Republik Liberia. Zentbl. Bakt. Hyg., I. Abt. Orig. A **245**, 8–16 (1979).
7. THOMSSEN, R.: In: HORNBOSTEL, H. u. Mitarb. (Hrsg.): Lehrbuch Innere Medizin in Praxis und Klinik. Bd. III, S. 13.61. Thieme, Stuttgart 1985.

W. Gerlich, Göttingen

Nachsorge bei Hepatitis B

Frage: Kann ich davon ausgehen, daß ein Patient nach problemlos verlaufener Hepatitis B nach Erreichen unauffälliger Laborwerte nicht mehr infektiös ist, oder muß man unbedingt die AK-Serologie durchführen?

Eine problemlos abgelaufene Hepatitis B bedarf eigentlich keiner Nachsorge. Man sollte vorsichtshalber kontrollieren, ob das HB_s-Ag negativ geworden ist und sich HB_s-Antikörper gebildet haben (frühestens nach 3 Monaten). Eine mögliche Infektiosität ist ohnedies nur dann zu befürchten, wenn das HB_e-Antigen positiv bleibt.

E. Wildhirt, Kassel

H$_2$-Antagonisten: Indikationen

Frage: Der Gebrauch von H$_2$-Antagonisten zur Therapie sämtlicher Magen- und Duodenalerkrankungen bei vermuteter Hyperazidität erscheint mir inflationär (Erfahrung vieler Praxisvertretungen). »Einfachere« Mittel wie Antazida, Spasmolytika, Bett- oder wenigstens Arbeitsruhe, Diät und Lebensführung haben nur wenige Anhänger in der Praxis. Ich erlebe viele Dauertherapierte, oft nur nach klinischem Befund und ohne endoskopische Untersuchung. Wie ist der derzeitige Stand? Gibt es eine Art Stufentherapie?

H$_2$-Rezeptorantagonisten sind derzeit Mittel der Wahl bei endoskopisch gesichertem Ulcus duodeni et ventriculi und erosiver Refluxösophagitis. Da es sich hierbei um chronisch-rezidivierende Krankheitsbilder handelt, erscheint es sinnvoll, bei Wiederaufflammen der Symptome auf die bewährten Ulkustherapeutika zurückzugreifen. Es ist nicht gerechtfertigt, bei diesen Patienten vor Beginn einer H$_2$-Blocker-Therapie eine erneute endoskopische Untersuchung vorzunehmen. Diese sollte nur erfolgen, wenn sich das Symptomenbild gegenüber früheren Ulkusschüben deutlich verändert hat.

Wir stimmen dem Kollegen zu, der mit Recht moniert, daß H$_2$-Blocker über diese klassischen Indikationen hinaus zu großzügig in der täglichen Praxis verordnet werden. Zahlreiche Symptome lassen sich adäquat auch durch Antazida und Motilitätsregulatoren wirkungsvoll behandeln. Auch ist ein klärendes Gespräch mit dem Patienten, in dem auf exogene Noxen, wie Rauchen, Alkohol usw. hingewiesen wird, segensreicher als der rasche Griff zum Rezeptblock.

Wir stimmen aber nicht mit dem Kollegen darin überein, diesen Patienten großzügig eine Bett- bzw. Arbeitsruhe einzuräumen. Letzteres Vorgehen würde bei der Häufigkeit dieses Krankheitsbildes die Kosten in astronomische Höhe treiben. Hinzu kommt, daß dyspeptische Beschwerden zwar subjektiv lästig, medizinisch jedoch oft unerheblich sind.

Unsere Vorgehensweise sieht wie folgt aus:
Bei dyspeptischen Beschwerden sollte neben einem Hinweis auf evtl. exogene Noxen (!) ein Antazidum bzw. ein Motilitätsregulator versucht werden. Tritt unter diesen therapeutischen Maßnahmen keine Besserung ein oder kommt es nach Absetzen zu einem raschen Wiederauftreten der Symptome, dann sollte eine endoskopische bzw. sonographische Untersuchung vorgenommen werden. Liegt ein peptisches Geschwür bzw. eine erosive Refluxösophagitis vor, dann sollten H$_2$-Antagonisten über mehrere Wochen verabreicht werden.
Lassen sich keine peptischen Läsionen nachweisen und haben sonographische bzw. biochemische Untersuchungen eine Cholecystolithiasis, Pankreatitis, Nephrolithiasis usw. ausgeschlossen, dann kann ein zeitlich begrenzter Therapieversuch mit H$_2$-Antagonisten (etwa 3 Wochen) gewagt werden.

Man weiß heute, daß H$_2$-Blocker bei zahlreichen Patienten mit sog. Non-ulcer-Dyspepsie wirksam sind. In einigen europäischen Ländern sind diese Substanzen für dieses Krankheitsbild von den Gesundheitsbehörden zugelassen.

Bessern sich die Beschwerden jedoch auch unter dieser medikamentösen Maßnahme nicht wesentlich, dann kann je nach Campylobacter pylori-Status eine Therapie mit einem Wismut-Präparat versucht werden. Bei einigen Patienten kommt es tatsächlich zu einer Besserung der Dyspepsie. Das Verschwinden der Symptome läuft allerdings nicht parallel mit der Elimination dieses ubiquitären »Hauskeimes«.

B. Simon und P. Müller, Schwetzingen

Thrombozytose bei M. *Crohn*

Frage: Thrombozytose bei Patientin mit M. Crohn: Eine 15jährige Patientin leidet seit 1986 an einem M. Crohn mit wechselnder entzündlicher Aktivität. Die BSG schwankt zwischen 18/35 und 50/90, im Blutbild findet sich konstant eine leichte hypochrome Anämie bei Normwerten für Ferritin. Die Leukozyten schwanken zwischen 9000 und 16000. Unabhängig von den Entzündungsparametern liegt eine Thrombozytose um 700000 vor. Die Patientin erhält seit längerem kein Cortison, die Medikation war ohne Einfluß auf die Thrombozytenzahl.
Sind die Thrombozyten durch den M. Crohn zu erklären oder ist eine hämatologische Erkrankung in Erwägung zu ziehen?

Selbst ausgeprägte Erhöhungen der Thrombozytenzahl sind bei chronisch entzündlichen Darmerkrankungen als Zeichen der Krankheitsaktivität charakteristisch (2) und nur sehr selten Ausdruck einer zusätzlichen, hämatologischen Erkrankung. Thrombozytosen entstehen infolge gesteigerter Entzündungsaktivität und erhöhter Krankheitsaktivität durch vermehrte Interleukin-1-Bildung der Leukozyten (3). Bei gesteigerter Krankheitsaktivität aber können sie gleichzeitig auch als posthämorrhagische Thrombozytose ein Blutungszeichen darstellen.
Eine Differenzierung kann durch gleichzeitige Bestimmung der Retikulozyten erfolgen. Erhöhte chronische Blutverluste aber können durch den dadurch bedingten Eisenmangel ihrerseits wiederum zu ausgeprägten Thrombozytosen führen. Dabei müssen die Ferritin-Spiegel trotz bestehenden Eisenmangels nicht erniedrigt sein, da die Ferritin-Bestimmung bei gleichzeitigem Vorliegen entzündlicher oder maligner Erkrankungen versagt und die Bestimmungsergebnisse bei diesen Patienten auch bei Eisenmangel im Normbereich liegen oder sogar erhöht sein können (1).

Die in der Frage angegebenen Krankheitszeichen sprechen für erhöhte Krankheitsaktivität mit vermutlich gleichzeitigem Vorliegen von Entzündungs- und Blutungszeichen. Es liegt offenbar Behandlungsbedürftigkeit vor. Bei der Behandlung kann die Thrombozytose als leicht zu verfolgender Verlaufsparameter dienen.

Literatur

1. HUBER, H., D. PASTNER u. F. GABL: Laboratoriumsdiagnose hämatologischer Erkrankungen. Bd. 1: Hämatologie und Immunhämatologie. S. 55. Springer, Berlin-Heidelberg 1983.
2. SCHNEIDER, W.: Behandlung bei Colitis ulcerosa. internist. prax. **28**, 274 (1988).
3. SCHNEIDER, W.: Ist Thrombozytose ein Tumorzeichen? internist. prax. **29**, 19—29 (1989).

W. Schneider, Düsseldorf

Gefahren durch Kontrastmittel bei ERCP

Frage: Es wird als Vorteil der ERCP angesehen, daß keine intravasalen Kontrastmittel gegeben werden. Kann trotzdem durch die intraduktale Kontrastmittelapplikation mit Abfluß über den Dünndarm eine Hyperthyreose durch Jodresorption ausgelöst werden?

Die Beeinflussung der Schilddrüsenfunktion durch freies Jodid, das in kleinen Mengen entweder unter der radiologischen Exposition oder durch Stoffwechselvorgänge entsteht, ist für die intravasale Kontrastmittelapplikation bekannt.

Das Risiko einer jodidinduzierten thyreotoxischen Krise macht vor der Kontrastmittelanwendung bei Strumapatienten und Allgemeinpatienten mit Schilddrüsenanamnese den Ausschluß einer Hyperthyreose erforderlich. Thyreotoxische Krisen wurden überwiegend nach Anwendung der heute fast bedeutungslosen Kontrastmittel zur oralen Cholezystographie beobachtet.

Prinzipiell ist die Auslösung einer jodinduzierten Hyperthyreose auch nach intraduktaler Kontrastmittelapplikation im Rahmen der ERCP möglich, da wasserlösliche Röntgenkontrastmittel im Darm resorbiert werden (1–2% der Dosis) und auch hier in kleinen Mengen Jodidfreisetzungen erfolgen. Es sollte auch bei diesen Untersuchungen die oben angeführte Vorsichtsmaßregel bei Strumaträgern berücksichtigt werden.

Mir sind thyreotoxische Krisen nach Kontrastmittelapplikation im Rahmen der ERCP nicht bekannt geworden, ebenso keine Beobachtungen im Schrifttum. Eine Rückfrage sowohl bei Kollegen in nuklearmedizinischen Abteilungen als auch bei den Kontrastmittelherstellern ergaben ebenfalls keine Hinweise.

Vermutlich führt die Kombination des geringen Risikos einer Hyperthyreoseentwicklung nach Anwendung der neuen Röntgenkontrastmittel mit der im Spektrum aller Kontrastmittelanwendungen zahlenmäßig relativ geringen Frequenz von ERCP-Untersuchungen dazu, daß derartige Zwischenfälle nicht bekannt sind.

V. Taenzer, Berlin

Ursachen einer Lipase-Erhöhung

Frage: Ursachen und notwendige Therapiemaßnahmen bei isolierter Lipase-Erhöhung (500—600 U/l) ohne weitere Hinweise auf Pankreatitis oder Pankreasinsuffizienz (normales Gedeihen, keine Entzündungsparameter, aber Unverträglichkeitserscheinungen bei fettreichen Nahrungsmitteln)?

In der Frage fällt auf, daß zunächst von isolierter Lipase-Erhöhung »ohne weitere Hinweise auf Pankreatitis oder Pankreasinsuffizienz« die Rede ist, später jedoch aber von Unverträglichkeitserscheinungen bei fettreichen Nahrungsmitteln. Hier scheinen also doch klinische Symptome vorzuliegen!

Berücksichtigt werden sollte das Lebensalter des Patienten, dessentwegen angefragt wird. Insbesondere wäre wichtig zu wissen, ob eine chronische medikamentöse Therapie durchgeführt wird; sie kann bekanntermaßen Schädigungen des Pankreas nach sich ziehen (Kortikosteroide, Immunsuppressiva). Grundsätzlich ist zu bemerken, daß die Serum-Lipase pankreasspezifisch ist; eine Lipase-Erhöhung ist gleichbedeutend mit einer Dyschylie des Pankreas. Diese Form der Dyschylie wird nicht nur bei der Pankreatitis beobachtet, sondern auch bei der Mukoviszidose, zumindest im jungen Lebensalter. Deswegen wird auch die Bestimmung des immunreaktiven Trypsins, zudem die der immunreaktiven Lipase, im Serum als Screeninguntersuchung immer wieder diskutiert.

Bei Lipase-Erhöhung im Serum ist es sicherlich sinnvoll, die immunreaktive Lipase zu bestimmen, um eine evtl. Konkordanz bzw. Diskordanz dieser Befunde aufzudecken. Darüber hinaus ist auch die Bestimmung des immunreaktiven Trypsins im Serum sowie auch anderer prinzipiell ins Serum übertretender Enzyme (z. B. Elastase) sinnvoll.

Bei fortbestehender Lipase-Erhöhung über mehrere Monate oder noch länger, muß selbst bei geringen klinischen Beschwerden eine chronische Pankreatitis angenommen werden. Hier sollte dann die Diagnostik vorangetrieben werden.

Mindestens zu fordern sind Ultraschalluntersuchungen des Pankreas, gegebenenfalls auch ein Computertomogramm. Ob und wann eine ERCP durchgeführt wird, hängt von den anderen erhobenen Befunden und auch von den Möglichkeiten der jeweiligen Klinik ab.

Auf jeden Fall gehört eine sorgfältige Untersuchung des biliären Systems (laborchemisch, sonografisch, gegebenenfalls ERCP) zur Diagnostik.

Bei der Klärung der Ätiologie sollten neben den bekannten Ursachen einer Pankreatitis im Kindesalter vor allem auch sorgfältige familienanamnestische Erhebungen durchgeführt werden, um die wohl nicht ganz seltene familiäre Pankreatitis zu erfassen.

Die Leistungsfähigkeit des exokrinen Pankreas kann abgeschätzt werden durch die Stuhlfettuntersuchung, die jedoch erst in Spätstadien einer Pankreasfibrose erhöht sein wird, sowie relativ einfach durch den Pankreolauryltest, der bei fehlender Invasivität eine recht gute Beurteilung der exogenen Pankreasfunktion zuläßt.

Angesichts der Vielfältigkeit der oben gegebenen Hinweise können verbindliche Therapievorschläge nicht schematisch gegeben werden; sie sind abhängig von den jeweiligen Untersuchungsergebnissen. So wird bei dem einen Patienten eine lediglich symptomatische Therapie, bei dem anderen eine Therapie mit Pankreasfermenten, beim dritten vielleicht eine korrigierend chirurgische Therapie, beispielsweise bei anatomischen Papillenveränderungen, zu erwägen sein.

H. Wolf und K.-O. Piske-Keyer, Gießen

Symptomlose Persistenz erhöhter Pankreasenzyme im Serum

Frage: Ein 85jähriger Patient wurde 1979 und 1981 jeweils mit einer akuten Pankreatitis unklarer Genese stationär konservativ behandelt. Bei einer Routinekontrolle der Laborparameter fielen erstmals im Oktober 1988 erhöhte Amylasewerte bis 1188 U/l und Lipasewerte bis 681 U/l auf. Der Patient hatte keine Symptome, sonographisch war das Pankreas unauffällig. Auf Anraten eines beratenden Internisten bekam der Patient fettarme Kost und 1000 mg Tagamet/d. Es änderte sich weder etwas an seinem (guten) Befinden noch an den zwar schwankenden aber stets erhöhten Enzymwerten. Auch eine Kontrollsonographie lieferte weder an Leber, Galle noch Pankreas einen pathologischen Befund. Verständlicherweise ist es der alte Herr inzwischen leid, die vielen Tabletten zu schlucken und sich an seine Diät zu halten. Wir haben vorsichtig auf 400 mg Tagamet/d reduziert bei guten Befunden. Die letzten Werte Amylase 387 U/l und Lipase 548 U/l.
Wie interpretieren Sie diese Krankheitsgeschichte, die eigentlich gar keine ist? Was sage ich dem Patienten? Kann jede Therapie abgesetzt werden?

Aufgrund der gleichzeitig erhöhten Serumkonzentrationen von Amylase und Lipase steht der Ursprungsort, die Bauchspeicheldrüse, außer Frage. Der alleinige Anstieg der Serumamylase hätte uns vor die schwierige Aufgabe gestellt, eine Reihe verschiedener Organpathologien in Betracht zu ziehen.

Hier handelt es sich um die symptomlose Persistenz erhöhter Pankreasenzyme im Serum bei anamnestisch 2 vorangegangenen akuten Pankreatitisschüben, die knapp 10 Jahre zurückliegen. Anatomisch pathologisch kann man für den Enzymanstieg eine Obstruktion annehmen, die eher in peripheren Gangsystemen zu vermuten ist, da sonographisch keine Dilatation des Pankreashauptganges beschrieben ist. Narbige Residuen oder die Persistenz kleiner, sonographisch unter der Nachweisgrenze liegender, Pseudozysten infolge der akuten Pankreatitisschübe sind aufgrund der Zeitlatenz eher unwahrscheinlich. Hier würde uns die Information hinsichtlich der Ätiologie der akuten Pankreatitis, Hinweise über den Alkoholkonsum des Patienten, sowie chronische Medikamenteneinnahme weiterhelfen. Ein neoplastischer Prozeß, ohne Schmerzen, nur sehr langsam voranschreitend ist bei der vorgegebenen Befundkonstellation nicht völlig auszuschließen, obwohl unwahrscheinlich. Die Bestimmung von Tumormarkern (Ca 19-9) und eine ERCP sind in jedem Fall vertretbare diagnostische Maßnahmen. Vorab bleibt noch zu klären, ob beim Patienten eine gestörte Kreatininclearance vorliegt, da dies eine naheliegende Erklärung für die erhöhten Pankreasenzyme im Serum sein könnte.

Aufgrund des laborchemischen Befundes ohne klinische Zeichen und des bislang fehlenden Nachweises eines organisch pathologischen Prozesses an der Bauchspeicheldrüse ist eine spezielle Diät nicht notwendig. Ebensowenig ist eine Säuresekretionshemmung, falls diese nicht aus anderen Gründen erforderlich ist, angezeigt. Bei Zeichen der Maldigestion oder dem Auftreten von Beschwerden bei normaler Kost sollte man die Gabe von Enzympräparaten empfehlen.

P. Malfertheiner, Ulm

Gastroösophageale Refluxkrankheit

Frage: Ein langjähriger Patient von mir, 52 Jahre, Freiberufler, gelegentlich unter erheblichem Streß, leidet infolge einer zwetschgengroßen Zwerchfellhernie an einer chronischen Refluxösophagitis, welche auf Ranitidin (Sostril) abends sehr günstig anspricht. Auf welche möglichen Folgen einer Langzeitbehandlung (Jahrzehnte!) muß ich den Patienten hinweisen?

Die gastroösophageale Refluxkrankheit wird ausgelöst durch Kontakt der Speiseröhrenschleimhaut mit rückfließendem Magen- und teilweise auch Dünndarmsaft. Das Auftreten eines derartigen Refluxes wird in erster Linie durch die Insuffizienz des unteren Ösophagussphinkters begünstigt. Der untere Ösophagussphinkter, dessen Ruhetonus von neuronalen und humoralen Faktoren abhängt, gilt als der wichtigste Antirefluxmechanismus.

Die Ursachen für die eingeschränkte Sphinkterfunktion bei Refluxkrankheit sind nicht bekannt. Es werden sowohl eine primäre Erkrankung des Endorgans als auch eine neurale Fehlsteuerung diskutiert. Zusätzlich kann auch eine reduzierte Clearance-Funktion der distalen Speiseröhre eine Rolle spielen. Die Hiatushernie ist als begünstigender Faktor, nicht aber als kausaler Faktor anzusehen.

Darüber hinaus gibt es klinische Beobachtungen, daß bei einem überwiegenden Anteil der Patienten weitere Erkrankungen des oberen Gastrointestinaltraktes vorliegen (z. B. erosive Gastritis, Ulcus duodeni und Ulcus ventriculi).

Die wichtigsten Therapieziele bei der Refluxkrankheit sind:

1. Verhinderung von Reflux oder, sofern dies nicht möglich,
2. Abkürzung der Verweildauer aggressiven Materials im Ösophagus und
3. Verminderung der peptischen Aktivität.

Mit keiner der heute bekannten konservativen Behandlungsmaßnahmen läßt sich das erste Therapieziel sicher erreichen. Motilitätsstimulierende Medikamente wie Metoclopramid und Domperidon, die diese Funktionsstörungen bessern, sind hinsichtlich der klinischen Symptome wirksam, haben aber wegen relativ häufiger Nebenwirkungen in der Praxis nur z. T. Eingang in die Therapie gefunden. Die wichtigsten Therapeutika bei Refluxösophagitis sind derzeit die H_2-Blocker. Von ihnen ist in zahlreichen Studien eine Wirksamkeit bezüglich der Symptomatik nachgewiesen worden (4).

Die Ultralangzeitsicherheit der H_2-Blocker ist derzeit nicht endgültig beurteilbar. In tierpharmakologischen Studien ließ sich nachweisen, daß die vermehrte Bildung von enterochromaffinen Zellen (ECL-Zellen), die histologisch karzinoidähnlich sind, mit sehr hohen Gastrin-Konzentration direkt verknüpft ist (3). Auch beim Menschen kann es bei massiver und lang anhaltender Säuresekretionshemmung gelegentlich zu einer kompensatorischen Erhöhung der Gastrinkonzentration kommen (1). Eine ähnlich hohe Gastrinproduktion wie im Tierexperiment läßt sich jedoch nicht nachweisen (2), so daß die Ergebnisse auf den Menschen nicht übertragbar erscheinen.

Bei denjenigen Patienten, die unter einer massiven und lang dauernden Säuresekretionshemmung stehen, sollten die Gastrinspiegel nüchtern und postprandial bestimmt werden. Sind diese Spiegel deutlich erhöht, sollten regelmäßig Magenbiopsien von einem erfahrenen Pathologen beurteilt werden, bis exakte Daten zur Frage der malignen Entartung von ECL-Zellen beim Menschen vorliegen.

Ein weiterer möglicher Effekt der langen Säureunterdrückung ist die Beeinflussung der Magenflora und eine damit einhergehende Zunahme des Karzinomrisikos. Es zeigte sich ebenfalls in Tierversuchen mit H_2-Blockern eine Zunahme der bakteriellen intragastrischen Magenflora, die Nitrite zu Nitrosaminen reduzieren kann (5). Nitrosamine sind zumindest bei Labortieren potente Karzinogene. Beim Menschen liegen hierzu keine gesicherten Mitteilungen vor.

Zusammenfassend kann gesagt werden, daß zum gegenwärtigen Zeitpunkt keine sicheren Anhaltspunkte für ein erhöhtes Magenkarzinomrisiko nach jahrelanger H_2-Blocker-Gabe vorliegen. Bei solchen Patienten sind gelegentlich endoskopische Kontrollen, auch zum Ausschluß von Folgen des chronischen Refluxes und eine Bestimmung der Gastrinkonzentration unter Therapie sinnvoll.

Literatur

1. ELDER, J. B.: Inhibition of acid and gastric carcinoids. GUT **26**, 1279–1283 (1985).
2. LANZON-MILLER, S. u. Mitarb.: Twenty-four-hour intragastric acidity and plasma gastrin concentration before and during treatment with either ranitidine or omeprazole. Aliment Pharmacol. Therap. **1**, 239–251 (1987).
3. LARSSON, H. u. Mitarb.: Plasma gastrin and gastric enterochromaffinlike cell activation and proliferation. Studies with omeprazol and ranitidine in intact and antrectomized rats. Gastroenterology **90**, 391–399 (1986).
4. STALNIKOWICZ-DARVASI, R.: H_2-Antagonists in the treatment of reflux esophagitis: A critical analysis. Am. J. Gastroent. **84**, 245–248 (1989).
5. STOCKBRUGGER, R. W. u. Mitarb.: Intragastric nitrites, nitrosamines and bacterial overgrowth during cimetidine treatment. GUT **23**, 1048–1054 (1982).

M. Roth und J. Schölmerich,
Freiburg/Br.

Röntgenuntersuchung vor und nach Magenresektion

Frage: Endoskopisch-bioptische Sicherung der Indikation zur Magenresektion: Ist die präoperative Röntgenuntersuchung noch sinnvoll? Notwendig? Überflüssig? Obsolet? Ist eine röntgenologische Kontrolle nach Resektion noch indiziert (abgesehen von der Überprüfung der Anastomose nach Gastrektomie)?

Im Rahmen der präoperativen Diagnostik des Magens erscheint uns eine röntgenologische Untersuchung dieses Organs aus folgenden Gründen sinnvoll:

1. Bestätigung und visuelle Dokumentation eines biopsierten endoskopischen Befundes.
2. Beurteilung einer endoskopisch nicht erkennbaren Wandstarre.
3. Dokumentation der Ausdehnung eines pathologischen Prozesses.
4. Prüfung einer evtl. Passagestörung.

In der postoperativen Frühphase bejahen wir die Röntgenuntersuchung des Magens aus folgenden Gründen:

1. Beurteilung der Anastomosendichte und -durchgängigkeit.
2. Nachweis einer evtl. postoperativen Atonie des Restmagens.
3. Ausschluß einer Anastomoseninvagination.

In der späteren postoperativen Nachfrage bietet die Röntgenuntersuchung des Magens folgende Vorteile:

1. Nachweis oder Ausschluß postoperativer Funktionsstörungen infolge narbiger Veränderungen mit nachfolgender Entleerungsstörung.
2. Passagestörungen im oberen Dünndarm.
3. Nachweis von Bürzel- oder Beutelbildungen im Anastomosenbereich.

4. Nachweis postoperativer Fistelbildungen zwischen der Anastomose und benachbarten Organen.
5. Nachweis einer inneren Hernie, z. B. im Bereich des Mesokolonschlitzes.

Bei auswärts voroperiertem Situs bietet die Röntgenuntersuchung die Möglichkeit, die Art der Voroperation zu klären und Restmagen sowie Entero-Anastomosen darzustellen.

F. R. Helmke und H. Schwering, Euskirchen

Magenkarzinomrisiko nach jahrelanger H_2-Blocker-Gabe?

Frage: Ist nach jahrelanger Gabe von H_2-Blockern das Magenkarzinomrisiko erhöht?

Die Wirksamkeit der H_2-Blocker ist hinsichtlich der Schmerzsymptomatik und der Abheilung des Ulcus ventriculi und Ulcus duodeni eindeutig bewiesen. Der erste H_2-Blocker Cimetidin (z. B. *Tagamet*) wurde 1976/77 eingeführt. Es folgten mit stärkerem Wirkungsprofil und mit weniger Nebenwirkungen behaftet Ranitidin (z. B. *Sostril*) 1983 und Famotidin (z. B. *Pepdul*) 1986. Inzwischen sind weitere Substanzen im Handel.
Da bis zu 70% aller Ulzera innerhalb eines Jahres rezidivieren, kommt der Langzeittherapie eine wesentliche Bedeutung zu; dabei hat die intermittierende Behandlung akuter Episoden in der Praxis wohl die größte Bedeutung. Die wirksamste Methode ist die konsequente Langzeitprophylaxe, mit der die Rezidivquote erheblich gesenkt werden kann. Eine Heilung der Ulkuskrankheit ist damit aber nicht möglich. Die entsprechenden Patienten sind daher nach Klärung einer evtl. chirurgischen Therapie-Indikation sorgfältig auszuwählen (2). Vor Einleitung einer Dauerprophylaxe mit H_2-Blockern sollte die Lokalisation des Ulkus gesichert werden, da beim Ulcus ventriculi das verborgene Magenkarzinom zu befürchten ist. Es ist darauf hinzuweisen, daß auch Magenkarzinome unter konservativer Säurehemmung sich wie ein abheilendes Ulcus ventriculi verändern.
Die Ultra-Langzeitsicherheit der H_2-Blocker ist z. Zt. noch nicht definitiv beurteilbar. Es erscheint daher nach dem heutigen Kenntnisstand gerechtfertigt, nach Ablauf einer 2jährigen Dauerprophylaxe einen Auslaßversuch durchzuführen, um die Aktivität der Ulkusdiathese zu überprüfen.
Bisher sind beim Menschen keine Studien bekannt, die bei langjähriger H_2-Blocker-Einnahme eine Zunahme des Magenkarzi-

nomrisikos zeigen. Dies gilt für die Behandlung mit Cimetidin (5) und Ranitidin (8). Für Famotidin liegen bisher noch keine entsprechenden Daten vor.

In tierpharmakologischen Studien mit H_2-Blockern ließ sich bestätigen, daß die vermehrte Bildung von entero-chromaffinen Zellen (ECL-Zellen), die histologisch karzinoidähnlich sind, mit sehr hohen Gastrinspiegeln direkt verknüpft ist (4). Auch beim Menschen kommt es bei massiver und langanhaltender Säuresekretionshemmung gelegentlich zu einer kompensatorischen Erhöhung der Gastrinspiegel (1). Eine ähnlich hohe Gastrinproduktion läßt sich jedoch nicht nachweisen (3), so daß die Tierergebnisse nicht übertragbar erscheinen. Ein weiterer möglicher Effekt der langen Säureunterdrückung ist die Beeinflussung der Magenflora und eine damit einhergehende Zunahme des Karzinomrisikos. Es zeigte sich ebenfalls in Tierversuchen mit H_2-Blockern eine Zunahme der bakteriellen intragastrischen Magenflora, die Nitrite in Nitrosamine reduzieren kann (6). Diese sind zumindest bei Labortieren potente Karzinogene. Beim Menschen liegen hierzu keine Mitteilungen vor.

Bemerkenswert erscheint in diesem Zusammenhang noch eine dänische Studie mit Cimetidin bei Patienten, die an Magenkarzinom erkrankt waren (7). Dabei lag die Überlebenszeit in der Cimetidingruppe signifikant höher. Es wird eine Immunstimulation durch die Gabe von H_2-Blockern diskutiert. Eine Therapie-Empfehlung über den Einsatz von H_2-Blockern bei Magenkarzinom läßt sich jedoch sicher daraus noch nicht ableiten.

Zusammenfassend kann gesagt werden, daß zum gegenwärtigen Zeitpunkt keine sicheren Anhaltspunkte für ein erhöhtes Magenkarzinomrisiko nach jahrelanger H_2-Blocker-Gabe vorliegen.

Literatur

1. ELDER, J. B.: Inhibition of acid and gastric carcinoids. GUT **26**, 1279 (1985).
2. KIRCHNER, R. u. J. SCHÖLMERICH: Indikationen zur elektiven Operation, ein interdisziplinäres Problem. In: HÄRING, R. u. N. LESCH (Hrsg.): Ulkusdiagnostik und Therapie. TM-Verlag, Bad Oeynhausen. Im Druck.
3. LANZON-MILLER, S. u. Mitarb.: Twenty-four-hour intragastric acidity and plasma gastrin concentration before and during treatment with either ranitidine or omeprazole. Aliment. Pharmacol. Therap. **1**, 239–251 (1987).
4. LARSSON, H. u. Mitarb.: Plasma gastrin and gastric enterochromaffinlike cell activation and proliferation. Studies with omeprazol and ranitidine in intact and antrectomized rats. Gastroenterology **90**, 391–399 (1986).
5. PORTER, J. B. u. Mitarb.: Absence of a casual association between cimetidine and gastric cancer. Gastroenterology **87**, 987–988 (1984).
6. STOCKBRUGGER, R. W. u. Mitarb.: Intragastric nitrites, nitrosamines and bacterial overgrowth during cimetidine treatment. GUT **23**, 1048–1054 (1982).
7. TØNNESEN, H. u. Mitarb.: Effect of cimetidine on survival after gastric cancer. Lancet **1988/II**, 990–992.
8. ZELDIS, J. B., L. S. FRIEDMAN u. K. J. ISSELBACHER: Ranitidine: a new H_2-receptor antagonist. New Engl. J. Med. **309**, 1368–1373 (1983).

J. Schölmerich und M. Roth,
Freiburg/Br.

Verwachsungsschmerzen nach Unterleibsoperationen

Frage: 50jährige Patientin mit ausgedehnten Verwachsungen und Verwachsungsschmerzen nach mehrfachen Unterleibsoperationen. Adhäsiolyse und orale Cortisonprophylaxe ohne Erfolg. Auf neuraltherapeutische Injektion des Ganglion cervicale uteri 2–3 Tage Erleichterung. Welche Behandlungsmöglichkeiten sind noch gegeben?

Die Schmerzursache dieser Patientin liegt evtl. in Adhäsionen, die entweder während des letzten operativen Eingriffes nicht komplett gelöst wurden oder erneut postoperativ entstanden sind.

Als mögliche Therapie kommt eine Laparoskopie mit Laser-Adhäsiolyse und postoperativem künstlichen Aszites über mehrere Tage zur Adhäsionsprophylaxe infrage. Die Entscheidung sollte nach der Beurteilung der Gesamtsituation gefällt werden.

D. Raatz, Berlin

Behandlung von Analfisteln

Frage: Eine 35jährige Patientin ist in den letzten 2 Jahren 3mal vergeblich an perianalen Fisteln operiert worden. Die Entzündung klingt nicht ab. Ist der Patientin mit einer Faden-Drainage evtl. zu helfen?

Leider ist die Krankheitsbeschreibung in der Frage ohne Angaben zum Fistelverlauf, der Art der durchgeführten Operationen und womöglicher Begleiterkrankungen der Patientin erfolgt, so daß eine verbindliche Antwort nicht möglich ist. Es sollen daher einige allgemeine Hinweise zur Behandlung von Analfisteln gegeben werden, wobei ein besonderes Augenmerk auf die wenigen, mit einer Faden- oder Gummiband-Drainage zu versorgenden Fistelformen gerichtet wird.

Über 95% aller anorektalen Fisteln treten distal der Puborektalisschlinge auf (proximaler Anteil des M. sphincter ani externus). Diese Fisteln können in aller Regel problemlos einzeitig chirurgisch gespalten werden, wobei es gleichgültig ist, ob sie subkutan, submukös, zwischen Sphincter internus und externus (intersphinkter) verlaufen oder beide Sphinkter durchbohren (transsphinkter). Rezidive dieser Fistel müssen wohl überwiegend als technisch bedingte Versager eingestuft werden, sei es, daß die Fistel oder Seitengänge der Fisteln nicht ausreichend eröffnet wurden oder sich im Zuge der Wundheilung Hautränder wieder vereinigt haben, bevor sich der Defekt aus der Tiefe komplett mit Granulationsgewebe gefüllt hat. Eine erneute Fistelspaltung ist dann die Therapie der Wahl (1, 5).

Problematisch ist die Behandlung von Fisteln, die sich auch oberhalb der Puborektalisschlinge ausbreiten (suprasphinkter). Derartige Fisteln können ebenfalls einen intersphinkteren, transsphinkteren oder extrasphinkteren Verlauf aufweisen. Für diese seltenen Formen komplizierter Analfisteln geben viele Autoren mehrzeitige Operationsverfahren an (1, 3, 5). Bei einigen dieser Operationsmethoden stellt die temporäre Einlage einer Faden-Drainage in die Fistel einen Schritt des operationstaktischen Vorgehens dar. Die Faden-Drainage bedeutet dann jedoch keine endgültige Behandlung.

Das kurzfristige Wiederauftreten von perianalen Fisteln bei der vorgestellten Patientin sollte Anlaß sein, einen M. *Crohn* auszuschließen. Auch bei analen *Crohn*-Läsionen kann jedoch häufiger eine chirurgische Sanierung angestrebt und erreicht werden, als dies über lange Zeit angenommen wurde. Die Meinung, Analfisteln beim M. *Crohn* nicht anzurühren, wird inzwischen zugunsten einer aggressiveren Vorgehensweise überwiegend nicht mehr aufrechterhalten. Etwa $2/3$ derartiger Fisteln lassen sich auch bei M. *Crohn* den vorbeschriebenen Fistelformen zuordnen und entsprechend operieren (2, 4, 5). Nur etwa $1/3$ der fistelnden Analläsionen beim M. *Crohn* zeigt einen jede anatomische Struktur ignorierenden, destruierenden Verlauf. Diese Fisteln sind operativ nicht zu sanieren. Bei diesen Patienten bedeutet eine Gummiband-Drainage neben penibler Analhygiene die einzige und häufig bezüglich der Schmerzlinderung und Reduktion der umgebenden Entzündung wirksame Dauerbehandlung. Bei einigen Patienten ist jedoch die Entfernung des Kontinenzorgans trotz Faden-Drainage auf Dauer nicht zu umgehen.

Zusammenfassend sollte man der vorgestellten Patientin eine erneute proktologische Untersuchung – am besten durch einen in der Fistelchirurgie erfahrenen Arzt – empfehlen. Ein M. *Crohn* sollte ebenso wie andere sehr seltene Ursachen für persistierende Fisteln (Lymphogranuloma venereum, Tbc, Chordom, Dermoid, Teratom, Karzinom) zuvor ausgeschlossen werden.

Literatur

1. BUCHMANN, P.: Lehrbuch der Proktologie, S. 82–96. Huber, Bern-Stuttgart-Toronto 1985.
2. GRUWEZ, J. A., M. R. CHRISTIAENS u. E. MÜLLER: Anale Crohn-Fisteln. Aktuelle Koloproktologie, S. 62–68. Edition Nymphenburg, München 1988.
3. MARTI, M. C.: Anorectal abscesses and fistulas. In: MARTI, M. C. u. J. C. GIVEZ (Hrsg.): Surgery of anorectal Diseases, S. 84–98. Springer, Berlin-Heidelberg-New York 1990.
4. NICHOLLS, J. u. R. GLASS: Coloproctology, S. 106. Springer, Berlin-Heidelberg-New York 1985.
5. WINKLER, R.: Analfisteln und Abszesse – Einteilung und Behandlungsrichtlinien. Aktuelle Koloproktologie, S. 33–43. Edition Nymphenburg, München 1988.

V. Lange, München

Abdomenübersichtsaufnahmen

Frage: Gibt es eine Möglichkeit, daß sich freie Luft im Abdomen in der konventionellen Abdomenübersichtsaufnahme (im Stehen) nicht darstellt?

Freie Gasansammlungen unter den Zwerchfellkuppeln werden nur dann auf einer Abdomenübersicht im Stehen sichtbar, wenn es sich dabei um eine bestimmte größere Menge von Gasansammlungen handelt (die genaue Menge ist nicht bekannt). Kleinere Gasansammlungen können sich der radiologischen Darstellung entziehen, denn auf einer Aufnahme im Stehen wird ihre Ansammlung unter den Zwerchfellkuppeln durch das dorsal und ventral befindliche Lungengewebe überlagert. Auf der obligatorischen Aufnahme in Linksseitenlage sieht man dann jedoch eine Gasblase zwischen Leber und Brustwand, da hier keinerlei Überlagerung vorliegt.

Bei jedem unklaren Abdomen sollte neben der Aufnahme im Stehen auch eine Aufnahme des Abdomens in Linksseitenlage angefertigt werden, wozu es eine Fülle von Gründen gibt, die in jedem Speziallehrbuch nachzulesen sind.

J. Freyschmidt, Bremen

Dickdarmvorbereitung

Frage: Ist die orthograde Darmspülung zur Dickdarmvorbereitung heute noch die unbestrittene Methode, oder hat die Vorbereitung 3 Tage Astronautenkost, x-Prep und Reinigungseinläufe den gleichen Stellenwert? Welche Methode ist für die Patienten am effektivsten und am wenigsten belastend?

Die möglichst vollständige Entleerung des Kolons vor kolorektalen Eingriffen gehört wahrscheinlich zu vielen chirurgischen Fetischismen, die von einer Chirurgengeneration zur nächsten weitergegeben werden, ohne daß der Nutzen eindeutig erwiesen ist. In einer 1987 erschienenen Arbeit (1) wurde gezeigt, daß ein Verzicht auf jegliche mechanische Darmvorbereitung keinesfalls zu einer höheren Komplikationsrate führt.

Bei endoskopischen und radiologischen Untersuchungen des Dickdarms allerdings hängt die diagnostische Aussagekraft ganz wesentlich von einer optimalen Entleerung des Kolons ab. Dabei ist das Ergebnis entscheidend, weniger die angewandte Methode. Beide in der Frage genannten Verfahren sind effektiv, wenn sie konsequent durchgeführt werden. Viele Patienten, die mit beiden Methoden Erfahrung haben, ziehen die orthograde Lavage vor, aber durchaus nicht alle. Ohne Zweifel geht die auch von uns favorisierte orthograde Spülung schneller, und sie belastet die Patienten auch weniger. Ein zusätzlicher Einlauf am Beginn der Spülung ist manchmal zu empfehlen.

Bei »konservativer« Vorbereitung lassen wir die Astronautenkost weg. Ballastfreie Kost (die eigentliche Astronautenkost, die aber von den Astronauten tatsächlich nie gegessen bzw. getrunken wurde) schmeckt wegen des Aminosäurenanteils so schlecht, daß man sie niemandem zumuten kann. Ballastarme Polypeptidnahrung könnte den Reinigungsvorgang stören, vor allem, wenn sie wegen der gleichzeitig verordneten Abführmittel den Darm rasch passiert und der Bakterienflora im Dickdarm günstige Wachstumsbedingungen schafft. Da das 3tägige Fasten, das ständige Abführen und die wiederholten Einläufe die Patienten doch stark belasten, sollte man bei ungünstiger Ausgangssituation, vor allem bei älteren Menschen, eine zusätzliche parenterale Ernährung erwägen.

Literatur

1. IRVING, A. D. u. D. SCRINGEOUR: Mechanical bowel preparation for colonic resection and anastomosis. Br. J. Surg. **74,** 580 (1987).

K. Schwemmle, Gießen

Parodontitis marginalis bzw. Gingivarezessionen

Frage: Gibt es nach dem neuesten medizinischen Stand eine Prophylaxe bzw. Therapie bei der klassischen Parodontose?

Ein medizinisch klar definiertes Krankheitsbild unter »klassische Parodontose« gibt es nicht. Der Laie faßt unter Parodontose alle Veränderungen im Bereiche des Parodonts zusammen, die mit einem Rückgang der Gingiva einhergehen. Da dieser aber unterschiedliche Ursachen haben kann, muß entsprechend differenziert werden.

1. Parodontitis marginalis

Hierunter verstehen wir irreversible Destruktionen parodontaler Gewebe (Gingiva, Zahnhalteapparat), die bei etwa $^1/_3$ der Bevölkerung im Laufe von Jahren und Jahrzehnten schließlich zum Verlust des Zahnes führen können, wenn nicht eingegriffen wird. Sie entwickeln sich immer aus einer Gingivitis, aber nicht jede Gingivitis muß zu einer Parodontitis werden!
Die Gewebszerstörung ist Folge der lokalen Abwehrreaktionen, die durch die von den bakteriellen Zahnbelägen im Gingivasaum und Interdentalraumbereich abgesonderten Stoffwechsel- und Zerfallsprodukte hervorgerufen werden. Diese Bakterienprodukte diffundieren zwischen Zahnhartgewebe und dem gingivalen Weichgewebe (Sulkus-/Saumepithelbereich) in das darunterliegende Bindegewebe. Im Zuge der vom Körper ingangesetzten Abwehrmaßnahmen kommt es dann zur Zerstörung parodontaler Gewebe mit Ausbildung von Zahnfleischtaschen und Zerstörung des Zahnhalteapparates.
In tieferen Taschen bildet sich eine überwiegend anaerobe gramnegative Flora aus, die möglicherweise durch zusätzliches aktives Eindringen in das Gewebe akute Abwehrreaktionen mit entsprechenden Zerstörungsfolgen auslöst.

Je nach Alter des Patienten, mikrobiellem Spektrum und Krankheitsverlauf, unterteilt man derzeit die Parodontitis in die lokalisierte juvenile Parodontitis (2. Lebensjahrzehnt, 1‰), die rapid progressive oder rasch fortschreitende Parodontitis (3. Lebensjahrzehnt, 2–5%) und die langsam verlaufende Erwachsenenparodontitis (4. Lebensjahrzehnt ff., 40–50%).

Entsprechend den ätiologischen Zusammenhängen besteht die Prophylaxe in einer effizienten Mundhygiene (besonders im Bereiche des Interdentalraumes und auf den oralen Zahnflächen).

Entsprechende Ernährung und eine ausgeglichene Lebensführung können hier natürlich auch ihren Beitrag leisten, nicht nur unter dem lokalen Aspekt (Zucker fördert Plaquebildung), sondern auch in allgemeiner Hinsicht.

Jede klinische Veränderung im Papillenbereich und Blutung aus der Gingiva sollten Anlaß zu einer Zahnfleischtaschensondierung und ggf. röntgenologischen Untersuchung sein. Bereits entstandene Zahnfleischtaschen lassen sich nur durch parodontalchirurgische Maßnahmen behandeln, wobei das entscheidende Schwergewicht auf der Anfrischung und Säuberung der in der Tasche stehenden Zahnoberflächen liegt.

2. Gingivarezessionen (früher Parodontosis)

Hierbei handelt es sich um eine involutive Form parodontaler Rückbildung, die auf den mittenflächigen fazialen oder oralen Bereich des Zahnes beschränkt ist. Durch Disposition des Patienten, anatomische Besonderheiten, bedingt durch die Zahnstellung, kommt es in diesen Bereichen streng lokalisiert zu einem Rückgang der dort sehr dünnen Alveolarfachknochenschicht, während interdental primär keinerlei Veränderungen bestehen. Setzen solche Patienten dann eine sehr intensive und von der Technik her oft falsche und aggressive Putztechnik ein, kommt es oft innerhalb von wenigen Monaten zu einem den Patienten erschreckenden Rückgang des Gingivasaums auf das Niveau des Limbus alveolaris mit Freiliegen der Wurzeloberfläche in dieser Region. Gegenüber der Parodontitis marginalis werden sich jedoch im interdentalen Bereich vom klinischen Bild her, durch Taschensondierung oder durch Röntgenbefund, keine Destruktionshinweise ergeben. Diese Form des besonders im jugendlichen Alter und nicht progredient auftretenden Zahnfleischrückgangs ist harmlos und bedarf fast nie einer (dann auch nur symptomatischen) Therapie.

Eine schonende, aber hinsichtlich der Plaqueentfernung dennoch ausreichend effektive Zahnputztechnik ist Patienten mit einer Disposition zu diesen Veränderungen anzuraten.

H.-Chr. Plagmann, Kiel

Diät bei Gallensteinen

Frage: Diät bei Gallensteinen? Alkohol? Kaffee?

Durch verschiedene epidemiologische Untersuchungen, die z. T. an mehreren tausend Menschen durchgeführt wurden, konnten mit der Ernährung zusammenhängende Risikofaktoren für die Bildung von Gallensteinen erkannt werden. So fand sich eine positive Korrelation zwischen Gallensteinhäufigkeit und dem sog. body-mass-Index (Verhältnis von Körpergewicht in kg zu Körpergröße in m^2) (4, 7). Eine negative Korrelation ergab sich zwischen Gallensteinhäufigkeit und Gesamtserumcholesterin (3). Diese Untersuchungen zeigten, daß eine hochkalorische Ernährung, die zu Übergewicht führt, verstärkt mit der Ausbildung von Gallensteinen einhergeht. Umgekehrt kann ein zu rasches Abnehmen zur Cholesterinübersättigung der Galle und zur Cholezystolithiasis führen. Aus diesem Grunde wurde die präventive Einnahme von Ursodesoxycholsäure während des Abnehmens empfohlen (1).

In einer englischen Studie wurden die Ernährungsgewohnheiten von Patienten mit Gallensteinen mit einer nach dem Alter angepaßten Kontrollgruppe ohne Cholezystolithiasis verglichen, um den Einfluß der Ernährung auf die Ätiologie des Steinleidens zu untersuchen. Trotz der deutlich geringeren Häufigkeit von Gallensteinen bei Vegetariern im Vergleich zu Nichtvegetariern unterschied sich die Nährstoffaufnahme nicht signifikant zwischen Steinträgern und steinlosen Patienten (9).

Im Gegensatz hierzu steht eine Untersuchung aus Chile, die zeigte, daß das erhöhte Risiko zur Ausbildung von Cholesterinsteinen in dieser Bevölkerungsgruppe auf den hohen Konsum von Hülsenfrüchten zurückzuführen ist. Die Autoren wiesen eine Abnahme des LDL-Cholesterins und eine Zunahme der biliären Cholesterinsättigung unter der Ernährung mit Hülsenfrüchten nach (8). Inwieweit diese Befunde auf europäische Verhältnisse zu übertragen sind, muß offen bleiben.

Eine Untersuchung an 4581 Dänen ergab Hinweise darauf, daß der Genuß von raffinierten Zuckern und die Gesamtfettaufnahme positiv mit der Häufigkeit von Gallensteinen korrelieren (5). Eine faserhaltige Ernährung und die Aufnahme mehrfach ungesättigter Fettsäuren schien dagegen vor der Gallensteinbildung zu schützen (5). Allerdings waren diese Zusammenhänge statistisch nicht signifikant. Risikopatienten für die Entwicklung von Gallensteinen können auch nicht über die Gesamtcholesterin- oder LDL-Cholesterinspiegel im Blut erkannt werden (3). Ein statistisch gesicherter Zusammenhang zwischen Cholesterinspiegel im Blutplasma und Gallensteinhäufigkeit fand sich erst, als ausschließlich sehr kleine Gallensteine berücksichtigt wurden, die die Situation bei der Neubildung von Steinen am besten wiedergeben (3).

Eine statistisch signifikant untermauerte Empfehlung für eine spezifische Diät kann somit nicht gegeben werden. Allerdings kann wahrscheinlich eine faserreiche und cholesterinarme Kost vor einer Cholezystolithiasis schützen.

Tierexperimentelle Untersuchungen (6) zeigten, daß Koffeingenuß die Bildung von Gallenblasensteinen verhindert. Epidemiologische Untersuchungen wiesen jedoch keinen signifikanten Zusammenhang zwischen dem Genuß von Kaffee und dem Vorhandensein von Gallensteinen nach (4). Kaffee ist somit im Hinblick auf die Steinbildung nicht schädlich.

Mäßiger Alkoholkonsum scheint das Risiko der Gallensteinbildung herabzusetzen (5, 7, 11). Führt der Alkoholgenuß jedoch zur Entwicklung einer Leberzirrhose, dann treten gehäuft Pigmentsteine auf (10). Das Gallensteinleiden nimmt bei diesen Patienten einen milderen Verlauf mit niedrigerer Inzidenz von akuter Cholezystitis und Choledocholithiasis (2).

Will man also eine abschließende Empfehlung an einen Patienten geben, der die Bildung von Gallensteinen verhindern möchte, dann sollte er die Kalorien- und

Zuckeraufnahme niedrig halten, schlank bleiben, normale Lipidspiegel aufrechterhalten, regelmäßige Mahlzeiten zu sich nehmen, eine faserreiche Kost wählen und gemäßigten Alkoholkonsum betreiben.

Literatur

1. BROOMFIELD, P. H. u. Mitarb.: Effects of ursodeoxycholic acid and aspirin on the formation of lithogenic bile and gallstones during loss of weight. New Engl. J. Med. **319**, 1567–1572 (1988).
2. DUNNINGTON, G. u. Mitarb.: Natural history of cholelithiasis in patients with alcoholic cirrhosis (cholelithiasis in cirrhotic patients). Ann. Surg. **205**, 226–229 (1987).
3. JØRGENSEN, T.: Gallstones and plasma lipids in a Danish population. Scand. J. Gastroent. **24**, 916–922 (1989).
4. JØRGENSEN, T.: Gall stones in a Danish population. Relation to weight, physical activity, smoking, coffee consumption, and diabetes mellitus. Gut **30**, 528–534 (1989).
5. JØRGENSEN, T. u. L. JØRGENSEN: Gallstones and diet in a Danish population. Scand. J. Gastroent. **24**, 821–826 (1989).
6. LILLEMOE, K. D. u. Mitarb.: Caffeine prevents cholesterol gallstone formation. Surgery **106**, 400–407 (1989).
7. MALCOLM MACLURE, K. u. Mitarb.: Weight, diet and the risk of symptomatic gallstones in middle-aged women. New Engl. J. Med. **321**, 563–569 (1989).
8. NERVI, F. u. Mitarb.: Influence of legume intake on biliary lipids and cholesterol saturation in young Chilean men. Identification of a dietary risk factor for cholesterol gallstone formation in a highly prevalent area. Gastroenterology **96**, 825–830 (1989).
9. PIXLEY, F. u. J. MANN: Dietary factors in the aetiology of gall stones: a case control study. Gut **29**, 1511–1515 (1988).
10. SCHWESINGER, W. H. u. Mitarb.: Cirrhosis and alcoholism as pathogenetic factors in pigment gallstone formation. Ann. Surg. **201**, 319–322 (1985).
11. SCRAGG, R. K. R., A. J. McMICHAEL u. P. A. BAGHURST: Diet, alcohol, and relative weight in gall stone disease: a case-control study. Brit. med. J. **288**, 1113–1119 (1984).

A. Holstege, Freiburg/Br.

Lebenswichtige Nährstoffe

Frage: Gibt es gesicherter Erkenntnisse über den notwendigen Ausgleich zwangsläufig ernährungsbedingter Mangelzustände (siehe Jodmangel) hinsichtlich bestimmter Mineralien, Spurenelemente und Vitamine? Erscheint die Einnahme eines protektiven Cocktails empfehlenswert, und wenn ja: in welcher Zusammensetzung?

Bei Einhalten der von der Deutschen Gesellschaft für Ernährung aufgestellten Regeln für eine gesunde Ernährung (Informationsmaterial kann bei der Hauptgeschäftsstelle der Deutschen Gesellschaft für Ernährung, Feldbergstraße 28, 6000 Frankfurt angefordert werden) wird der Bedarf an allen essentiellen Aminosäuren, Vitaminen, Mineralstoffen und Spurenelementen gedeckt, so daß keine Indikationen für die zusätzliche Einnahme dieser Nährstoffe in Form von Tabletten etc. besteht. Trotz des großen und optimalen Lebensmittelangebotes gibt es jedoch Hinweise darauf, daß Teile der Bevölkerung als Folge einer nicht optimalen Zusammenstellung der Kost den Bedarf an manchen essentiellen Nährstoffen nur unzureichend decken. Dies kann z. B. dann der Fall sein, wenn der Energiebedarf zu einem großen Teil aus sog. »leeren Kalorien«, wie etwa alkoholischen Getränken, Zucker etc. gedeckt wird.

Nach Angaben des Ernährungsberichtes der Deutschen Gesellschaft für Ernährung (1988) stammen in der Bundesrepublik Deutschland im Mittel bei Frauen 8% und bei Männern (zwischen 36 und 65 Jahren) 12% der aufgenommenen Nahrungsenergie aus Alkohol.

Zum Problem der nicht optimalen Deckung des Bedarfes an Mineralstoffen und Vitaminen bei Jugendlichen und älteren Menschen finden sich aufgrund von Ernährungserhebungen im Ernährungsbericht 1984 folgende Hinweise: Meßwerte für die Bedarfsdeckung mit Vitaminen und Mineralstoffen bei Jugendlichen in der Bundesrepublik Deutschland deuten darauf hin, daß Folsäure, Vitamin B_1, B_2 und Eisen, selten auch Vitamin A in dieser Altersgruppe als kritische Nährstoffe zu betrachten sind. Die Zufuhrdaten lassen eine niedrige Kalzium-, Vitamin D- und -C-Aufnahme erkennen. Bei zufällig ausgewählten 65—74jährigen Personen in der Bundesrepublik konnten im Ausland erhobene Untersuchungsbefunde an älteren Menschen bestätigt werden, nach denen die empfohlene Zufuhr verschiedener Nährstoffe nicht erreicht wird. Dies trifft zu für die Vitamine C, B_1, B_2, B_6, A und D, weiterhin für Eisen und Kalzium.

Besonders hingewiesen werden muß auf die in vielen Ländern nicht optimale Deckung des für die Osteoporoseprophylaxe wichtigen Kalziumbedarfes, der derzeit mit 800 mg/d angegeben wird, in Wirklichkeit aber wahrscheinlich mehr als 1000 mg beträgt. Selbst die derzeit empfohlenen 800 mg Kalzium/d werden von einem Großteil der Bevölkerung nicht mit der Nahrung aufgenommen.

Mit einer abwechslungsreichen Mischkost, mit einem ausreichenden Anteil an Milch und Milchprodukten, Vollgetreideerzeugnissen, Obst, Gemüse etc. wird entsprechend den Empfehlungen der Deutschen Gesellschaft für Ernährung der Bedarf an allen lebenswichtigen Nährstoffen ausreichend gedeckt. Läßt sich eine solche optimal zusammengesetzte Kost nicht realisieren, so bieten sich Multivitamin-, Mineralstoff- und Spurenelementpräparate zur Substitution an.

Literatur

KASPER, H.: Ernährungsmedizin und Diätetik, 7. Aufl. Urban & Schwarzenberg, München 1990.

H. Kasper, Würzburg

Sutoxine

Frage: Von alternativen Medizinern wird Schweinefleisch wegen der Sutoxine (über die m. W. keine Berichte in der Schulmedizin gibt) konsequent abgelehnt. Demgegenüber wird von Schöch immer wieder Schweinefleisch für Säuglinge wegen seines Vitamin B_1-Gehaltes empfohlen. Was sind Sutoxine eigentlich? Welche Bedeutung hat diese Meinungsverschiedenheit?

Die Ablehnung von Schweinefleisch aufgrund des angeblichen Gehaltes an »Sutoxinen« ist auf 2 Publikationen des Arztes *H.-H. Reckeweg* aus dem Jahre 1977 zurückzuführen (4, 5). Der Autor gibt an, daß in Schweinefleisch 7 »Sutoxine (Schweinefleischgifte)« enthalten seien, die beim Menschen zu einer Vielzahl verschiedenster Erkrankungen (u. a. Krebs, Arteriosklerose, Rheuma) führen würden. Zu den »Sutoxinen« zählt *Reckeweg* sowohl lebensmittelchemisch erfaßbare Substanzen, wie Fett, Cholesterin, Histamin und Mukopolysaccharide, als auch bisher nicht nachgewiesene Stoffe wie »eigentümliche Blutfaktoren« und »sutoxische Fettsäuren«. Ferner sollen ein entzündungsförderndes »Wachstumshormon« und »das Grippe-Virus« im Schweinefleisch enthalten sein.

Von *R. Hamm* (Bundesanstalt für Fleischforschung, Kulmbach) wurden sämtliche Argumente *Reckeweg*s für krankmachende Wirkungen von Schweinefleisch eindeutig widerlegt (2). So gibt es zum Beispiel keine nennenswerten Unterschiede in der Fettzusammensetzung und im Mukopolysaccharidgehalt zwischen Schweinefleisch und anderen Fleischarten. Der Histamingehalt von Schweinefleisch beträgt nur 10% desjenigen in fermentierten Lebensmitteln wie Käse oder Rohwurst. Evtl. enthaltenes »Wachstumshormon« würde als Protein verdaut werden. Grippe-Viren würden bei den üblichen Erhitzungsverfahren sicher abgetötet (2). Nach dem

Schweinefleisch	1300	Vollgetreide	340
Rindfleisch	175	Hülsenfrüchte, gequollen	165
Geflügel	90	Kartoffeln	300

Tab. 5
Vitamin B_1-Gehalt in Lebensmitteln:
µg/Megajoule bzw. 239 Kilokalorien
(aus: Nährwerttabelle des
Forschungsinstituts für Kinderernährung
Dortmund [unveröffentlicht])

Ernährungsbericht 1984 »gibt es bis heute weder wissenschaftlich gesicherte Anhaltspunkte noch Nachweise für eine Stoffgruppe ›Sutoxine‹ und damit für eine spezifische Schädlichkeit von Schweinefleisch« (1).

Die wissenschaftliche Unhaltbarkeit der Aussagen *Reckeweg*s sei durch seine folgenden Äußerungen verdeutlicht: ». . . daß das gesamte Schwein aus minderwertigem aufgeschwemmtem Material, aus Fett, Schleim, Jauchestoffen, Entzündungsstoffen und aus gefährlichen Hormonen usw. besteht, wobei sich alles in dem menschlichen Darm rasch in Jauche zersetzt« (4).

In den Verzehrsempfehlungen des Forschungsinstituts für Kinderernährung Dortmund wird seit Jahren auch Schweinefleisch erwähnt. Ein wesentlicher ernährungsphysiologischer Vorteil von Schweinefleisch ist nämlich der außergewöhnlich hohe Gehalt an Vitamin B_1 (Tab. 5). Da bei unseren derzeitigen Ernährungsgewohnheiten die empfehlenswerte Vitamin B_1-Zufuhr von Kindern und Jugendlichen häufig nicht erreicht wird (3), sollte bei insgesamt mäßigem Fleischverzehr unbedingt auf die regelmäßige Verwendung von magerem Schweinefleisch bereits vom Säuglingsalter an geachtet werden.

Literatur

1. Deutsche Gesellschaft für Ernährung: Ernährungsbericht 1984. Deutsche Gesellschaft für Ernährung, Frankfurt 1984.
2. HAMM, R. u. B. ROGOWSKI: Gegendarstellung, betr. Schweinefleisch und Gesundheit. Biol. Med. **7**, 124–126 (1978).
3. KERSTING, M., W. RÜHE u. G. SCHÖCH: Energie- und Nährstoffzufuhr von Kleinkindern und Schulkindern — Empfehlungen und Erhebungsbefunde. Mschr. Kinderheilk. **137**, 539 (1989).
4. RECKEWEG, H.-H.: Schweinefleisch und Gesundheit. Biol. Med. **6**, 437–455 (1977).
5. RECKEWEG, H.-H.: Nachtrag, Stellungnahme (Brief) und Schlußwort zu dem Artikel »Schweinefleisch und Gesundheit«. Biol. Med. **6**, 502–506 (1977).

Mathilde Kersting, Dortmund

Geselchte, gepökelte und geräucherte Lebensmittel kanzerogen?

Frage: Gibt es wissenschaftlich begründete Hinweise für die Kanzerogenität von Selch-, gepökelten und geräucherten Lebensmitteln?

Gepökelte Lebensmittel enthalten häufig Nitrate und Nitrite, die zu karzinogenen Nitrosaminen umgewandelt werden können. Durch Räuchern und durch übermäßig starkes Grillen, besonders auf dem Holzkohlengrill, entstehen polyzyklische Kohlenwasserstoffe in größerer Menge an den Lebensmitteln als von vornherein darin enthalten sind. Während sie beim Räuchern mit dem Rauch in die Nahrung gelangen können, entstehen sie beim Grillen durch zu große Hitze und zu geringem Abstand von der Heizquelle aus Fetten. Vor allem interessiert hier das stark karzinogen wirkende 3,4-Benzpyren.

Gepökelte und geräucherte Lebensmittel werden daher verschiedentlich mit der Entstehung von Magenkrebs und Speiseröhrenkrebs in Verbindung gebracht. Ein eindeutiger Nachweis der Kanzerogenität konnte jedoch m. W. bisher noch nicht geführt werden. Es gibt allerdings epidemiologische Hinweise dafür, daß in Bevölkerungsgruppen mit hohem Verbrauch an gepökelten und geräucherten Lebensmitteln vermehrt Magenkrebs und Ösophaguskrebs auftritt. Das Risiko soll jedoch vergleichsweise gering sein (The Surgeon General's Report on Nutrition and Health, USA 1988).

Einmal abgesehen von einer rein synthetischen Nahrung ist es nach heutigen wissenschaftlichen Erkenntnissen nicht möglich, die Ernährung so zu gestalten, daß sie keinerlei mutagene oder kanzerogene Substanzen enthält. Zur Minderung des Risikos gehört jedoch die Empfehlung, den Konsum von gepökelten und geräucherten Lebensmitteln niedrig zu halten.

E. Menden, Gießen

Löslicher Kaffee schädlich?

Frage: Sind durch den regelmäßigen Genuß von löslichem Kaffee (Caro-Kaffee, Bohnenkaffee-Extrakt) Gesundheitsschäden zu befürchten, z. B. durch den Aluminium-Gehalt? Gibt es noch andere Schadstoffe?

Eine normale Tasse Kaffee (150 ml) wird aus 7,5 g Röstkaffee hergestellt. Eine Tasse enthält gewöhnlich 80 mg Coffein. Weiterhin sind im Kaffee zahlreiche andere Stoffe enthalten. Hauptbestandteile sind wasserlösliche Polysaccharide (24%), Chlorogensäure (14,8%), Mineralstoffe (14%) und Eiweiß (6%). Man kann davon ausgehen, daß in einer Tasse Röstkaffee etwa 240 mg Mineralstoffe enthalten sind (Literatur: *O. Eichler,* Kaffee und Coffein, Springer Verlag 1976).

Wie bei allen Naturprodukten lassen sich mit entsprechenden Methoden fast alle mineralischen Bestandteile im Lebensmittel nachweisen, die in der freien Natur auch vorkommen. So sind im Kaffee Aluminium, Antimon, Arsen, Barium, Blei, Kalzium, Cäsium, Chrom, Eisen, Gold, Iridium, Kalium, Kobalt, Kupfer, Lanthan, Lithium, Magnesium, Mangan, Molybdän, Natrium, Nickel, Quecksilber, Rubidium, Scandium, Selen, Silber, Strontium, Thorium, Titan, Vanadium, Zink, Zinn, Bromid, Borat, Chlorid, Fluorid, Jodid, Phosphat, Silikat und Sulfit enthalten. Über eine spezielle Anreicherung von Aluminium speziell im löslichen Kaffee gibt es keine Hinweise.

Bereits vor Einführung des löslichen Kaffees wurde feingemahlener Kaffee ohne Abfilterung des Kaffeesatzes komplett verzehrt, z. B. in Form des Türkischen Mocca. Auch beim löslichen Kaffee handelt es sich um einen Extrakt aus der Kaffeebohne. Im Prinzip erfolgt die technische Kaffee-Extraktgewinnung ähnlich wie die Aufgußbereitung im Haushalt auch nach der Filtermethode. Der gemahlene Röstkaffee wird dabei unter Druck und erhöhter Temperatur im Gegenstromverfahren extrahiert. Aus diesem Extrakt wird durch Sprühtrocknung Bohnenkaffee-Extrakt hergestellt. Hinsichtlich des Schadstoffgehaltes können daher aus technischen Gründen zwischen dem löslichen Kaffee und dem normalen Bohnenkaffee keine Unterschiede bestehen.

F. Matzkies, Bad Neustadt/Saale

Blutwerte während des Fastens

Frage: Wie verändern sich die Blutlaborwerte während einer Fastenzeit? (Zu Beginn, nach der 1. Woche, am Ende, z. B. nach der 3. Woche.)

Die Einflüsse des Fastens auf die Blutlaborwerte werden am ehesten an einem extremen Beispiel, nämlich der Nullkaloriendiät, besprochen. Bereits Ende der ersten Woche einer derartigen Diät wird eine Zunahme der Harnsäurekonzentration beobachtet. Die Triglyceride sinken dabei immer stärker ab. Die Cholesterin-Konzentration sinkt ebenfalls, aber langsamer als die der Triglyceride. Ist zu wenig Flüssigkeitszufuhr vorhanden, so wird ein Ansteigen der Harnsäure gelegentlich bis in pathologische Werte und vorübergehend auch eine Zunahme der Harnstoff- und Creatinin-Konzentration beobachtet. Dabei nimmt auch das Harnvolumen ab, und es kann sogar zur Harnsteinproduktion kommen. Wichtig ist deshalb, daß genügend Flüssigkeitszufuhr vorhanden ist. Die Gesamtproteinkonzentration zeigt während des ersten Monats kaum Veränderungen, es sei denn eine Abnahme infolge eines Verdünnungseffekts, wenn sehr viel getrunken wird. Die übrigen Werte bleiben mehr oder weniger unverändert. Erst nach längerer Fastenzeit werden Veränderungen weiterer klinisch-chemischer Laborparameter beobachtet.

W. F. Riesen, St. Gallen

Notfälle

Intrakranielle Blutungen

Frage: Darf bei dringendem Verdacht auf intrakranielle (Aneurysma-) Ruptur in der Praxis der Blutdruck (190/110) mit Nifedipin gesenkt werden?

Eine intrakranielle Blutung geht oft mit einer passageren Erhöhung des Blutdrucks einher, so auch eine aneurysmabedingte Blutung. Dies könnte als Argument gegen eine sofortige medikamentöse Blutdrucksenkung angesehen werden, da man damit möglicherweise eine nicht beabsichtigte überschießende Senkung des Blutdrucks erzielt. Für eine sofortige medikamentöse Blutdrucksenkung spricht, daß man in der Akutsituation bei fehlenden anamnestischen Angaben über bekannten Hypertonus einen solchen nicht ausschließen kann und darüber hinaus natürlich auch eine Senkung eines Hypertonus (theoretisch) das Risiko einer frühen Nachblutung senkt.

Zusammenfassend ist also eher eine maßvolle, sorgfältig kontrollierte Senkung des Blutdrucks zu befürworten. Unter stationären Bedingungen dürfte es allerdings leichter möglich sein, einer übermäßigen Senkung sofort entgegenzuwirken, da sonst, besonders bei erhöhtem intrakraniellem Druck (Bewußtseinslage!), das Risiko der Verschlechterung der Hirndurchblutung besteht. Dies trifft natürlich besonders dann zu, wenn noch ein Vasospasmus der intrakraniellen Gefäße vorliegen sollte, wie ja bei einer Zweitblutung auch kurz nach dem Ereignis möglich, da noch durch die einige Tage zuvor abgelaufene erste Blutung bedingt.

H. M. Mehdorn, Essen

Obere gastrointestinale Blutung

Frage: Wann sehen Sie die Indikation zur Durchführung einer Bluttransfusion bei einer akuten oberen gastrointestinalen Blutung? Kann durch zu frühzeitige oder übermäßige Transfusion eine Re-Blutung provoziert werden?

Die Fragestellung ist insofern nicht ganz korrekt, als in der Regel bei der oberen gastrointestinalen Blutung nicht Vollblut, sondern Blutbestandteile, meist Erythrozytenkonzentrate, substituiert werden. Die Indikationsstellung richtet sich nach dem vermutlichen Ausmaß des Blutverlustes, nach dem vermutlichen Zeitraum, in dem dieser Blutverlust eingetreten ist, sowie nach Lebensalter und Begleitkrankheiten des Patienten (z. B. Herzinsuffizienz, koronare Herzkrankheit oder — keine seltene Kombination bei der Blutung aus einem Ulcus — einer Polycythaemia vera) sowie schließlich danach, ob die Blutung auf endoskopischem Wege durch Unterspritzung, Hochfrequenz- oder Laser-Koagulation frühzeitig zum Stillstand gebracht werden kann.

Eine übermäßige Substitution ist auf alle Fälle zu vermeiden, nicht allein wegen der Knappheit des »Medikamentes« Erythrozytenkonzentrat, sondern auch wegen des mit der Transfusion verbundenen, nicht völlig vermeidbaren Infektionsrisikos.

Der 2. Teil der Anfrage ist schwieriger zu beantworten:

Daß eine erneute Blutung durch die Erythrozytensubstitution provoziert wird, halte ich für ausgeschlossen, wenn die Blutungsquelle (z. B. peptisches Ulkus, Exulceratio simplex [*Dieulafoy*-Ulkus], *Mallory-Weiss*-Läsion) hinreichend sicher gestillt wurde oder durch entsprechende weitere therapeutische Maßnahmen das Risiko der Re-Blutung nach Auffüllung des Blutvolumens reduziert werden kann, z. B. durch eine komplette Hemmung der Säuresekretion mit Omeprazol i.v. (schwere Refluxösophagitis, peptisches Ulkus, massive Blutung aus Erosionen).

Daß eine Blutung durch Transfusion provoziert werden kann, ist dagegen nicht nur beim akuten Blutverlust, sondern auch bei chronischer Anämie von Patienten mit Leberzirrhose und klinisch latenter Störung der Blutgerinnung möglich. Hier kann sich eine schwere manifeste Verbrauchskoagulopathie entwickeln. Ob eine solche Gerinnungsstörung allerdings bei einer akuten schweren oberen gastrointestinalen Blutung des Leberzirrhose-Kranken durch die Blutung selbst oder durch die Erythrozytensubstitution ausgelöst wird, läßt sich m. E. nicht unterscheiden.

E. Schmid, Göppingen

Anaphylaxieprophylaxe bei Dextraninfusionen

1. Frage: Ist Promit vor Dextraninfusionen immer indiziert?

Nachdem gerade bei einem Volumenersatz mit Dextranpräparaten vereinzelt schwerste Zwischenfälle, z. T. mit tödlichem Ausgang, registriert wurden, zum anderen nachgewiesen werden konnte, daß eine sehr hohe Schutzwirkung gegen anaphylaktoide Reaktionen durch die Vorgabe von *Promit* zu erreichen ist, kann ich sowohl aus medizinischen, aber auch aus medikolegalen Gründen nur empfehlen, vor jeder Dextraninfusion *Promit* zu verabreichen. Die Injektionsgeschwindigkeit und weitere Details ergeben sich aus den Beipackzetteln.

2. Frage: Kann Promit auch durch Infusion von Dextranlösungen in geringer Menge ersetzt werden?

Eindeutig nein. Da das im Promit enthaltene Dextran 1000 nach dem »Hapten-Prinzip« wirkt, läßt sich die gleiche Wirkung nicht mit anderen Dextranzubereitungen erreichen.

F. W. Ahnefeld, Ulm

Physostigmin bei Alkoholintoxikation

Frage: Mir wurde Anticholium (Physostigmin) als gut wirksames »Antidot« beim tobenden alkoholintoxikierten Patienten empfohlen. Stimmt das?

Seit 1978 ist bekannt, daß die zentralen Wirkungen des Alkohols durch das cholinerg wirkende Physostigmin prompt aufgehoben werden können (1). Der komatöse Patient wird nach der intravenösen Applikation von 2 mg Physostigmin nach etwa 7 Minuten wach, um dann nach etwa 20 Minuten wieder einzuschlafen (1, 3, 4). Eine wiederholte Gabe ist möglich, jedoch müssen die möglichen Nebenwirkungen (Bradykardie, Blutdruckabfall) dabei bedacht werden. Physostigmin kann somit die drohende Ateminsuffizienz bei der reinen Alkoholintoxikation verhindern, andererseits wird der tobende Alkoholiker durch diese Medikation ruhiger (1).

Nicht zu unterschätzen ist der differentialdiagnostische Wert der Physostigmingabe. So wird der Patient bei einer Mischintoxikation mit nicht anticholinerg wirkenden Pharmaka (z. B. Barbituraten) und Alkohol nicht wach, so daß bereits am Notfallort eine Differentialdiagnostik möglich wird (3). Trotz der positiven Eigenschaften des Physostigmins gehört dieses Medikament nur in die Hand des erfahrenen Notarztes. Die Anwendung darf auch nur dann erfolgen, wenn das Antidot des Physostigmins, das Atropin, verfügbar ist, um bei cholinergen Nebenwirkungen sofort reagieren zu können.

Unbedingt sind die Kontraindikationen des Physostigmins zu beachten. Dazu gehören einerseits Vergiftungen mit Alkylphosphaten (z. B. E 605) und Vergiftungen mit muskarinhaltigen Pilzen (Rißpilz); klinisch wichtig ist jedoch die Beachtung eines Asthma bronchiale (2) als Kontraindikation.

Literatur

1. DAUNDERER, M.: Akute Alkohol-Intoxikation: Physostigmin als Antidot gegen Äthanol. Fortschr. Med. **96**, 1311–1312 (1978).
2. DAUNDERER, M.: Physostigmin als Delir-Prophylaktikum beim ambulanten Alkohol-Entzug. Fortschr. Med. **101**, 778–780 (1983).
3. KISS, I., M. ABEL u. G. GEORGE: Über die Anwendung von Physostigmin in der Anästhesie und Intensivmedizin. Anästh. Intensivther. Notfallmed. **17**, 155–157 (1982).
4. RUPRECHT, J., H. J. SCHNECK u. B. DWORACEK: Physostigmin – Neuere pharmakologische Befunde und ihre Bedeutung für den Einsatz in der Praxis. Anaesthesiol-Reanim. **14**, 235–241 (1989).

J. Steinhoff, Lübeck

Infektionen

Verhindert eine 1. evtl. eine 2. Viruserkrankung?

Frage: Verhindert eine Viruserkrankung das »Angehen« einer 2. Viruserkrankung? Wenn ja: ab Beginn der Virämie? Für wie lange?

Die Frage, ob eine bereits bestehende Viruserkrankung das »Angehen« einer 2. Viruserkrankung — grundsätzlich also die Infektion mit einem 2. Virus — verhindern kann, ist in dieser allgemeinen Form nicht zu beantworten. Unter bestimmten Voraussetzungen, die eher bei in vitro-Experimenten als durch in vivo-Beobachtungen herstellbar sind, kann die Infektion einer Zelle oder eines empfänglichen (nicht-immunen) Organismus die Vermehrung eines 2., gleichzeitig mit dem 1. oder später hinzukommenden Virus, hemmen. Dieses Phänomen wird als »Interferenz« bezeichnet; die Ausbildung einer derartigen Resistenz ist unabhängig von der Entwicklung der Immunität nach Infektion eines Organismus.

Die Vermehrung eines Virus in der infizierten Zelle muß aber keineswegs mit der Vermehrung eines 2. Virus interferieren.

Verschiedene, in der Regel nicht miteinander verwandte Viren können sich durchaus unabhängig voneinander in der gleichen Zelle vermehren (z. B. Herpes simplex- und Masernvirus). Ferner können nach Infektion einer Zelle mit mehreren, miteinander verwandten Viren (meistens Angehörige einer Virusfamilie) auch ganz andersartige Wechselwirkungen zwischen diesen Viren beobachtet werden, z. B. Ausbildung von Rekombinanten aus den verschiedenen Viren, Auftreten phänotypischer Gemische usw.

Zumindestens 4 unterschiedliche Mechanismen sind für die Ausbildung einer Interferenz nach Exposition einer Zelle oder eines Organismus gegen 2 unterschiedliche Viren denkbar:

1. Durch eine Blockade spezifischer Rezeptoren der Wirtszelle durch ein Virus wird die Absorption eines 2. Virus verhindert (z. B. Enteroviren) oder die Rezeptoren werden durch das zuerst vorhandene Virus zerstört (z. B. Orthomyxoviren).

2. Das zuerst vorhandene Virus konkurriert mit einem 2. Virus um einzelne Teile des zur Virusvermehrung erforderlichen Syntheseapparates der Zelle (z. B. Produktion einer Polymerase, Hemmung der Translatation).

3. Die Produktion von Interferonen infolge der Infektion einer Zelle mit einem Virus verhindert die Vermehrung eines 2. Virus.

4. Bei der Vermehrung zahlreicher, sehr unterschiedlicher Viren kann es infolge der Ausbildung Genom-defekter, nichtvermehrungsfähiger (sog. DI-Partikel) Viruspartikel zu einer homologen Interferenz (Autointerferenz) bei der Vermehrung dieses Virus kommen; diese Autointerferenz ist wahrscheinlich für die Entwicklung persistierender Virusinfektionen von Bedeutung.

Aus dem Gesagten ergibt sich, daß die gestellte Frage, ab wann im Ablauf einer Virusinfektion eine Interferenz zwischen 2 Viren das Nicht-Angehen einer Virusinfektion bewirken kann, nicht zu beantworten ist. Außer verschiedenartigen Interferenzmechanismen, die sich nach Exposition einer Zelle oder eines Organismus gegen ein Virus ausbilden, sind auch unterschiedliche Mechanismen bei der gleichen Virusart in Abhängigkeit von der Wirtszelle, vom zeitlichen Abstand der Expositionen gegen die Viren usw. von Belang.

Eine praktische Anwendung hat die Ausbildung einer Resistenz infolge einer Interferenz bei den sog. Abriegelungsimpfungen mit Polio-Lebendimpfstoffen bei Poliomyelitis-Ausbrüchen gefunden. Die Polio-Impfviren interferieren mit den Polio-Wildviren, wodurch die Ausbreitung der Polio-Wildviren verhindert wird; hierbei ist natürlich auch die Ausbildung einer Immunität – in Abhängigkeit vom Impftermin und von der Exposition gegen das Wildvirus – von Belang. Umgekehrt kann eine bereits bestehende Infektion mit einem Enterovirus das Angehen der Infektion mit Polio-Impfviren verhindern. Derartige Beobachtungen liegen vor allem aus tropischen und subtropischen Ländern mit hoher Enterovirus-Verbreitung vor.

Ein Beispiel für das Ausbleiben einer Interferenz nach gleichzeitiger Verabreichung verschiedener Impfviren ist die Mumps-Masern-Röteln-Schutzimpfung. Werden die Impfviren gleichzeitig verabreicht, kommt es zu einer Infektion mit den 3 Viren, während die zeitlich versetzte Verabreichung jeweils eines dieser Impfviren zu einer Interferenz der Vermehrung dieser Viren und damit zu einer fehlenden Ausbildung der jeweiligen Immunität führen kann.

G. Maass, Münster

Borreliose

Frage: Hinterläßt eine Borreliose eine lebenslange Immunität? Gibt es Neuerkrankungen, evtl. auch Rezidive? Ich hatte einen Patienten mit neurologischen Symptomen, Liquorveränderungen und einem Titer von 1 : 400, der über 2 Wochen parenteral mit Penicillin G behandelt wurde und seitdem symptomfrei ist. Er fragt nun nach der Immunität.

Für praktische Zwecke kann man davon ausgehen, daß eine Borreliose, nach deren klinischem Ende ein Serum-Antikörpertiter gefunden wird, zu einer Immunität gegen den infizierenden Stamm geführt hat. Das heißt, es wird mit diesem Stamm zu keiner Reinfektion kommen.

Leider kommt es aber bei wenigen Prozent der Patienten trotz ausreichender und klinisch primär erfolgreicher Penicillintherapie zu Rezidiven, die entweder als Folge von Reaktivierung nicht erfaßter Erreger angesehen werden oder als durch die Borrelien angestoßene Autoimmunerkrankung. Im 1. Fall, der insbesondere für ZNS-Rezidive zuzutreffen scheint, empfiehlt sich die nochmalige Therapie mit Ceftriaxon (2 g/d für 14 Tage beim Erwachsenen). Im 2. Fall bleibt nur die symptomatische immunsuppressive Therapie.

Mit immunologischen und molekularbiologischen Methoden lassen sich eine Vielzahl von Borrelienstämmen unterscheiden. Zumindest für einige hat diese Unterscheidbarkeit auch eine klinische Relevanz, es sind nämlich wiederholte Borrelien-Infektionen beschrieben, konsekutiv durch verschiedene Stämme. Das heißt, daß auch bei einer klinisch schweren Erkrankung sicher keine allgemeine Borrelien-Immunität erworben wird.

J. Forster, Freiburg/Br.

Lyme-Borreliose

Frage: Wie lange bleiben die Patienten mit Lyme-Borreliose nach adäquater Therapie seropositiv? Besteht eine Abhängigkeit vom Stadium? Gibt es eine Möglichkeit, den Therapieerfolg serologisch zu dokumentieren?

Der Antikörperverlauf nach angemessener Therapie hängt bei der Lyme-Borreliose vom Stadium ab. Bei frühzeitiger Behandlung im primären Stadium können IgG- und IgM-Antikörper ausbleiben. In diesem Stadium bilden sie sich unter geeigneter Behandlung auch schneller zurück, so daß nach 3–6 Monaten negative Werte erreicht werden können.

Im 2. Stadium, dem der ersten Organmanifestation, und im 3. Stadium, dem der fortbestehenden und rekurrierenden Organmanifestation bilden sich die Antikörper zunehmend langsamer zurück. Unter antibiotischer Behandlung steigt der Antikörpertiter nicht selten an. Ein merklicher Titerabfall benötigt meist zumindest 3 Monate. Dabei sind die in der Regel nur in den ersten 3–6 Monaten nachweisbaren IgM-Antikörper im Serum kein geeignetes Akuitätsmerkmal.

In Anbetracht der häufig klinisch inapparent verlaufenden Infektion erscheint es nicht zwingend, regelmäßig Seronegativität anzustreben. Entscheidend für den Behandlungserfolg ist in der Regel in 1. Linie das klinische Ergebnis. Bei den chronischen Organmanifestationen, insbesondere der Arthritis, stellt sich der volle klinische Erfolg oft jedoch erst dann ein, wenn der Patient seronegativ geworden ist.

Bei den Neuroborreliosen mit Liquorveränderungen, der Meningopolyneuritis *Garin-Bujadoux-Bannwarth* des 2. Stadiums und der selteneren progressiven Borrelia Encephalomyelitis des 3. Stadiums, sind klinischer Verlauf und Rückgang der Entzündungszeichen im Liquor wichtige

Merkmale zur Beurteilung des Behandlungserfolges. Völlige Inaktivität der Infektion des Nervensystems ist jedoch nur dann zu unterstellen, wenn keine intrathekal gebildeten Antikörper mehr nachzuweisen sind. Dies kann, wie bei der Neurolues, 1–2 Jahre in Anspruch nehmen.

R. Ackermann, Köln

Borreliose durch Insekten?

Frage: Während der letzten Monate beobachtete ich in meiner Landarztpraxis häufig Wespen- bzw. Bienenstiche mit einer Reaktion, vergleichbar einem Erythema migrans (keine Zecken!). Sind aufgrund dieser Beobachtung serologische Konsequenzen zu ziehen? Sollte aufgrund des klinischen Bildes neben der Gabe von Antihistaminika auch die Gabe von Antibiotika (Tetracycline?) in Erwägung gezogen werden?

Während die Rolle der Zecken (in Deutschland Ixodes ricinus) als Vektor bei der Borreliose eindeutig belegt ist, existieren noch viele Fragezeichen hinsichtlich der Rolle fliegender Insekten (1). Diese sind immer wieder angeschuldigt worden, vor allem Mücken und Stechfliegen, insbesondere die Pferdebremse (Stomoxys calcitrans) (3, 4). Dagegen fanden sich bisher keine Hinweise auf Bienen und Wespen als Vektoren.
Es wäre wichtig zu wissen, in welchem zeitlichen Zusammenhang mit dem Insektenstich die geschilderten dem Erythema migrans ähnlichen Hautveränderungen beobachtet wurden. Die Inkubationszeit des Erythema migrans beträgt 4–20 Tage (3). Ein früheres Auftreten der Hauterscheinungen nach dem Stich würde ebenfalls gegen eine Borrelien-Ätiologie sprechen.
Trotzdem könnte man versuchen, der Frage serologisch nachzugehen. Dabei sollte ein Serum möglichst frühzeitig gewonnen werden (Ausgangstiter) und ein zweites mehrere Wochen später. Es ist jedoch zu bedenken, daß Patienten mit Erythema migrans häufig seronegativ bleiben (4). Des weiteren sollte besonders nach IgM-Antikörpern gesucht werden, da bei Erythema migrans bei einem Teil der Patienten nur IgM, nicht IgG gefunden wird (4). Eine antibiotische Therapie wäre nur dann angezeigt, wenn sich serologisch tatsächlich Hinweise auf eine Borrelien-Ätiologie finden ließen.

Literatur

1. ACKERMANN, R.: Erythema-migrans-Borreliose und Frühsommer-Meningoencephalitis. Dt. Ärztebl. **83**, 1765–1774 (1986).
2. STECHENBERG, B. W.: Lyme disease: the latest great imitator. Pediat. infect. Dis. J. **7**, 402–409 (1988).
3. STEERE, A. C.: Lyme disease. New Engl. J. Med. **321**, 586–597 (1989).
4. WILSKE, B. u. Mitarb.: Lyme-Borreliose. Die gelben Hefte **28**, 146–159 (1988).

J. E. Hoppe, Tübingen

Rötelnreinfektion

Frage: Kann man mehrmals an Röteln erkranken? Jeweils mit Exanthem? Frau mit folgenden Titern: Röteln HAH 1 : 16 (Schutztiter 1 : 36), Röteln EIA 2,12 (ab 1,0 Rötelnimmunschutz anzunehmen). 2 Wochen nach obiger Titerbestimmung erkrankt die Frau an rötelnähnlichem Exanthem ohne Fieber und ohne wesentliche Lymphadenopathie. Könnte es sich um Röteln handeln?

Die Röteln genießen als teratogene Infektion ein berechtigtes Interesse. Aufgrund von Beobachtungen auch an Schwangeren kann gesagt werden, daß nur sehr selten Reinfektionen stattfinden können.

Die oben geschilderte Beobachtung läßt sich aus meiner Sicht so beurteilen: Die Serum-Antikörperspiegel zeigen eine immunologische Reaktion der Patientin auf das Rötelnvirus an. Nach den Empfehlungen der Deutschen Vereinigung zur Bekämpfung der Viruskrankheiten ist die Immunität einer Person lediglich durch den Hämagglutinations-Hemm-Test (HAH oder HHT) bestimmbar, die Titer z. B. in Enzymimmuntests (EIA) sind hierzu nicht sicher aussagekräftig (dies läßt ja auch schon die Formulierung des beurteilenden Labors erahnen).

Aufgrund des niedrigen HAH-Titers wäre sehr wohl eine Reinfektion möglich. Dies könnte der anfragende Kollege durch einen erneuten serologischen Test zeigen lassen. Solche – klinisch manifesten – Reinfektionen sind jedoch als große Raritäten anzusehen. Die Wahrscheinlichkeit würde sich allenfalls etwas im Rahmen einer Röteln-Epidemie erhöhen. Die Notwendigkeit zu umfänglicher Serodiagnostik ergibt sich aus der Situation der Patientin, sie wäre z. B. im ersten Trimenon einer Schwangerschaft angezeigt, vor allem im Hinblick auf die notwendige und dann hochwahrscheinlich mögliche Beruhigung der Patientin.

Viel wahrscheinlicher nämlich gehören die beobachteten Erscheinungen zu einer anderweitigen (Virus-) Infektion oder allergischen Reaktion, welches beide die häufigsten Differentialdiagnosen des rubeoliformen Exanthemes sind.

J. Forster, Freiburg/Br.

Antibiotikatherapie von Pneumonien

Frage: In der Umfrage »Aktuelle Fragen der Chemotherapie« wurde Doxycyclin als ungeeignet für die Behandlung der »ambulanten« Pneumonien bezeichnet. Es wurden vor allem Penicillin und Erythromycin empfohlen. Frage: Genügt ein bakteriostatisches Antibiotikum für die Pneumonietherapie?

Haupterreger der außerhalb des Krankenhauses erworbenen Pneumonien sind unverändert in 1. Linie Pneumokokken. An 2. Stelle folgen Hämophilus influenzae und, regional unterschiedlich, Legionellen. Bei jüngeren Menschen ohne chronische Vorerkrankungen treten vor allem Mykoplasmenpneumonien auf. Die Therapie der ambulant erworbenen Pneumonie hat sich an diesem Erregerspektrum zu orientieren. Infrage kommen in erster Linie Aminopenicilline, Erythromycin und Cephalosporine der 1. Generation.

Da der Erreger häufig unbekannt ist, werden Tetracycline nicht eingesetzt. Die Resistenz des wichtigsten Pneumonieerregers, Streptococcus pneumoniae, gegenüber Tetracyclinen ist lokal unterschiedlich und beträgt 2–30%. Da die Resistenzquoten in der Regel über 10% der Isolate ausmachen, stellen Tetracycline nicht ein Medikament der 1. Wahl dar.

Dies betrifft jedoch nicht Pneumonien, die jüngere, zuvor gesunde Patienten betreffen und sich unter dem Bild der »primär atypischen Pneumonie« präsentieren. Hier liegt in der Regel eine Mykoplasmenpneumonie zugrunde. Medikament der Wahl ist in diesem Fall ein Tetracyclin, an 2. Stelle Erythromycin. Tetracycline können auch eingesetzt werden bei bekanntem Erreger und Vorliegen einer Resistenzprüfung mit nachgewiesener Sensibilität des Keimes gegenüber Tetracyclinen. Diese Konstellation ist bei ambulant erworbenen Pneumonien jedoch selten.

Die Reserve gegenüber dem primären Einsatz von Tetracyclinen ist jedoch nicht durch den bakteriostatischen Wirkungsmechanismus bedingt. Solche Überlegungen spielen bei ambulant erworbenen Pneumonien keine Rolle. Auch Makrolide, wie das Erythromycin, sind bakteriostatisch wirksame Medikamente und werden in der Ersttherapie bakterieller Pneumonien erfolgreich eingesetzt.

J. Lorenz, Mainz

Malariaprophylaxe

Frage: 32jährige Patientin, seit Jahren mit einem Ghanesen verheiratet, zog sich vor 3 Jahren bei einem Besuch ihrer Schwiegereltern in Ghana eine Hepatitis A zu. Im Januar 1989 nach einem erneuten Ghana-Besuch erkrankte sie trotz Prophylaxe mit Resochin 2mal 2 Tabl./Woche an einer schweren Malaria tropica. Diese wurde erfolgreich mit Mefloquine (Lariam) behandelt. Für Dezember dieses Jahres plant die Patientin erneut eine Reise nach Ghana. Welche Malaria-Prophylaxe sollte man ihr empfehlen?

Für Ghana galt bisher noch Resochin-Prophylaxe als durchaus wirksam, da resochin-resistente Plasmodium falciparum-Stämme bisher nur vereinzelt in Westafrika (Nigeria, Kamerun, Ghana) beobachtet worden waren. In der letzten Zeit haben sich diese Fälle aber gehäuft, so daß wir folgendes Schema empfehlen würden: Resochin als Basisprophylaxe mit 3mal 1 Tablette pro Woche. Dazu sind allerdings als Reserve bei Auftreten von Kopfschmerzen und Frösteln und Fieber 3 Tabletten *Fansidar* als Stoßtherapie auf einmal zu nehmen.

Diese Möglichkeit könnte ersetzt werden durch eine *Lariam*-Prophylaxe und Therapie und zwar in folgender Weise: 1 Tablette *Lariam* vor der Ausreise und dann je 1 Tablette wöchentlich. Sollte der Besuch länger ausgedehnt werden, dann genügt es in der 6. Woche 1 Tablette zu nehmen, in der 7. Woche dann keine und in der 8. Woche wieder 1 Tablette.

Es ist darauf hinzuweisen, daß *Lariam* aber Nebenerscheinungen verursacht wie Kopfschmerzen, Schwindel, manchmal Übelkeit, so daß einige Patienten das Präparat ablehnen.

Sollte Resochin gut vertragen werden, dann kann man es auch kombinieren mit *Paludrin*, einem englischen Präparat, das allerdings in einer Dosis von morgens 1 Tablette und abends 1 Tablette genommen werden müßte. Diese Prophylaxe ist etwas umständlicher.

Ich würde, wenn die Patientin die *Lariam*-Kur gut vertragen hat, zu einer Prophylaxe mit *Lariam* in der oben angedeuteten Form raten.

Einige meiner Patienten sind auch mit einer Daraprim-Prophylaxe, 1 Tablette pro Woche, gut gefahren. Jedoch würde ich z. Zt. die *Lariam*-Prophylaxe oder die kombinierte Resochin/*Paludrin*-Prophylaxe eher empfehlen, zumal in einem Gebiet, in dem die Malaria hyperendemisch ist.

W. Mohr, Hamburg

Malariaprophylaxe mit Resochin

Frage: Sind anfallsweise auftretender Schwankschwindel und Ohrdruck als Nebenwirkungen einer Resochineinnahme zur Malariaprophylaxe bekannt?
Falls ja: Wie lange können diese Symptome nach Absetzen des Mittels persistieren?

Ich habe Resochin seinerzeit in seiner oralen und in seiner Injektionsform eingehend geprüft. Dabei ist mir ein Schwankschwindel und Ohrendruck als Nebenwirkung einer Resochineinnahme zur Malariaprophylaxe nicht begegnet. Auch im Schrifttum werden diese Symptome nicht erwähnt. Wohl werden sie beschrieben bei Einnahme von *Lariam*.

Im allgemeinen kann man sagen, daß das Resochin eines der bestverträglichsten Mittel zur Malariaprophylaxe ist.

Allerdings ist es, wie Mitteilungen im Schrifttum und eigene Beobachtungen zeigen, nicht immer voll wirksam, sondern es gibt Malaria-tropica-Stämme, die resistent gegen Resochin sind, so daß für diese Patienten bzw. für Gebiete, in denen Resistenzen vorkommen, ein anderes Mittel genommen werden sollte. Infrage kommt einmal *Fansidar,* was aber mehr Nebenerscheinungen macht als Resochin, zum anderen *Lariam,* bei dem – wie oben erwähnt – Nebenerscheinungen wie Kopfschmerzen, Schwindel und Übelkeit auftreten können – nicht müssen.

Die *Lariam*-Prophylaxe hat sich für manche Gebiete Afrikas, z. B. Kenia, sehr bewährt, so daß sie für diese Gebiete heute im allgemeinen empfohlen wird.

Die WHO und auch die Deutsche Tropenmedizinische Gesellschaft empfehlen als Basisprophylaxe heute immer noch Resochin wegen seiner im ganzen guten Verträglichkeit.

Etwas anders liegt es für die Resochin-Medikation bei rheumatischen Erkrankungen. Hier findet man u. U. bei wesentlich höherer Dosierung häufiger Nebenwirkungen verschiedenster Art, so insbesondere auch Störungen am Augenhintergrund.

W. Mohr, Hamburg

Chlamydieninfektionen

Fragen:
1. *Wie lange soll man behandeln, um Rezidive zu vermeiden?*
2. *Wie wichtig ist die Partnerbehandlung?*
3. *Ist eine Kontrolle nach der Therapie grundsätzlich notwendig?*
4. *Was tun bei Rezidiv trotz ausreichender Therapie und Wechsel des Antibiotikums?*
5. *Was ist in der Schwangerschaft zu beachten?*

Zum besseren Verständnis muß ich ein wenig auf die Besonderheiten der Chlamydieninfektion eingehen:
Chlamydien sind kleine Bakterien, die aufgrund ihres Unvermögens, ATP zu bilden, auf den Stoffwechsel der Wirtszelle angewiesen sind und sich somit nur intrazellulär vermehren können. Ihr Vermehrungszyklus hat sich im Laufe der Zeit gut an den Zellstoffwechsel des Wirtes angepaßt, so daß dieser Erreger sich den Abwehrkräften häufig entziehen kann. Das bedeutet, Chlamydien können häufig zu chronischen, über Monate und Jahre persistierenden, Infektionen führen.
Zusätzlich muß man wissen, daß Chlamydien in 2 Formen vorliegen können. Einmal als Elementarkörperchen, das sind die infektiösen Partikel, die von Antibiotika aber nicht angegriffen werden können; und zum anderen als Retikularkörperchen während ihrer Vermehrungsphase, als welche sie durch Antibiotika (aber nur von denjenigen, die auch in die Wirtszelle hineingelangen, was nicht für alle Antibiotika gilt) in ihrer Vermehrung gehemmt werden können.
Aus dem Gesagten wird verständlich, daß trotz Antibiotikum in ausreichender Dosis und unter langfristiger Therapie die Infektion nicht immer beseitigt werden kann.

ad 1.
Unsere Empfehlung zur Chlamydieninfektion lautet: 10 Tage Therapie mit entweder 1,5 g Tetracyclin/d, 200 mg Doxycyclin/d

oder 0,4 g Ofloxacin/d, 1,0 g Ciprofloxacin/d oder 1,5 g Erythromycin/d.

Nach einer 10tägigen Therapie lassen sich Chlamydien in der Regel im Zervixabstrich oder in der Urethra nicht mehr nachweisen, wenn es nicht zu einer Reinfektion von außen gekommen ist.

Inzwischen haben wir die Möglichkeit, eine Chlamydieninfektion auch serologisch nachzuweisen, vor allem ihre Ausheilung serologisch zu überprüfen. Da der Antikörperabfall nur sehr langsam erfolgt (Monate bis hin zu 1½ Jahren), ist der Therapieerfolg häufig nicht sofort zu erkennen. Die Serologie ist aber eine gute Möglichkeit, chronische Chlamydieninfektionen überhaupt zu erkennen und die völlige Ausheilung zu überwachen. Bei chronischen Chlamydieninfektionen empfehle ich zur Zeit eine Therapiedauer von 20 Tagen.

ad 2.
Eine Partnertherapie ist immer dann notwendig, wenn der direkte Antigennachweis, d. h. der Fluoreszenztest, der ELISA oder die Kultur aus Abstrichmaterial des Patienten positiv ist. Bei lediglich serologischem Hinweis für eine floride Infektion ist dies nicht erforderlich, da die Infektion wahrscheinlich in höheren Bereichen genital oder extragenital abläuft und die Infektiosität im äußeren Genitalbereich nach unseren Erfahrungen nur außerordentlich gering zu sein scheint.

ad 3.
Eine Kontrolle des Therapieerfolges bei direktem Chlamydiennachweis halte ich grundsätzlich für notwendig, da auch unter optimaler Therapie weltweit nur über Heilungsraten von etwa 90% berichtet wird. Nach unseren Erfahrungen aber sind nach einer 10tägigen Therapie bei stabiler Partnerbeziehung und Mitbehandlung des Partners in der Regel keine Chlamydien mehr in Zervix oder Urethra nachweisbar.

ad 4.
Ich kenne inzwischen aber eine ganze Reihe von Beobachtungen, bei denen sich durch Überprüfung gezeigt hat, daß die Chlamydientests falsch beurteilt worden sind und falsch positive Ergebnisse herausgegeben worden waren. Daher sollte man bei weiterhin positivem Direktnachweis nach ausreichender Antibiotikabehandlung eine Vergleichsuntersuchung in einem anerkanntem Chlamydienlabor durchführen lassen.

ad 5.
Die Chlamydieninfektion in der Schwangerschaft bedeutet ein hohes Infektionsrisiko für das Kind während der Geburt, aber auch für die Schwangere selbst ein erhöhtes Komplikationsrisiko. Eine Therapie der Chlamydieninfektion in der Schwangerschaft ist daher auf jeden Fall anzuraten. Aus Gründen der Verträglichkeit (Kind) sollte in der Schwangerschaft Erythromycin gegeben werden. Ich empfehle das Chlamydienscreening in der Schwangerschaft.

E. E. Petersen, Freiburg/Br.

Perioperative Antibiotikaprophylaxe

Frage: Wann ist eine perioperative Antibiotikaprophylaxe gerechtfertigt, besonders im Hinblick auf prothetische Chirurgie?
Wie lange sollte die prophylaktische Gabe erfolgen?
Welche Antibiotika bieten sich an?

Die perioperative Antibiotikaprophylaxe im orthopädisch-traumatologischen Bereich ist seit vielen Jahren in Diskussion. Während im amerikanischen Sprachraum offensichtlich eine breit gestreute Antibiotikaprophylaxe üblich ist, gilt dies nicht in gleichem Maße in Europa.

In der Behandlung geschlossener Frakturen scheint die perioperative Antibiotikagabe nur dann sinnvoll, wenn besonders langdauernde und traumatisierende Eingriffe zu erwarten sind, wenn früher bereits eine offene Fraktur im Operationsgebiet bestanden hat oder wenn es sich um einen Patienten mit geschwächter Immunabwehr handelt.

Bei der Behandlung offener Frakturen ist nicht in jedem Fall der Nachweis für die Wirksamkeit einer perioperativen Antibiotikaprophylaxe erbracht. Als allgemein anerkannte Indikationen zur Prophylaxe gelten stark kontaminierte Wunden (landwirtschaftliche Unfälle), offene Frakturen II. und III.° mit erheblichen traumatischen Gewebszerstörungen, sowie Frakturen mit Öffnung bakteriell besiedelter Körperhöhlen. Gegen die routinemäßige Prophylaxe bei allen offenen Frakturen spricht, daß primäre Wundabstriche zwar häufig pathogene Keime zeigen, daß aber bei eingetretener manifester Infektion häufig ein Erregerwechsel stattgefunden hat. Man fürchtet also die Gefahr einer Züchtung von resistenten Keimen bei routinemäßiger Prophylaxe.

In vielen Arbeiten der vergangenen Jahre wird der Wert einer perioperativen Antibiotikaprophylaxe in der prothetischen Chirurgie scheinbar bestätigt. Sieht man sich diese Arbeiten näher durch, so werden dabei meist Vergleichsgruppen aus den eigenen Kliniken einander gegenübergestellt, die sich eigentlich nicht vergleichen lassen. Vorher relativ hohe Infektionsraten, die nach heutigen Anschauungen nicht vertretbar sind, werden in der Gruppe mit Antibiotikaprophylaxe jedes Mal deutlich niedriger. Dies hängt aber sicherlich auch mit dem Fortschritt auf operationstechnischem Gebiet und mit der allgemeinen Hygiene zusammen und ist letztlich für die Wirksamkeit der Prophylaxe nicht beweisend.

In Kliniken, an denen bereits vorher eine sehr niedrige Infektionsrate nachzuweisen war, ließ sich meist keine signifikante Verbesserung durch die Prophylaxe erzielen. Der Trend geht wohl dahin, daß die generelle Antibiotikaprophylaxe dort nicht empfohlen wird, wo einwandfreie hygienische Verhältnisse zu einer Infektionsrate von 1% oder weniger geführt haben. Bei höheren Infektionsraten sollte also eher nach Lücken in der Sterilität gesucht, als durch eine perioperative Antibiotikaprophylaxe mangelnde Hygiene überdeckt werden. Gesicherte Indikation für eine perioperative Antibiotikaprophylaxe ist dagegen der Wechseleingriff, da man bei diesem immer mit einer schlummernden bakteriellen Besiedelung durch den Ersteingriff rechnen muß.

Zum Zeitpunkt der prophylaktischen Gabe ist folgendes anzumerken: Die Antibiotikaprophylaxe bei offenen Frakturen sollte so früh wie möglich begonnen werden, wobei meist diese Prophylaxe so lange fortgeführt wird, bis die ersten Abstrichergebnisse vorliegen. Sind die Erreger empfindlich, wird die Prophylaxe für insgesamt 6–7 Tage als Therapie weitergeführt.

Bei Endoprothesenoperationen sollte das Antibiotikum spätestens bei Narkoseeinleitung gegeben werden. Insgesamt werden 1–3 Dosen verabreicht, die Prophylaxe wird nicht länger als 24 Stunden fortgeführt.

Ein parenteral gegebenes Antibiotikum kann nur wirksam werden, wenn es am Ort der zu erwartenden Infektion rechtzeitig in bakterizider Konzentration vorliegt; Voraussetzung dafür sind eine ausreichende Penetrationsfähigkeit und ein passendes Wirkspektrum.

Normalerweise sind in jeder Klinik die am häufigsten anzutreffenden Erreger bekannt, so daß relativ gezielt das Antibiotikum gewählt werden kann. Es empfehlen sich zur Prophylaxe bei Endoprothesenoperationen Cephalosporine der 1. und 2. Generation, während bei offenen Frakturen neben diesen Antibiotika bei stark verschmutzten und traumatisierten Wunden die Gabe eines anaerobierwirksamen Antibiotikums zur Prophylaxe überlegt werden muß.

U. Pfister, Karlsruhe

Kardiale Diagnostik bei akuten Virusinfektionen

Frage: Sollte bei akuten Virusinfektionen grundsätzlich eine körperliche Schonung, gegebenenfalls Bettruhe verordnet werden, um eine evtl. kardiale Beteiligung mit möglichen Rhythmusstörungen zu berücksichtigen?

Akute Virusinfektionen sind ein extrem häufiges Krankheitsbild, akute Myokarditiden oder Perimyokarditiden dagegen selten. Dies mag einmal dadurch zustande kommen, daß nur einige wenige Virusstämme in nennenswerter Häufigkeit eine Myokardbeteiligung verursachen: Coxsackie A und B, Poliomyelitis, Influenza-, Adeno-, Echo- und Rötelnvirus sind als ätiologische Faktoren am besten definiert. Allerdings manifestieren sich auch bei Infektionen mit diesen kardiotropen Viren Karditiden relativ selten; wenn sie auftreten, manifestieren sie sich zumeist als Perimyokarditiden; reine Perikarditiden oder Myokarditiden sind seltener. Myokarditis entsteht nach unserem derzeitigen Verständnis nicht als unmittelbare, direkte Folge der Virusinfektion, sondern unter Beteiligung sekundärer humoraler und zellulärer Effektormechanismen, wobei die genaue Beschreibung dieser Mechanismen noch aussteht. Bekannt sind Veränderungen der Lymphozyten-Subpopulationen sowie das Auftreten zirkulierender Antikörper gegen kardiale Antigene.

Klinische Zeichen der Myokarditis sind in erster Linie die der eingeschränkten kardialen Funktion: Atemnot, Müdigkeit, 3. Herzton, Stauungszeichen und periphere Minderperfusion. Ventrikuläre und supraventrikuläre Arrhythmien sind häufige Komplikationen. Ein Perikardreiben, supraventrikuläre Arrhythmien und charakteristische Ekg-Veränderungen weisen auf eine begleitende Perikarditis hin.
Nachdem die klinischen Zeichen der Myokarditis relativ unspezifisch sind und der alleinige Virusnachweis keine Rückschlüs-

se auf eine Myokardbeteiligung erlaubt, ist für die Diagnose die Myokardhistologie entscheidend; 3–5 Proben werden für eine aussagekräftige Untersuchung benötigt. Ein zelluläres Infiltrat und Einzelzellnekrosen sind charakteristisch; weitere immunologische und virologische Untersuchungen geben größere diagnostische Sicherheit. Da histologisch gesicherte Myokarditiden bei einem Teil der Patienten in Bezug auf klinische und hämodynamische Befunde wie eine dilatative Kardiomyopathie verlaufen, sollte eine vollständige Diagnostik angestrebt werden. Daher ist eine Myokardbiopsie immer dann indiziert, wenn aufgrund der genannten klinischen Befunde der Verdacht auf Myokardbeteiligung bei viralem Infekt besteht. Ist sie positiv, so sind Bettruhe und eine gezielte kardiale Therapie indiziert — wobei eine immunsuppressive Therapie derzeit nur im Rahmen kontrollierter klinischer Studien empfohlen werden kann.

Berücksichtigt man die große Zahl banaler Infektionen und setzt sie in Beziehung zur relativ geringen Zahl der Myokarditiden, so wird man, falls sich nicht aus körperlicher Untersuchung und Ekg-Befund spezifische Hinweise ergeben, mit weiterer kardialer Diagnostik und Therapie zurückhaltend sein. Unabhängig von dem Auftreten einer Myokarditis scheint es jedoch, daß körperliche Belastungen in der Phase des akuten viralen Organbefalls die Virusreplikation eher vermehren und den Heilungsprozeß hinauszögern. Insofern mag eine mehrtägige Ruhephase, eine Einschränkung der körperlichen Aktivität durch Bettruhe, bei akuten Virusinfektionen unabhängig vom Verdacht auf die seltene Herzbeteiligung hilfreich sein.

E. Fleck und V. Regitz, Berlin

Kleiner Fuchsbandwurm

Frage: Endemiegebiete des Fuchsbandwurms? Wie groß ist die Gefahr? Kann man Waldbeeren roh essen? Können Kinder sich an Tieren (Maus, Vogel), die sie finden und berühren, infizieren? Kann man impfen?

Als Endemiegebiete des Kleinen Fuchsbandwurms (Echinococcus multilocularis) gelten das Gebiet zwischen dem Bodensee und dem Schwarzwald (Schwerpunkt: Schwäbische Alb), Teile von Nordrhein-Westfalen, Tirol, Kärnten und die Nordostschweiz (1, 2).
Der natürliche Endwirt des Kleinen Fuchsbandwurms ist der Rotfuchs, in Endemiegebieten auch Hunde und Katzen (3). Auf der Schwäbischen Alb beträgt die Echinococcus-Befallsrate der Füchse etwa 15% (4). Die Endwirte scheiden die Eier des Fuchsbandwurms mit dem Kot aus, so daß z. B. Waldfrüchte (Beeren, Pilze) kontaminiert sein und für den Menschen zur Infektionsquelle werden können. Deswegen verbietet sich der Genuß roher Waldbeeren in Endemiegebieten.
Natürliche Zwischenwirte sind kleine Nagetiere, vor allem Feldmäuse, die im Bereich der Schwäbischen Alb zu 0,5% echinococcusbefallen sind (4). Der Mensch ist als Fehlzwischenwirt anzusehen. Im Darm des Zwischenwirtes schlüpfen Larven (= Finnen) aus den Bandwurmeiern; diese Finnen (Echinococcus alveolaris) verursachen in der Leber das Krankheitsbild der alveolären Echinokokkose (Alveokokkose).

Neben dem Verzehr roher Waldfrüchte kommen 2 weitere Infektionsquellen für den Menschen in Betracht: einmal der Umgang mit Füchsen (Jäger, Tierärzte) (2); zum anderen enger Kontakt mit infizierten Hunden und Katzen (nicht aber Mäusen oder Vögeln), bei denen sich bei hoher Wurmbürde Echinococcus-Eier oder -Proglottiden im Fell, vor allem der Analgegend, finden lassen (4).

Ein Impfstoff existiert nicht; für die Prophylaxe stehen hygienische Maßnahmen im Vordergrund.

Literatur

1. BÄHR, R. u. L. KOSLOWSKI: Echinokokkose. Dt. med. Wschr. **102,** 1098–1101 (1977).
2. Bundesgesundheitsamt: Merkblatt Nr. 52: Echinokokkose. Bundesgesundhbl. **28,** 179–182 (1985).
3. HAGEDORN, H. J.: Zystische Echinokokkose. Dt. Ärztebl. **79,** 40–42 (1982).
4. KIMMIG, P. u. A. MÜHLING: Erhöhte Gefährdung durch E. multilocularis für Menschen im Endemiegebiet »Schwäbische Alb«? Zbl. Bakt. Hyg., I. Abt. Orig. B **181,** 184–196 (1985).

J. E. Hoppe, Tübingen

*Pfeiffer*sches Drüsenfieber

Frage: Welchen Stellenwert haben Antikörper-Titer-Kontrollen bei Mononukleose gegenüber dem Differentialblutbild und der Klinik? Hat die Adenotomie bzw. Tonsillektomie in der Therapie überhaupt einen Sinn? Nach eigenen Beobachtungen stehen die erhöhten Titer oft in keiner Relation zum Verlauf; die vergrößerten Tonsillen bilden sich zurück.

Eine Kontrolle der Antikörper im Verlauf des *Pfeiffer*schen Drüsenfiebers ist in der Regel unnötig. Mit der eigentlichen Krankheit, besonders der gelegentlich beobachteten, sehr langwierigen Rekonvaleszenz, korrelieren weder die Titer der heterophilen Antikörper *(Paul-Bunnell*-Test, Grundlage der derzeit angebotenen Schnelltests), noch die *Epstein-Barr*-Virus-spezifischen Serumantikörper.

Lediglich zur Überwachung der selten, meist nur bei Immundefekten, auftretenden chronischen *Epstein-Barr*-Virus-Infektionen sind Titerverlaufskontrollen spezifischer Antikörper sinnvoll, z. B. Antikörper der einzelnen Immunglobulinklassen gegen das Virus-Capsid-Antigen oder gegen frühe Antigene. Die Interpretation solcher Antikörperspiegel bedarf aber der Expertise eines speziell virologisch orientierten Laborarztes.

Aus kinderärztlicher Sicht ist im Akutstadium der *Epstein-Barr*-Virus-Infektion eine Tonsillektomie äußerst selten, eine Adenotomie praktisch nie indiziert. Lediglich eine an der Beeinträchtigung des Gasaustausches meßbare Atmungsbehinderung sollte zu solchen Maßnahmen greifen lassen; die postinfektiöse Größe der Rachen- und Gaumenmandeln entspricht in der Regel der präinfektiösen.

J. Forster, Freiburg/Br.

Endokrinologie, Stoffwechsel

Hormone im Klimakterium

Frage: Welche Basisdiagnostik ist als Entscheidungshilfe beim Einsatz von Hormonen im Klimakterium (Prä-, Post-Klimakterium) neben dem klinischen Erscheinungsbild indiziert? Dies auch unter Berücksichtigung der individuellen Situation im Hinblick auf eine evtl. Osteoporose. Welche Hormonbestimmungen im Serum sind sinnvoll?

Üblicherweise ist es nicht erforderlich, die Diagnose »Klimakterium« durch Hormonbefunde zu erhärten. Die Anhaltspunkte Alter um oder über 50, Blutungsstörungen oder Amenorrhoe (Menopause) und typische klimakterische Beschwerden wie aufsteigende Hitze, Schwitzen, ferner Schlaflosigkeit, Nervosität, depressive Verstimmung, reichen sicher aus, um die Diagnose zu ermöglichen. Manchmal ist es erforderlich, Schilddrüsenstörungen auszuschließen. Fehlt der Uterus und kann also das Symptom Blutung nicht mit einbezogen werden, so kann es erforderlich werden, Hormonbestimmungen vorzunehmen, um festzustellen, ob die Menopause wirklich eingetreten ist. Auch machen wir Hormonbestimmungen gelegentlich, um festzustellen, ob die Patientin noch die Pille nehmen muß und ob tatsächlich ein Klimakterium praecox (bei Frauen unter 45 Jahren) vorliegt.

Liegen die Östradiolwerte unter 20 pg/ml im Plasma, so kann man mit Sicherheit davon ausgehen, daß Wechseljahre vorliegen. Ich lasse meist gleichzeitig FSH bestimmen. Liegen die Werte über 50 IE/l, so befindet sich die Patientin sicher in der Menopause. Bei den angegebenen niedrigen Östrogenwerten unter 20 pg/ml für Östradiol und unter 40 pg/ml für Östron, besteht die Gefahr der Osteoporosebildung und eine Östrogensubstitution ist angezeigt. Die Werte sollen, um präventiv wirksam zu sein, mindestens 60 pg Östradiol/ml Serum betragen.

C. Lauritzen, Ulm

Infertilität bei Fernsehtechnikern

Frage: Gibt es Berichte über Infertilität bei Fernsehtechnikern, hervorgerufen durch Arbeiten am sog. offenen Käfig (Hochspannungsteil der Fernsehgeräte mit harter Röntgenstrahlung)?

Harte Röntgenstrahlung ($\geq$100 kV) tritt mit Sicherheit nicht an Fernsehgeräten auf, denn die Beschleunigungsspannung für solche Geräte liegt bei 20–28 kV. Die am Bildschirm und der Schaltröhre auftretende, weiche Röntgenstrahlung wird durch konstruktive Maßnahmen des Herstellers effektiv abgeschirmt. Bei unsachgemäßem Umgang können allerdings insbesondere die Hände von Fernsehtechnikern durch weiche Röntgenstrahlen belastet werden. Zusätzliche Abschirmungsmaßnahmen gegen Hochfrequenzstörungen durch einen sog. *Faraday*-Käfig haben in diesem Zusammenhang eine untergeordnete Bedeutung für eine Strahlenbelastung.

Die Ergebnisse von epidemiologischen Untersuchungen und Bewertungen über den reproduktionstoxikologischen Einfluß von Fernseh- und Videogeräten wurden kürzlich zusammengefaßt: *Blackwell, R.* u. *A. Chang:* Video Display Terminals and Pregnancy. Br. J. Obstet. Gynaecol. **95(5)**, 446–453 (1988).

Die Autoren kommen zu dem Schluß, daß aus den über 20 hier referierten wissenschaftlichen Arbeiten bislang kein statistisch gesicherter Hinweis zu entnehmen war, der für einen kausalen Zusammenhang zwischen Fertilitätsstörungen und Videotechnik spricht.
Demnach gibt es gegenwärtig keine Hinweise auf Infertilität bei Fernsehtechnikern, hervorgerufen durch Arbeiten an Fernsehgeräten.

M. Bornhausen, Neuherberg

Jodprophylaxe

1. Frage: Ist die Gabe von Thyrojod-depot-Tabletten einmal wöchentlich für die Strumaprophylaxe bei Kleinkindern der täglichen Substitution ebenbürtig?

Nach den bisherigen Erfahrungen bei Erwachsenen ist die Jodaufnahme durch die Schilddrüse bei einer einmaligen wöchentlichen Gabe von Thyrojod Depot oder der täglichen Applikation von 200 µg Jodid etwa vergleichbar. Eine einmalige prophylaktisch verabreichte wöchentliche Jodmenge von 1,53 mg Jodid führt bei so behandelten Kindern zu kleineren Schilddrüsenvolumina als bei solchen, die keine derartige Prophylaxe bekamen. Bei Kleinkindern sind mir keine Untersuchungen bekannt, die einem Vergleich täglicher gegenüber wöchentlicher prophylaktischer Applikation von Jodid dienten.

2. Frage: Sind bei der Jodprophylaxe bei Kleinkindern irgendwelche Labor- oder szintigraphische Untersuchungen erforderlich?

Bei der Jodprophylaxe eines gesunden Kleinkindes sind keine Labor- oder szintigraphischen Untersuchungen notwendig.

3. Frage: Welche Untersuchungen sind bei der diffusen Struma des Kleinkindes unbedingt erforderlich?

Bei der Struma diffusa des Kleinkindes sind solche Untersuchungen unbedingt erforderlich, die eine Euthyreose des Kindes bestätigen. Ausgeschlossen werden müssen also Hyper- und Hypothyreose durch Thyroxin- und TSH-Bestimmung, im Zweifelsfall auch durch den TRH-Test. Jedes Kind mit einer Struma bedarf einer einmaligen Antikörperbestimmung gegen Thyreoglobulin und mikrosomales Antigen der Schilddrüse, um eine *Hashimoto*-Thyreoiditis auszuschließen, deren Therapie nicht mit Jodid erfolgen sollte, wie es dagegen für die am häufigsten vorkommende endemische Jodmangelstruma die Regel ist.

P. Stubbe, Göttingen

Risikofaktor: Hyperurikämie

Frage: In der deutschsprachigen Literatur wird Hyperurikämie als Risikofaktor für eine koronare Herzkrankheit angegeben. Ist dem so? Ist es sinnvoll, eine asymptomatische Hyperurikämie bei bestehender koronarer Herzkrankheit (KHK) mit Allopurinol zu behandeln, und ab welchen Werten?

Die Ansicht, in der deutschsprachigen Literatur werde Hyperurikämie als Risikofaktor für eine KHK angegeben, ist in dieser pauschalen Formulierung nicht richtig. Hyperurikämie kann zwar als ein von Übergewicht unabhängiger Indikator von kardio-vaskulärer Krankheit angesehen werden, eine direkte atherogene Wirkung der Harnsäure ist jedoch nicht bewiesen.

Immer wieder ergeben sich kontroverse Meinungen zu der Frage, ob die mit Hyperurikämie und Gicht einhergehende Zunahme der kardio-vaskulären Morbidität Folge der dabei in der Regel vorhandenen Fettsucht ist oder nicht.

Trotz der bekannten Assoziation zwischen Gicht oder Hyperurikämie einerseits und Atherosklerose oder Bluthochdruck andererseits, wird Hyperurikämie allgemein nicht als Risikofaktor für Atherosklerose angesehen aufgrund der Vermutung, daß Fettsucht ihr gemeinsamer Nenner sei.

Atherosklerose und Bluthochdruck können bei hyperurikämischen Personen nicht einfach als Folgen von Übergewicht angesehen werden. Häufig ist Hyperurikämie mit anderen kardio-vaskulären Risikofaktoren vergesellschaftet und kann daher als Hinweis auf weitere Stoffwechselstörungen gelten (3).

Beispielsweise fand sich in der Framingham-Herz-Studie (1) nach 26jähriger Beobachtungszeit, bei Frauen deutlicher als bei Männern, ein enger Zusammenhang zwischen Serumharnsäurewert einerseits, systolischem und diastolischem Blutdruck

sowie Myokardinfarkt (auch bei behandelter arterieller Blutdruckerhöhung bei beiden Geschlechtern) andererseits.
Der Serumharnsäurespiegel zeigte jedoch als unabhängige Größe, d. h. bei Berücksichtigung von Alter, systolischem Blutdruck, Körpergewicht, Rauchgewohnheiten und Serumcholesterin-Wert, keine Korrelation mehr mit einer erhöhten Inzidenz koronarer Ereignisse. Daraus kann man also nicht die Aussage ableiten, Hyperurikämie stelle einen direkten Risikofaktor dar. Vielmehr kann man nur von einem Risikoindikator sprechen (2). Übrigens läßt sich in atheromatösen Plaques mittels Infrarotspektroskopie keine Harnsäure nachweisen.

Auf diese Zusammenhänge hat der Beantworter dieser Frage in seiner in 5. Auflage erschienenen Monographie (2) ausführlich hingewiesen.

Aufgrund dieser Gegebenheiten ist es bei Beantwortung der Frage, ob eine asymptomatische Hyperurikämie einer zusätzlichen medikamentösen Behandlung neben einer diätetischen bedarf, völlig belanglos, ob bereits eine koronare Herzkrankheit besteht oder nicht.

Medikamentös behandlungsbedürftig wird eine Hyperurikämie:

1. wenn sich klinische Zeichen einer Manifestation der Gicht kundtun, im allgemeinen bei Auftreten des 1. Gichtanfalles;

2. bei frühzeitiger Nierenbeteiligung oder Gefahr einer Nierenschädigung entweder im Sinne eines akuten Nierenversagens oder einer chronischen Nierenschädigung;

3. wenn die Serumharnsäurekonzentration trotz Ausschöpfung aller gebotenen diätetischen Maßnahmen durch Verordnung einer sog. »vernünftigen Diät« oder mangelnder Zusammenarbeit der Patienten mit dem behandelnden Arzt bei enzymatischer Bestimmung ständig über 8 mg/dl liegt.

Literatur

1. BRAND, F. N. u. Mitarb.: Hyperuricemia as a risk factor of coronary heart disease: The Framingham Study. Am. J. Epidem. **121,** 11 (1985).
2. MERTZ, D. P.: Gicht. Störungen des Purin- und Pyrimidinstoffwechsels. Grundlagen, Klinik und Therapie. 5. Aufl. Thieme, Stuttgart-New York 1987.
3. van PEENEN, H. J.: The causes of nonazotemic hyperuricemia. Am. J. clin. Path. **55,** 698 (1971).

D. P. Mertz, Horn-Bad Meinberg

Diabetes Typ I oder Typ II?

Frage: Patient J. R., männlich, 28 Jahre, 187 cm, Gewicht 66 kg. Seit dem 11. Lebensjahr Diabetes mellitus, 2mal wegen Komas mit Blutzuckerwerten bis 450 mg% stationäre Behandlung und Einstellung auf Insulin. In der Folgezeit auswärts aus nicht näher bekannten Gründen umgestellt auf Sulfonyl Harnstoff Präparate. Unter dieser Therapie Normalisierung der vorher unter Insulin-Behandlung stark schwankenden und vorwiegend erhöhten Zuckerwerte.
Hier bei Erstuntersuchung unter Glutril 2mal ½ Tabl. tägl. Blutzuckertagesrelief 60, 62, 95 mg%. Nach Absetzen des Glutrils allmählicher Anstieg der Zuckerwerte nach 4 Wochen auf 166, 192, 217 mg%. HBA1 5,5. Jetzt unter fortlaufender Behandlung mit Glutril ½ Tabl. tägl. normale Werte, zuletzt 90, 75, 95 mg%. Ergänzend durchgeführte Untersuchungen über den Laborarzt auf Antikörper gegen Insuline vom Schwein, Rind, Humaninsuline negativ. C-Peptid mit 3,9 mg/ml (normal 1,1 bis 3,6) und Insulin im Serum mit 22 uE/ml (normal 5,0—30,0) im Normbereich.
Frage: Trotz des zu erwartenden Typ I-Diabetes spricht der Blutzucker offensichtlich nur auf Sulfonyl-Harnstoffe an. Nach den Normalwerten für C-Peptid und Insulin im Serum dürfte eigentlich kein Diabetes vorliegen. Eine einfache Regulationsstörung des Blutzuckers scheint unwahrscheinlich, da der Patient in den ersten Jahren mehrfach komatös war.

Der Verlauf des Diabetes mellitus bei dem Patienten zeigt, daß die Zuordnung von Patienten zu einem bestimmten Diabetestyp nur nach dem Manifestationsalter nicht immer zur richtigen Diagnose führt.

Bei dem Patienten liegt sehr wahrscheinlich kein Typ I-Diabetes vor. Die gut erhaltene Insulinrestsekretion und damit verbunden das gute Ansprechen auf Sulfonylharnstoffe sprechen eindeutig gegen einen Typ I-Diabetes. Auch eine langanhaltende Remissionsphase nach Manifestation eines Diabetes mellitus Typ I im Kindesalter endet allerspätestens im 4.—7. Jahr der Diabetesdauer und hält in keinem Fall über 10 Jahre an. Vielmehr ist bei dem Patienten ein Typ II-Diabetes mit Manifestation im kindlichen Alter anzunehmen. Der Typ II-Diabetes ist eben nicht streng altersgebunden und kann, wenn auch sehr selten, bereits im Wachstumsalter auftreten. Bietet die Familienanamnese Hinweise für einen autosomal dominanten Erbgang des Typ II-Diabetes, wäre ein sog. MODY-Diabetes (Maturity-Onset-Diabetes in the Youth) anzunehmen. Dies hätte aber, wenn überhaupt, nur für die eugenische Beratung eine Bedeutung.

Differentialdiagnostisch muß auch an ein Insulinom gedacht werden, das, wenn auch selten, bei Patienten mit Typ I-Diabetes auftritt. Gegen diese Diagnose sprechen aber Verlauf und Befunde, so wie sie in dem Leserbrief wiedergegeben werden.

Bei den aktuellen Daten und Befunden des Patienten fällt auf, daß die Blutglukosewerte eher niedrig sind und daß der Patient deutlich untergewichtig ist (66 kg bei 187 cm). Wurde die sehr gute Blutglukoseeinstellung durch eine unterkalorische Ernährung erkauft, sollte, bzw. wenn die Leistungsfähigkeit eingeschränkt ist, muß auf eine Gewichtszunahme durch entsprechend veränderte Diät hingearbeitet werden.

M. Dreyer, Hamburg

Kombinationstherapie bei Typ II-Diabetikern

Frage: Welche Wertigkeit hat die Kombinationstherapie bei Diabetes mellitus »Typ II«?

Bei Typ II-Diabetikern mit sog. Sekundärversagen der Sulfonylharnstoffe besteht nahezu regelhaft Insulinbedürftigkeit. Nur bei wenigen Patienten kann bei Zugabe von Metformin eine Stoffwechselverbesserung in dieser Situation erreicht werden. Die Kombinationstherapie Insulin/Sulfonylharnstoff ist damit die Therapiealternative zur Insulinmonotherapie bei Sekundärversagern.

Bei der praktischen Durchführung ist folgendes Vorgehen zu fordern:

1. Fortführung der bestehenden Glibenclamidtherapie mit 3 oder 2 Tabletten (Verteilung 2−0−1 oder 1−0−1).
2. Verabreichung eines intermediär wirkenden humanen Mischinsulins (Normalanteil 20−30%) 45 Minuten vor dem Frühstück.
3. Beginn mit Insulindosen von 4−6 Einheiten; Steigerung nach 3−5 Tagen um 2−4 Einheiten, wenn sich kein Trend zur Stoffwechselverbesserung einstellt.

Damit ist bei einem Großteil (70−90%) der Sekundärversager das individuell zu definierende Therapieziel zu erreichen.

Mit diesem Vorgehen wird zum einen die physiologische, endogene Insulinfreisetzung sowie deren Unterstützung durch den Sulfonylharnstoff erhalten. Zum anderen wird die periphere Wirkung des Sulfonylharnstoffs ausgenützt (Insulinsensitivität der Erfolgsorgane wird erhöht) und zum dritten wird die Gefahr der therapeutisch-bedingten Hyperinsulinämie durch möglichst niedrige Insulindosen vermindert. Hyperinsulinämie hemmt sowohl die Insulineigenproduktion wie die Insulinwirkung in der Peripherie und gilt darüber hinaus als Risikofaktor für die Makroangiopathie. Komplikationen der Makroangiopathie sind die häufigsten Folgeerkrankungen bei Typ II-Diabetes.

Durch zusätzliche Gabe eines Sulfonylharnstoff-Präparates zu einer bestehenden, meist hochdosierten Insulintherapie oder die abendliche Verabreichung eines Sulfonylharnstoffs bei alleiniger morgendlicher Insulingabe als Ersatz für eine 2. abendliche Insulininjektion ist nicht als Kombinationstherapie in unserem Sinne zu verstehen. Beide Male wird eine Hyperinsulinämie mit allen Nachteilen und Gefährdungen des Patienten erzeugt. Eine abendliche Tablettengabe kann eine notwendige Insulinbehandlung nicht ersetzen. Ein solches Vorgehen gefährdet den Patienten mehr als daß es ihm nützen könnte.

Bei individueller Therapiezielsetzung und dem oben beschriebenen Vorgehen mit möglichst wenig exogenem Insulin ist die Kombinationstherapie heute die Methode der ersten Wahl bei Sekundärversagern. Für Patienten, die mit diesem Vorgehen nicht befriedigend gut einstellbar sind, entstehen keine Nachteile. Durch Weglassen des Sulfonylharnstoffs und Einführung einer 2. abendlichen Insulininjektion (Dosis zu Beginn 6−8 Einheiten) kann nahtlos auf eine Insulinmonotherapie übergegangen werden. Diese Entscheidung stellt sich häufig dann, wenn die morgendliche Insulindosis auf 20−30 Einheiten angestiegen ist.

Für Ärzte, die einerseits mit Diabetes und Insulinbehandlung umzugehen gelernt haben und andererseits ihren Patienten eine eingehende Schulung vermitteln können, ist die Kombinationstherapie eine risikoarme Möglichkeit der ambulanten Insulinbehandlung. Gerade die Forderung nach frühzeitiger Insulinbehandlung und langsamer Dosissteigerung kann damit unter ambulanten Bedingungen gut erfüllt werden.

W. Bachmann, Kronach

Cholesterinsynthese

Frage: Welchen Einfluß hat die relativ sehr hohe endogene Cholesterinsynthese im Vergleich zur geringen exogenen Zufuhr auf Blutspiegel? Was geschieht aus den Proteinanteilen der Lipoproteine? Was ist dran an den »Eiweißspeicherkrankheiten« nach Lothar Wendt?

Die Cholesterinsynthese im Körper des gesunden Menschen liegt bei etwa 1 g/d. Diese Synthese erfolgt überwiegend in der Leber und im Darm. Mit der üblichen Nahrung werden etwa 500 mg Cholesterin aufgenommen, wovon etwa 40%, also etwa 200 mg, resorbiert werden.

Obwohl die exogene Cholesterinzufuhr im Vergleich zur endogenen Synthese relativ gering erscheint, hat Nahrungscholesterin auf die Cholesterinkonzentration im Plasma einen Einfluß. Nach heutiger Auffassung erfolgt dieser Einfluß über die Aktivität des LDL-Rezeptors, der LDL und darin enthaltenes Cholesterin aus dem Plasma in die Zellen, z. B. Hepatozyten, aufnimmt. Die Aktivität dieses LDL-Rezeptors und auch die Synthese von Cholesterin in der Zelle werden durch die Aufnahme von exogenem Cholesterin reguliert, so daß bei einer cholesterinreicheren Nahrung sowohl die Cholesterin-Eigensynthese als auch die Aufnahme von LDL-Partikeln aus dem Plasma in die Zelle vermindert wird. Dies führt zu einer langsameren Elimination von LDL-Cholesterin aus dem Plasma und zu einem Anstieg des LDL-Cholesterins.

Die Aktivität des LDL-Rezeptors kann genetisch bedingt von Mensch zu Mensch unterschiedlich sein, und sie nimmt im Lauf des Lebens ab. Dies ist die Ursache, daß bei gleicher Ernährung verschiedene Menschen unterschiedliche Cholesterinwerte haben und auf die gleiche Cholesterinzufuhr unterschiedlich reagieren können. Weiterhin führt die Abnahme der Aktivität des LDL-Rezeptors im Alter zu einem kontinuierlichen Anstieg der Serum-Cholesterinkonzentration.

Der Einfluß der Cholesterinzufuhr mit der Nahrung auf die Serum-Cholesterinkonzentration ist im Vergleich zum Einfluß von gesättigtem Nahrungsfett gering. Palmitinsäure in Nahrungstriglyzeriden hebt das Serum-Cholesterin wesentlich stärker an als Nahrungscholesterin.

Der Proteinanteil der Lipoproteine besteht aus verschiedenen Apolipoproteinen, die spezifische Funktionen als Strukturbestandteile der Lipoproteine, als Aktivatoren und Hemmstoffe von Enzymen haben und zur Erkennung der Lipoproteine durch spezifische Rezeptoren an der Oberfläche der Zellen dienen. Apolipoprotein B 100 wird zum Beispiel in Hepatozyten gebildet und als Bestandteil der VLDL in das Blut abgegeben. Nach Abspaltung der Triglyzeride durch die Lipoproteinlipase entstehen LDL-Partikel, die über den LDL-Rezeptor zum Beispiel wieder in die Leberzelle aufgenommen werden können. Dort wird Apo B abgebaut, und die Aminosäuren gehen in den Zellstoffwechsel ein. Diese Vorgänge wurden von den Nobel-Preisträgern *Goldstein* und *Brown* sehr sorgfältig und überzeugend experimentell bewiesen.

Für die »Eiweißspeicherkrankheiten« nach *Lothar Wendt* gibt es keine theoretisch überzeugenden Argumente, geschweige denn stichhaltige experimentelle Befunde.

G. Wolfram, Freising

Vegetarische Kost — Cholesterinspiegelerhöhung

Frage: Kann Streß oder eine vegetarische Kost zu einer Erhöhung des Cholesterinspiegels führen? Bei 2 Patienten stieg der Cholesterinwert bei fleischloser Ernährung von 300 auf 500 mg/dl.

Vegetarische Ernährung führt sicher nicht zum Anstieg des Serumcholesterins. Bei den von uns untersuchten männlichen Vegetariern lagen 71% unter dem Risikowert von 200 mg%. Ob es möglicherweise akut bei Kostwechsel zu einem vorübergehenden Anstieg des Serumcholesterins kommen könnte, weiß ich nicht, möchte es aber stark bezweifeln. Laborfehler scheinen mir eher eine Erklärung dafür zu sein.

Ob Streß zu Hypercholesterinämie führen kann, ist bis heute wissenschaftlich umstritten. Die besseren Argumente haben die Gegner dieser Theorie. Beim einzelnen Patienten wird man es aber nicht ganz ausschließen können.

H. Rottka, Berlin

Cholesterinbestimmung

Frage: Nach den Daten der Framingham-Studie ist bei über 50jährigen ein Einfluß des Cholesterins auf die Gesamtsterblichkeit nicht mehr wahrscheinlich zu machen (Therapiewoche 38, 752, 1988).
Sollte man daher bei über 50jährigen oder bei über 60jährigen generell auf eine Cholesterinbestimmung verzichten? Sollte man dann auch eine Therapie, medikamentös und/oder diätetisch, unterlassen?

Die zitierte Auswertung der *Framingham*-Studie von 1987 (2) ist zwar richtig; gegen die Schlußfolgerung, im höheren Alter auf Diagnose und Therapie einer Hypercholesterinämie zu verzichten, sprechen jedoch verschiedene Gesichtspunkte:

Eine 1988 veröffentlichte Zusammenstellung der *Framingham*-Daten (1) zeigte, daß bei zusätzlichem Vorliegen einer erniedrigten HDL-Fraktion (<36 mg/dl bei Männern und 46 mg/dl bei Frauen) ein vermehrtes Auftreten koronarer Herzerkrankungen nachzuweisen ist. Des weiteren ergab die retrospektive Untersuchung der LRC-CPPT-Studie (3) auch bei Patienten höheren Alters, d. h. bei 50—64jährigen sowie bei 65—75jährigen Patienten, eine deutliche Korrelation zwischen erhöhtem Gesamtcholesterin und kardiovaskulärer Letalität sowohl bei Männern als auch bei Frauen. Im Unterschied zur *Framingham*-Studie waren potenzierende Faktoren wie arterielle Hypertonie oder Zigarettenkonsum in diesem Kollektiv wesentlich häufiger festzustellen und kamen somit stärker zum Tragen.

Groß angelegte Interventionsstudien an Patienten jüngeren Alters ergaben, daß durch eine Reduktion des Cholesterinspiegels um 2% die Wahrscheinlichkeit, an einer koronaren Herzerkrankung zu sterben, um 1% abnimmt. In der Cholesterol-Lowering-Arteriosclerosis-Studie (4) konnte bei 40—59jährigen bei einer Senkung des Gesamtcholesterins um 26% innerhalb von 2 Jahren eine Verminderung der Progression von Koronarläsionen bei 36% der Patienten und eine Regression bei 16,2% der gemessenen Stenosierungen dokumentiert werden.

Aufgrund des in den genannten Studien auch bei älteren Patienten nachweisbaren Zusammenhanges zwischen Fettstoffwechselstörung und Entstehung oder Progression einer koronaren Herzerkrankung wird man, obwohl entsprechende Interventionsstudien nicht vorliegen, davon ausgehen können, daß bei älteren Patienten eine Beeinflussung von Cholesterin auf die Gesamtsterblichkeit im gleichen Maße wie bei jüngeren Patienten gegeben ist, zumindest gibt es kein Gegenargument.

Bis entsprechende Studien verfügbar sind, sollte man sich den Empfehlungen der European-Arteriosclerosis-Society (6) sowie der Consensus-Konferenz (5) anschließen und auch bei über 60jährigen eine Reduktion des Gesamtcholesterins empfehlen, wenn Werte über 240 mg/dl, aber keine zusätzlichen kardiovaskulären Risikofaktoren vorliegen, bzw., wenn die Werte über 200 mg/dl liegen und Risikofaktoren bestehen und/oder eine koronare Herzerkrankung bereits manifest ist.

Literatur

1. ABBOTT, R. D. u. Mitarb.: HDL-Cholesterol, Total Cholesterol Screening, and Myocardial Infarction. Arteriosclerosis **8**, 207–211 (1988).
2. ANDERSON, K. M. u. Mitarb.: Cholesterol and Mortality. J. Am. med. Ass. **257**, 2176–2180 (1987).
3. BARRETT-CONNOR, E. u. Mitarb.: Ischemic Heart Disease Risk Factors after Age 50. J. chron. Dis. **37**, 903–908 (1984).
4. BLANKENHORN, D. H. u. Mitarb.: Beneficial Effects of Combined Colestipol-Niacin Therapy on Coronary Artheriosclerosis and Coronary Venous Bypass Grafts. J. Am. med. Ass. **257**, 3233–3240 (1987).
5. Cholesterol Adult Treatment Panel Report. Archs intern. Med. **148**, 36–69 (1988).
6. European Artheriosclerosis Society: The Recognition and Management of Hyperlipidaemia in Adults. Eur. Heart J. **9**, 571–600 (1988).

W. Rudolph, München

Obwohl die Arteriosklerose ein multifaktorielles Geschehen darstellt, scheint erwiesen, daß das Cholesterin, besonders die LDL-Fraktion, eine Schlüsselrolle bei der Entstehung dieser Erkrankung spielt. In vielen Untersuchungen konnte eine Korrelation zwischen dem Cholesterinwert und der Inzidenz und Morbidität der koronaren Herzerkrankung gezeigt werden (3). Als Grenzwert für Cholesterin als Risikofaktor der koronaren Herzerkrankung werden z. Zt. 200 mg/dl angenommen (2).

Auch in der *Framingham*-Studie ergibt sich ein direkter Zusammenhang zwischen Cholesterinwert und KHK-Sterblichkeit bei unter 50jährigen (1). Bei der Gruppe der über 50jährigen war diese Korrelation nicht mehr nachweisbar. Dies mag z. T. daran liegen, daß niedrige oder fallende Cholesterinwerte durch andere schwerwiegende Erkrankungen bedingt sind, was die Mortalität der Gruppe mit niedrigem Cholesterin erhöhen würde. In mehreren anderen Studien wurde jedoch auch für über 50jährige ein Zusammenhang zwischen Lipoproteinfraktionen und KHK-Morbidität und -Mortalität beobachtet (2). Zur Erfassung des Risikoprofils bei Verdacht auf koronare Herzerkrankung sollte daher auch bei über 50–60jährigen auf eine Bestimmung des Gesamtcholesterins und evtl. der HDL- und LDL-Fraktionen nicht verzichtet werden.

Unstrittig ist, daß bei Patienten mit bestehender koronarer Herzerkrankung eine diätetische bzw. medikamentöse Therapie bei Cholesterinwerten über 240 mg/dl einzuleiten ist. Der anzustrebende Wert zur Verhinderung der Progression der Arteriosklerose beträgt 180–200 mg/dl, wobei sich dieser Wert im höheren Lebensalter wohl nach oben verschiebt.

Bei über 60jährigen ohne Hinweis auf eine Arteriosklerose und ohne weitere Risikofaktoren erscheint eine Cholesterinbestimmung nicht sinnvoll. Bei diesem Personenkreis folgt, auch bei etwaigen erhöhten Werten, keine therapeutische Konsequenz. Falls sich bis zu diesem Lebensalter noch keine manifeste arteriosklerotische Erkrankung gezeigt hat, erscheint die Behandlung eines einzelnen Risikofaktors wenig sinnvoll. Eine Senkung der Morbidität oder Mortalität durch diätetische oder medikamentöse Cholesterinsenkung konnte für dieses Kollektiv noch in keiner Studie nachgewiesen werden, so daß hier keine rationale Therapiebasis besteht.

Daraus ergibt sich, daß auf eine Cholesterinbestimmung bei über 60jährigen ohne Verdacht auf eine Arteriosklerose wegen der fehlenden therapeutischen Konsequenzen verzichtet werden kann. Diese Untersuchung sollte nur bei dem Verdacht auf koronare Herzerkrankung und/oder dem Vorliegen weiterer Risikofaktoren durchgeführt werden.

Literatur

1. ANDERSON, V. M. u. Mitarb.: Cholesterol and mortality: 30 years of follow up from the Framingham Study. J. Am. med. Ass. **257**, 2176–2180 (1987).
2. MARTIN, M. J. u. Mitarb.: Serum cholesterol, blood pressure an mortality: Implication from a cohort of 361 660 men. Lancet **1986/I**, 933–936.
3. WITZUM, L. J.: Current approaches to drug therapy for the hypercholesterolemic patient. Circulation **80**, 1101–1114 (1989).

K. L. Neuhaus, Kassel

Blutfettwerte

Frage: Was rate ich einem 40jährigen normal gewichtigen Patienten mit folgenden Blutfettwerten: Cholesterin 183; HDL-Cholesterin 25 (!), LDL-Cholesterin 130; Triglyzeride 163. Der Patient lebt cholesterinarm.

Der Patient liegt mit seinem HDL-Cholesterin im Bereich der 5. Perzentile der deutschen Bevölkerung. Ursache für derartig niedrige HDL-Werte können sein: Hypertriglyzeridämien, Rauchen, Übergewicht, körperliche Inaktivität. Außerdem kommen niedrige HDL-Spiegel bei folgenden primären Erkrankungen vor: Tangierkrankheit, LCAT-Mangel, Fischaugenkrankheit und bei verschiedenen Apoproteinsynthesedefekten (insbesondere Apoprotein A-I).

Zunächst sollten natürlich Ursachen für eine sekundäre Hypoalphalipoproteinämie, wie z. B. Rauchen oder körperliche Inaktivität vermieden werden. Insbesondere sportliche Dauerleistung ist gut geeignet, die HDL-Spiegel anzuheben. Wegen des extrem ungünstigen Gesamtcholesterin/HDL-Cholesterinquotienten von mehr als 7 wäre dies durchaus sinnvoll, auch wenn der Patient wegen seines niedrigen Gesamtcholesterins, streng genommen, nicht zu den behandlungsbedürftigen Hyperlipoproteinämien gezählt wird.

Obwohl beispielsweise in der Helsinki-Herzstudie ein Teil des günstigen Effektes von Gemfibrozil durch die Steigerung des HDL-Cholesterins erklärt wird, konnte der therapeutische Effekt einer HDL-Steigerung bisher nicht bewiesen werden. Somit kommt eine medikamentöse Intervention kaum infrage. Falls die Umfelddiagnostik keinen Anhalt für eine sekundäre Hypoalphalipoproteinämie erbringt, sollte der Patient nach Untersuchungen von Familienangehörigen in einem größeren Lipidzentrum vorgestellt werden. Hier könnte ergänzend das Apoprotein A-I quantifiziert werden, außerdem könnte eine Apoprotein A-I-Mutante vorliegen. Eine heterozygote Tangierkrankheit ist demgegenüber eher unwahrscheinlich.

E. F. Stange, Ulm

Lipidsenkende Maßnahmen

Frage: Bei der Hyperlipoproteinämie Typ IIa und IIb kommt es bei Therapie mit Diät und Bezafibrat bzw. Acipimox wohl zum Anstieg der HDL-Fraktion, nicht aber zur Senkung des erhöhten Gesamtcholesterins, vereinzelt sogar zum Anstieg des Gesamtcholesterins und des LDL-Cholesterins. Soll man dann auf Lovastatin übergehen, oder nur bei Diät bleiben, wenn HDL normal (Gesamtcholesterin 300 mg/dl)?

Die Zunahme des Gesamtcholesterins unter Therapie mit Diät und Bezafibrat bzw. Acipimox ist wohl eher die Ausnahme. Sie kann aber vorkommen, wenn LDL nur wenig abgesenkt, HDL dagegen stark erhöht wird. Der vereinzelt sogar beobachtete Anstieg des LDL-Cholesterins kann bei Typ IIb und Typ IV Hyperlipoproteinämie durch vermehrten Abbau von VLDL zu LDL infolge erhöhter lipolytischen Aktivität vorkommen.

Derartige Patienten sollte man keinesfalls nur auf Diät belassen, sondern die Therapie mit einem anderen Medikament weiterführen. Dabei kommen bei der familiären kombinierten Hyperlipidämie in erster Linie andere Fibrate in Frage, z. B. Fenofibrat, Beclobrat oder Gevilon. Bei der reinen Hypercholesterinämie sind die Medikamente der 1. Wahl nicht die Fibrate, sondern Austauscherharze und HMG-CoA-Reduktasehemmer, evtl. Nikotinsäurederivate. Bei den erwähnten Patienten wäre der Wechsel auf einen HMG-CoA-Reduktasehemmer zweifelsohne angezeigt.

W. F. Riesen, St. Gallen

Adipositas

Frage: Bestimmung der Adipositas durch Messung der Dicke der subkutanen Fettschicht: Wie ist die standardisierte Meßmethode? Welches sind die Normalwerte?

Die am häufigsten angewandte anthropometrische Methodik zur Erfassung der Adipositas ist der *Broca*-Index. Die Messung des Körpergewichtes und der Körpergröße und die Berechnung der Relationen ergeben nur eine sehr ungenaue Information über den Ernährungszustand. Eine Abschätzung der Fett- bzw. Muskelmasse ist aus dem *Broca*-Index praktisch nicht möglich.

Viel genauer kann man die Fettdepots und die Muskelmasse durch die von *Blackburn* (1) angegebene Messung der subkutanen Fettschicht erfassen. Hierzu wird mit einem Präzisionsscaliper die Triceps-Hautfaltendicke (THF) sowie der Armmuskelumfang (AMU) in Oberarmmitte gemessen. Die Erfassung der subkutanen Fettschicht hat sich in den letzten Jahren zunehmend bewährt, da insbesondere Malnutritions-Zustände, z. B. beim Intensivpflegepatient oder Veränderungen der Fettdepots unter Reduktionskost relativ früh erfaßt werden können.

Literatur

1. BLACKBURN, G. L. u. Mitarb.: Nutritional and metaboloc assessment of the hospitalized patient. JPEN **1**, 11 (1977).

D. Sailer, Erlangen

Tab. 6
Standardwerte für die Triceps-Hautfaltendicke und für den Oberarmumfang in Oberarmmitte nach *Blackburn* (1)

	Referenzbereich	90%	80%	<70%
	Triceps-Hautfaltendicke (THF) in mm			
Männer	13,7–11,3	11,2–10,0	9,9– 8,8	8,8
Frauen	18,1–14,9	14,8–13,2	13,1–11,6	11,6
	Armmuskelumfang (AMU) in cm			
Männer	27,8–22,8	22,7–20,2	20,1–17,1	17,1
Frauen	25,5–20,9	20,8–18,6	18,5–16,2	16,2

Folsäuremangel

Frage: Die Firma Lederle wirbt in letzter Zeit über ihre Außenmitarbeiter vehement für die Verordnung von Lederfolat bei den Indikationen Nervosität, Reizbarkeit, Schlafstörungen, Konzentrationsschwäche. Sie behauptet, zahlreiche Studien würden einen Folsäuremangel bei einem doch recht hohen Prozentsatz der Bevölkerung, insbesondere bei alten Menschen und bei jungen Frauen mit regelmäßiger Einnahme von Ovulationshemmern, belegen. Ernährungswissenschaftler würden immer wieder auf den Folsäuremangel hinweisen. Gibt es tatsächlich wissenschaftlich einwandfrei geführte Studien, die das häufige Vorkommen eines Folsäuremangels belegen? Gibt es einen relevanten Folsäuremangel unter Ovulationshemmereinnahme? Gibt es sinnvolle Indikationen für den Einsatz von Lederfolat quasi nach dem Gießkannenprinzip, ohne vorherige Folsäureserumbestimmung? Sind Folsäureserumbestimmungen mit ausreichender Sicherheit durchführbar oder handelt es sich etwa hierbei nur um einen Werbegag?

Der Folsäurebedarf beträgt bei Säuglingen bis zu 1 Jahr 100 µg/d, ab dem 10. Lebensjahr 400 µg/d, in der Schwangerschaft das doppelte (DGE 1975). Die Körperreserve wird beim Gesunden auf 20 mg geschätzt. Bei folsäurefreier Ernährung ist mit dem Auftreten einer megaloblastären Anämie nach etwa 20 Wochen zu rechnen. Beim Menschen äußern sich Mangelerscheinungen außer der megaloblastären Anämie in einer Makrozytose von Epithelzellen, Sterilität beider Geschlechter und Hautpigmentationen. Neurologische Auswirkungen erscheinen möglich, denn im Bereich des Nervensystems soll Folsäuremangel zu allgemeiner psychischer Schwäche, Depression, Polyneuropathie führen können *(Botez, M. I. u. Mitarb. 1977 und 1979)*; jedenfalls können solche Symptome auf Folsäure unter Umständen ansprechen.

Hauptquelle für die Folsäurezufuhr sind Gemüse, Vollkornmehl und Eier. Dabei ist die Verfügbarkeit in den verschiedenen Lebensmitteln unterschiedlich (25—50%). Zubereitungsverluste treten nach langem Erhitzen, Abgießen des Kochwassers und Aufwärmen auf. Die Resorption der Folsäure, die von Dickdarmbakterien synthetisiert wird, erscheint nur sehr gering. Folsäuremangel kann alimentär verursacht werden durch Mangelernährung, Alkoholismus, Malabsorption und durch erhöhten Bedarf in der Gravidität. Bei der Beurteilung von Befund und Substitution eines Mangels ist die enge Beziehung zu Eisen und Vitamin B_{12} zu beachten. Iatrogene Ursachen können langfristige Therapie mit Folsäureantagonisten (z. B. Methotrexat, Daraprim, Trimethoprim) und die antiepileptische Therapie mit Hydamtoin sein.

Die Beurteilung des Folsäurestatus allein anhand der Serumspiegel ist problematisch, genauere Informationen liefert die Bestimmung in Erythrozyten. Als gute Versorgung gelten Werte von mehr als 4,5 ng/ml i.S., als defizitär solche von weniger als 3,5 ng/ml i.S. oder von weniger als 140 ng/ml in Erythrozyten.

Kontrazeptiva können den Serumspiegel senken, wie auch Acetylsalicylsäure. Im Alter und bei länger hospitalisierten Patienten werden erniedrigte Folsäurespiegel gefunden. Die Angaben zur Häufigkeit gehen aber weit auseinander. Entscheidend ist die reduzierte Nahrungsaufnahme. Der Status hängt weitgehend von der Funktion der intestinalen Resorption der Folsäure ab. Kriterium des symptomatischen Folsäuremangels ist immer noch die megaloblastäre Anämie, ein Vitamin B_{12}-Mangel muß ausgeschlossen sein.

Bei nachgewiesenem Folsäuremangel soll 1 mg Folsäure täglich 4 Monate lang gegeben werden. Bei Malabsorption beträgt die tägliche Dosis 5 mg. Anämien infolge langfristiger Therapie mit Folsäureantagonisten werden mit Leukoverin behandelt (6—12 mg alle 6 Std.), die Gabe von Folsäure ist wirkungslos. Bei parenteraler

Ernährung ist Folsäure intravenös zu geben. Mit Folsäure sollte zweifellos nicht nach dem »Gießkannenprinzip« therapiert werden.

P. Schollmeyer, Freiburg/Br.

Zusammenhang zwischen Vitamin A-Hypervitaminose und Leberzysten?

Frage: Ist ein Zusammenhang zwischen Vitamin A-Hypervitaminose (jahrelange, dem Hausarzt bislang verschwiegene Einnahme von Vitamin A-haltigen Kapseln aus dem Reformhaus) und neu entstandenen Leberzysten (Solitärzyste, vor 9 Monaten nicht nachweisbar) anzunehmen (80jährige Patientin)?

Vitamin A (Retinol) gehört zu den lipidlöslichen Vitaminen und entfaltet seine Hauptwirkungen beim Sehprozeß, der Reproduktion, dem Wachstum und an der Haut. Hauptquellen in der Nahrung sind Leber, Eigelb, Milchfett und das pflanzliche β-Karotin als Provitamin. Daneben spielt die Aufnahme durch Medikamente häufig eine wichtige Rolle, da viele Hauterkrankungen mit Vitamin A behandelt werden. Nach seiner Aufnahme durch die Darmwand gelangt Vitamin A über Chylomikronen ins Blut und zur Leber, dem Hauptspeicher für Vitamin A.

Wird dieses Vitamin in zu hoher Dosis und über eine lange Zeit eingenommen — und dazu kann es durch Vitamin A-haltige Präparate aber auch durch übermäßigen Genuß von Leber kommen —, so kann es Erkrankungen verursachen, die vor allem die Leber, aber auch das Knochenmark und die Milz betreffen.

Insbesondere die Leber als Speicherorgan reagiert offenbar recht sensibel mit Veränderungen. Zunächst sind sie nur histologisch und noch nicht laborchemisch faßbar. Es finden sich Zeichen der Vitamin A-Speicherung in Ito- und Endothelzellen, die fluoreszenzoptisch leicht erkannt werden können, und Fibrosierungsvorgänge im Bereich der Portalfelder und in den perisinusoidalen Räumen. Die Fibrosierungen können je nach Ausprägung und Dauer der Hypervitaminose bis zur Zirrhose fortschreiten mit allen Zeichen der portalen Hypertension. Patienten mit nur diskreten Veränderungen und Übergangsformen bis hin zur Zirrhose werden selten, aber immer wieder beschrieben.

Das Auftreten von Leberzysten dagegen ist bisher nicht im Zusammenhang mit einer Vitamin A-Hypervitaminose diskutiert worden. Auch läßt sich dem derzeitigen Kenntnisstand zufolge die Entwicklung von Leberzysten nicht im Rahmen der Entstehung einer Leberzirrhose sehen, so daß auch ein indirekter Zusammenhang nicht zu konstruieren ist. Daher muß gefragt werden, ob die offenbar erworbene Leberzyste nicht eine andere Ursache hat. Am ehesten kommen Hydatiden infrage. Entzündlich oder durch einen Tumor bedingte segmentale Abflußhindernisse der Galle sind außerordentlich selten Ursache einer zystischen Aufweitung der Gallenwege und brauchen nicht in erster Linie in Betracht gezogen zu werden. Ich möchte daher zunächst eine weitere Klärung in Richtung eines Echinokokkenbefalls vorschlagen.

H.-P. Buscher, Freiburg/Br.

»Plurimetaboles Syndrom«

Frage: 44jähriger Patient mit leichtem Übergewicht: Gesamtcholesterin 199 mg%, HDL 37 mg%(!), LDL 132 mg%(!), Triglyzeride 127 mg%.
Liegt eine Stoffwechselstörung vor? Können Sie mir einen Rat geben?

Es gibt in der Literatur den Begriff des »plurimetabolen Syndroms« für Patienten mit Übergewicht, niedrigem HDL, Hypertriglyzeridämie, subklinischem Diabetes, Hyperurikämie, Hypertonie. Diese Patienten erleiden häufig eine frühzeitige Manifestation der Atherosklerose. Therapeutische Konsequenz ist die Umstellung der Ernährungsgewohnheiten. Darüber hinaus zeigen viele Untersuchungen die Koinzidenz von Übergewicht und niedrigem HDL mit Normalisierungstendenz der HDL-Werte nach Gewichtsreduktion.

Bei dem geschilderten Patienten weisen nur die Angaben Übergewicht und grenzwertig niedrige HDL-Cholesterinkonzentrationen auf das Vorliegen einer Stoffwechselstörung hin. Es sollte eine gründliche Untersuchung des Patienten erfolgen, um die individuelle Risikosituation für Herz-Kreislauferkrankungen abschätzen zu können (z. B. auch Raucher/Nichtraucher usw.). Therapeutisch ist neben der Gewichtsnormalisierung eine gesunde Lebensführung (körperliche Aktivität) immer ein vernünftiger ärztlicher Rat.

P. Weisweiler, München

Beeinflussung des Kohlenhydratstoffwechsels durch ACE-Hemmer

Frage: Ich habe in meiner Praxis beobachtet, daß Diabetiker, die gleichzeitig einen ACE-Hemmer infolge einer arteriellen Hypertonie erhalten, sich nach Verordnung des ACE-Hemmers mit geringeren Sulfanylharnstoffdosen einstellen lassen. Besteht eine pathophysiologische Vorstellung, ob ACE-Hemmer eine blutzuckersenkende Wirkung bei Typ II-Diabetikern entfalten? Wäre dies der Fall, wären dann ACE-Hemmer nicht im Vergleich zu β-Blockern und Diuretika bei Diabetikern Mittel der 1. Wahl für die Behandlung einer arteriellen Hypertonie?

In zahlreichen Arbeiten ist inzwischen dokumentiert, daß ACE-Hemmer einen geringgradig blutzuckersenkenden Effekt um etwa 20 mg/dl haben, sowie zu einer Verbesserung des glukosylierten Hämoglobins um etwa 10% des Vorwertes führen. Dies ist praktisch der gleiche positive Effekt wie ihn im negativen Sinn β-Blocker sowie Diuretika haben.

Warum es bei Typ II-Diabetikern jedoch nur sehr selten zu Hypoglykämien unter Kombination von ACE-Hemmern und Sulfonylharnstoffen kommt, ist damit zu erklären, daß diese Patienten meistens primär schlecht eingestellt sind, so daß sich der geringgradig positive Effekt des ACE-Hemmers nicht oder nur selten hypoglykämisierend auswirkt.

Jedenfalls kann man sicher konstatieren, daß derzeit ACE-Hemmer sowie die stoffwechselneutralen Kalziumantagonisten Mittel der 1. Wahl in der Behandlung der essentiellen Hypertonie bei Diabetikern sowie wahrscheinlich auch bei allen essentiellen Hypertonikern sein dürften. Dies wurde ja auch durch die Deutsche Hochdruckliga akzeptiert, die inzwischen sowohl β-Blocker als auch Diuretika und ACE-Hemmer und Kalziumantagonisten als gleichberechtigte Mittel der 1. Wahl in der Behandlung der Hypertonie akzeptiert hat.

Der Wirkmechanismus dieser Blutzuckersenkung, sowohl im Akutversuch als auch bei chronischer Therapie vorhanden, ist noch nicht sicher geklärt. Höchstwahrscheinlich läuft der Effekt aber über eine Anhäufung von Kininen, vor allem im Skelettmuskel, ab. Das Angiotensin-Converting-Enzyme ist nämlich identisch mit der Kininase II, weshalb es unter Gabe eines ACE-Hemmers sowohl zu lokalen als auch geringen systemischen Anstiegen von Bradykinin kommt. Für Kinine wiederum wurde in den letzten Jahren gezeigt, daß sie die Insulinwirksamkeit sowohl am ruhenden als auch am arbeitenden Skelettmuskel verbessern.

Abschließend sollte konstatiert werden, daß ACE-Hemmer sicher keine neuen Antidiabetika sind, aber wahrscheinlich den β-Blocker und Diuretika vorzuziehen.

Literatur

1. RETT, K. u. Mitarb.: Role of angiotensin-converting enzyme inhibitors in erarly antihypertensive treatment in non-insulin dependent diabetes mellitus. Post-grad. med. J. **64,** 69–73 (1988).
2. WICKLMAYR, M., K. RETT u. G. DIETZE: Essentielle Hypertonie und Diabetes mellitus. Münch. med. Wschr. **131,** 876–878 (1989).

M. Wicklmayr, München

Hypertriglyzeridämien bei Gravidität

Frage: Liegen Berichte vor, daß während einer Gravidität von der 32. Woche an bis etwa 4 Wochen post partum eine massive Entgleisung des Fettstoffwechsels auftreten kann mit drohender Pankreatitis bei sonst normalen Lipidstatus? Vor der Gravidität: Cholesterin 190 mg%, Triglyzeride 140 mg%; Wert in der 33. Woche: Cholesterin 644 mg%, Triglyzeride 2078 mg%. Werte 8. Woche post partum: Cholesterin: 186 mg%, Triglyzeride: 180 mg%.
Bei Gravidität vor 2 Jahren Anstieg der Triglyzeride auf 4090 mg% und ebenfalls rascher Abfall post partum.
Spielen rassische Merkmale eine Rolle (Semiten)?

Bekannt sind Hypertriglyzeridämien im Sinne eines Chylomikronämiesyndroms (sog. familiäre Typ V Hyperlipoproteinämie), die manifest werden im Rahmen einer Gravidität. Dann kommt es zu ausgeprägten Triglyzeridanstiegen als Ausdruck einer Vermehrung von Chylomikronen und VLDL mit Komplikationen im Sinne eines akuten Abdomens (chylöser Aszites – bei Sektio entdeckt! –, akute Pankreatitis). Meistens handelt es sich um klinisch unauffällige Frauen, bei denen diätetische Fehler (inkl. Alkoholabusus) nicht vorkommen. Hier ist die Gravidität der Auslöser der Chylomikronämie.

Als Ursache werden die Hormonumstellungen in der Schwangerschaft diskutiert, die ja generell auch bei stoffwechselgesunden Frauen zu einem geringen Anstieg der Blutfette führen. Klinisch kann oft zwischen Wehenschmerzen und kolikartigen Schmerzen im Sinne einer Angina abdominalis nicht unterschieden werden.

Diagnostisch sollten unbedingt die Serumlipoproteine genauer analysiert (LDL und HDL in der Regel niedrig, Messung der Lipoproteinlipase, wenn möglich) und Blutsverwandte (autosomal dominanter Erbgang) untersucht werden.

P. Weisweiler, München

Immunologie, Impfungen, Systemerkrankungen

Immunologische Bedeutung der Tonsillen

Frage: Ist es richtig, daß die immunologische Bedeutung der Gaumentonsillen mit dem Abschluß des ersten Lebensjahres beendet ist?

Diese Frage kann nach dem heutigen Wissensstand nicht definitiv beantwortet werden. Denn dafür wäre folgende kontrollierte Studie erforderlich: Man vergleicht Kinder, bei denen im 2. Lebensjahr die Tonsillektomie erfolgte, mit solchen ohne Tonsillektomie, obwohl in beiden Gruppen eine Tonsillektomie indiziert war. Dabei müßten alle 3 Jahre besonders die immunologischen Parameter bis zum 20. Lebensjahr verfolgt und genaue Protokolle über alle Infektionen angelegt werden.

Eine solche Studie gibt es bis heute nicht; sie wäre wohl auch ethisch nicht zu rechtfertigen. Denn für einige Kinder läßt sich voraussagen, daß sie in der Kontrollgruppe ohne Tonsillektomie kaum das 10. Lebensjahr erreichen werden, da sie inzwischen wegen ihrer riesigen Tonsillen ein obstruktives Schlaf-Apnoe-Syndrom entwickelt haben. Die Möglichkeit des Todes im Rechtsherzversagen ist bei ihnen ohne Tonsillektomie programmiert, wie viele Berichte aus der Literatur und auch aus eigener Erfahrung belegen können.

Wie viele Studien zeigen, haben die Gaumentonsillen auch nach dem ersten Lebensjahr noch immunologische Aufgaben. Nur über den Anteil an der Gesamtabwehr des Körpers ist man sich nicht einig: 3, 10 oder 20%?

Man muß bei der Diskussion dieser Frage auch berücksichtigen, daß durch eine Tonsillektomie aus entzündlicher (heute selten) oder obstruktiver (heute häufiger) Indikation nur ein Teil des lymphatischen Gewebes aus dem *Waldeyer*schen Rachenring entfernt wird und daß nach der Tonsillektomie die verbliebenen Lymphgewebe des Ringes wahrscheinlich einen Teil der Abwehrfunktion übernehmen, was an der reaktiven Hyperplasie der Zungengrundtonsillen und der Seitenstränge ablesbar ist.

Ich würde deshalb ohne Bedenken bei einem Kind mit den Zeichen eines obstruktiven Schlaf-Apnoe-Syndroms (Leitsymptom permanentes Schnarchen mit Apnoen) auch ohne rezidivierende Entzündungen der Tonsillen eine Tonsillektomie vor dem ersten Lebensjahr durchführen und auf das Abwehrpotential der übrigen lymphatischen Gewebe im Körper vertrauen. Dadurch kann das Risiko eines tödlichen Rechtsherzversagens infolge einer pulmonalen Hypertonie vermieden werden, die sich einstellt, wenn die obstruktive Symptomatik länger als 30 Monate dauert.

W. Pirsig, Ulm

Nachweis zirkulierender Immunkomplexe

Frage: Was bedeutet der Nachweis zirkulierender Immunkomplexe?

Immunkomplexe sind aneinandergebundene Antikörper und lösliche Antigene (bei unlöslichen Antigenen handelt es sich um Agglutinate). In der Zirkulation treten sie stets dann auf, wenn sich hier die beiden Reaktionspartner begegnen. Ihre Elimination und damit die Elimination des Antigens als Ziel jeder Immunantwort erfolgt durch Freßzellen. Sofern zirkulierende Immunkomplexe bestimmter Konfiguration und Menge auftreten, kann es in der Wand von Blutgefäßen zu Entzündungsreaktionen kommen.

Zirkulierende Immunkomplexe sind also besonders bei systemischer Vaskulitis und wesensverwandten Prozessen zu erwarten; nach Applikation von Fremdseren, Autoaggressionskrankheiten, chronischen Infektionen, gelegentlich auch bei Tumoren. Wichtig ist, daß der Immunkomplex nicht krank macht, solange er zirkuliert. Dies erklärt auch die mangelhafte Aussage der Testergebnisse. Es gibt nämlich noch keine Methode, exakt jene Immunkomplexe im Blut zu erfassen, die später im Gefäß zu Reaktionen führen.

Dies alles relativiert den Nachweis zirkulierender Immunkomplexe. Einzelwerte sind zumeist wertlos, erst ein Profil steigert die Ergiebigkeit. Steigt die Menge deutlich an, so ist ein Schub zu erwarten, wo es dann zum Abfall kommen kann. Finden sich Immunkomplexe bei akuter Exazerbation in großer Menge im Blut, so wäre dies übrigens auch Anlaß, eine Plasmapherese als therapeutische Maßnahme zu erwägen.

Der übliche Nachweis ermöglicht keine weiteren Rückschlüsse. Doch lassen sich die im Komplex enthaltenen Immunglobuline charakterisieren. Dies ist insofern hilfreich, als IgA-haltige Komplexe wenig pathogen sind, IgE-haltige vorzugsweise bei der *Churg-Strauss*-Vaskulitis und IgM-haltige nicht selten bei Gefäßverschlüssen mit Infarktcharakter zu finden sind. Wertvoller noch ist die allerdings begrenzt mögliche Charakterisierung des eingeschlossenen Antigens, weil es auf die Ursache der Erkrankung schließen läßt.

H. W. Baenkler, Erlangen

Bedeutung neuer Impfstoffkombinationen

Frage: Immer wieder hört man von neuen Kombinationen mit neuen Impfstoffen. Sind diese schon Realität? Welche Vorteile ergeben sich mit ihrer Anwendung? Wie wird sich der Impfplan verändern?

Es ist schwer und nicht ungefährlich, den Propheten spielen zu wollen. Fest steht jedenfalls, daß die jetzt vorhandenen Impfstoffe in Zukunft noch weiter verbessert werden, daß neue Impfstoffe mit hervorragenden Eigenschaften bereits zur Verfügung stehen und daß sich schließlich neue Kombinationsmöglichkeiten ergeben. Fest steht außerdem, daß von alt Bewährtem, wie beispielsweise der Impfung gegen Diphtherie und Tetanus nicht abgegangen wird und daß eine Ausweitung des bisherigen Impfplanes vermieden werden soll, daß somit neue Impfstoffe nur in das alte Schema mit eingebaut werden dürfen.
Weiterhin steht fest, daß die Polioschluckimpfung in bisherigem zeitlichen Rhythmus beibehalten und daß sich auch an der Masern-Mumps-Röteln-Impfung im zweiten Lebensjahr nichts ändern wird. Damit steht vorerst nur die Diphtherie-Tetanus-Impfung für neue Kombinationen zur Diskussion.

Ein Rückblick zeigt, daß bereits früher die Diphtherie-Tetanus-Impfung mit mehreren anderen Totimpfstoffkomponenten kombiniert war, so beispielsweise der gegen Pertussis, mit derjenigen gegen Poliomyelitis und Masern (Poliototimpfstoff nach *Salk* und Maserntotimpfstoff). Geht man von 3 Poliototimpfstoffkomponenten bei der *Salk*-Impfung aus, so gab es damals bereits Impfstoffe mit 7 Antigenkomponenten (DPT-, *Salk*-Maserntotimpfstoff).

Welche Kombinationen wären denkbar?
Ein Kombinationsimpfstoff mit den Antigenkomponenten gegen Diphtherie und Tetanus, kombiniert mit dem Totimpfstoff gegen Hepatitis B: Hiermit ließe sich mit

großer Wahrscheinlichkeit in der Bundesrepublik die Hepatitis B eliminieren. Da immer mehr Bundesbürger ins Ausland reisen und mit dem Asylantenstrom ein nicht unbeträchtlicher Teil an Hepatitis B-Virusträgern bei uns ansässig wird, läßt sich das Hepatitis B-Durchseuchungsproblem auf die Dauer nur durch eine breitflächige, kollektive Impfung eliminieren. Da Kinder auf den Hepatitis B-Impfstoff mit optimaler Immunantwort reagieren, bietet sich das Kleinkindesalter mit dem Diphtherie-Tetanus-Impfrhythmus an: Grundimmunisierung im 1. und 2. Lebensjahr, Auffrischimpfung bei Schuleintritt im 7. Lebensjahr (mit Td + Hepatitis B-Impfstoff).

In der deutschen Bevölkerung besteht im Augenblick ein Hepatitis B-Durchseuchungsindex von 0,5—0,8%, bei Fremdarbeitern aus Südeuropa von 3,5—4%, bei bestimmten Personengruppen aus Südostasien von 14—22%! Dementsprechend haben wir in der Bundesrepublik bereits jetzt eine ansteigende Inzidenz an Neugeborenen-Hepatitis als Indikator dieser Situation. Die von der Bundesärztekammer 1984 herausgegebene Empfehlung, das Hepatitis-Screening bei jeder Schwangeren mit in die Vorsorgeuntersuchungen einzuschließen, erlangte in relativ kurzer Zeit größere Aktualität (Dtsch. Ärztebl. **81**, Heft 50 v. 12. Dezember 1984).

Was steht dem entgegen? Gute Wirksamkeit und Verträglichkeit, ein auch auf lange Sicht hin positiver Effekt auf die Infektionsgefährdung kommt allen 3 Impfstoffkomponenten zu. Lediglich der Preis des Hepatitis B-Impfstoffes verbietet im Augenblick eine generelle Durchimpfung.

Schon ab 1990 stehen in der Bundesrepublik Deutschland Impfstoffe gegen Hepatitis A sowie Haemophilus influenzae zur Verfügung. Beiden modernen Impfstoffen kommt die Eigenschaft bester Verträglichkeit bei größter Wirksamkeit zu. Beim Hepatitis A-Impfstoff ist sogar bei relativ geringem Einsatz — evtl. nur einmalige Impfung? — mit lebenslanger Immunität zu rechnen. Da die Hepatitis A im Vorschulalter eine leichte Erkrankung ist und die Durchseuchung erst mit Beginn von Fernreisen einsetzt, in der Regel nach dem 8. Lebensjahr eines Kindes, kann hier die Kombination mit dem Td-Impfstoff bei Schuleintritt erst im 7. Lebensjahr erfolgen, so daß im Kleinkindesalter (anstatt der Pertussis-Injektionsimpfung) der DT-Impfstoff noch Platz für eine Kombination mit dem Haemophilus influenzae Typ b-Impfstoff hätte. Bei dem üblichen Impfschema im 3. und 5. Lebensmonat mit Auffrischimpfung im 18. Lebensmonat (bzw. 3., 4. und 6. Lebensmonat, mit Auffrischimpfung im 18. Lebensmonat) ließen sich die für die Haemophilus influenzae-Infektion besonders sensiblen ersten 5 Lebensjahre eines Kindes immunologisch schützen.

Der am besten erprobte und seit 1985 in den USA eingeführte Impfstoff gegen Haemophilus influenzae b ist ein Konjugationsimpfstoff mit der Diphtherieantigenkomponente (ohne allerdings gegen Diphtherie zu immunisieren!), wobei das Kapselpolysaccharid von Haemophilus influenzae b kovalent an das Diphtherietoxoid gebunden ist. Durch diesen »Trick« evoziert das Kapselpolysaccharid von Haemophilus influenzae die T4-Lymphozyten (Helferzellen) und führt damit zu einer ausreichenden Immunantwort, welche die invasive Ausbreitung des HIb sowie die Vermehrung des Erregers behindert. Für die Schweiz und für die Bundesrepublik ist für Kinder zwischen 1. und 5. Lebensjahr mit einer jährlichen Inzidenz von schweren Haemophilus influenzae-Infektionen im Verhältnis von etwa 1 : 500 (Schweiz 1 : 420) zu rechnen.

Zusammenfassend ergibt sich damit, daß in Zukunft die folgenden Impfungen bzw. Impfstoffkombinationen möglich sind: unmittelbar nach der Geburt die Schluckimpfung gegen Keuchhusten (noch längere bevorstehende Entwicklungsphase), im 3. und 5. Lebensmonat die DT-Impfung, kombiniert mit der Hepatitis B-Impfung, Auffrischimpfung im 2. Lebensjahr, vorzugsweise im 18. Lebensmonat.

Bei Schuleintritt Td mit Hepatitis B- sowie Hepatitis A-Impfung.

Die Impfstoffkombination im 1. und 2. Lebensjahr kann zusätzlich noch ergänzt bzw. angereichert werden durch die Haemophilus influenzae, Typ b-Impfung. Diese führt zu einem Schutz gegen mehr als 80% aller vorkommenden Haemophilus influenzae-Infektionen auf der nördlichen Halbkugel. Der Impfstoff im 3. und 5. Lebensmonat könnte dann die Konstellation von DT + Hepatitis B + Haemophilus influenzae haben. Über jede Einzelkomponente dieser Impfstoffe liegen inzwischen sehr große und vor allem gute Erfahrungen vor. Hinsichtlich der breit gestreuten Anwendung des Haemophilus influenzae b-Impfstoffes spricht auch der bisher berechnete Kosten-Nutzen-Index für die Einführung dieser Komponente in den Impfplan. Für die Hepatitis B-Impfstoffkomponente ist in absehbarer Zeit eine erhebliche Verbilligung zu erwarten. Es besteht kein Zweifel, daß man dann dem Gedanken einer Kombination von Hepatitis B-Impfstoff mit Diphtherie-Tetanus-Impfstoff nähertreten wird.

Für den Impfplan ergeben sich hinsichtlich des zeitlichen Rhythmus vorerst keine Veränderungen.

H. Stickl, München

Alter bei Mumpsimpfung

Frage: Die Mumpsimpfung ist etwa ab dem 15. Lebensmonat möglich. Bis zu welchem Alter hinauf kann bedenkenlos eine Erstimpfung durchgeführt werden?

Bei einem gesunden und bisher nicht Mumps-immunen Menschen gibt es keine Altersbegrenzung für die Impfung. Die Impfung verläuft auch nach Abschluß des jugendlichen Alters reaktionsarm und ist praktisch frei von Komplikationen. Ein Zusammenhang zwischen Mumpsimpfung und genetisch angelegtem Typ I Diabetes konnte zwischenzeitlich mit Sicherheit ausgeschlossen werden.

Kontraindikation für die Mumpsimpfung ist bei Erwachsenen eine vorbestehende Hühnerproteinallergie (minimale Fremdproteinreste im Mumpsimpfstoff), ferner eine Allergie gegen Konservierungsmittel (z. B. Neomycinsulfat) sowie jegliche angeborene oder erworbene Form der Immundefizienz (Antikörpermangelsyndrom, Dysgammaglobulinämie, Leukämie usw. oder Behandlung mit Zytostatika zur Tumortherapie sowie ACTH, Cortison u. a. sowie Strahlentherapie). Die Impfung sollte außerdem nicht ausgerechnet während einer Schwangerschaft durchgeführt werden, obgleich bisher bei weltweiter Impfung keine Daten für ein Embryopathierisiko durch Impfung vorliegen.

H. Stickl, München

Rötelnimpfung in der Schwangerschaft

Frage: Ist eine Rubeolenimpfung in der Schwangerschaft eine Interruptioindikation? Wenn nein, ist eine Verlaufskontrolle im Rahmen einer Fruchtwasser- oder Chromosomenanalyse sinnvoll oder indiziert?

Es ist mit Sicherheit bewiesen, daß akzidentelle Rötelnimpfungen innerhalb der ersten 6 Monate einer Schwangerschaft weder zu Mißbildungen noch zum erweiterten Rötelnsyndrom (Thrombozytopenie, Hepatosplenomegalie) führen können. Eine Rötelnimpfung in der Schwangerschaft ist folglich keine Indikation für eine Interruptio.
Selbstverständlich sollen alle Impfungen, einschließlich Rötelnimpfung, nicht ausgerechnet während einer Schwangerschaft vorgenommen werden: Der Rötelnschutz wird vor Beginn der Schwangerschaft benötigt. Die Schwangerschaft gilt sogar als Kontraindikation für die Rötelnimpfung, obwohl gesichert ist, daß eine Embryopathie durch Impfung nicht eintritt. Grund ist das seltene akzidentelle Zusammentreffen von echten Röteln und Rötelnimpfung: Kommt es dann zu einer Embryopathie, ist in der Regel die Ursachenfrage nicht zu entscheiden. Die Rötelnimpfung käme bei einer durch Rötelnwildvirus bedingten Embryopathie zwangsläufig in den Verdacht, die Embryopathie verursacht zu haben. Damit wird aber die Impfung diskreditiert und, da die Rötelnimpfung nach § 14, 3 BSeuchG eine öffentlich empfohlene Schutzimpfung ist, wird der Staat mit nicht unerheblichen Kosten belastet. De jure könnten diese dann auf den impfenden Arzt abgewälzt werden.
Es kommt hinzu, daß bei älteren Erstgebärenden die Inzidenz von Embryopathien ohne bekannte Ursache ohnehin zunimmt. Ist eine Impfung vorausgegangen, so ergibt sich das gleiche Problem der ätiologischen Abtrennung und Unterscheidung.

Eine Chromosomenanalyse ist nur im Zusammenhang mit dem Alter der Schwangeren sinnvoll, nicht aber hinsichtlich einer Rötelnimpfung. Die Chromosomenanalyse wird ohnehin ab dem 35. Lebensjahr schwangeren Frauen im Zuge der Schwangerschaftsvorsorge angeboten, zumal wenn zuvor schon Kinder mit Anomalien oder Fehlbildungen von derselben Frau zur Welt gebracht worden waren.

H. Stickl, München

Polioimpfung bei Erwachsenen

Frage: Wie groß ist das Risiko für einen noch nicht gegen Kinderlähmung immunisierten Erwachsenen bei der ersten Schluckimpfung? Ist eine vorhergehende Immunisierung mit dem Salk-Impfstoff unbedingt erforderlich?

Bei Massenimpfungen in den Südstaaten Nordamerikas entstand der Eindruck, daß Erwachsene durch die Schluckimpfung in geringem Umfange mehr unter Komplikationen leiden müßten. Eine statistische Signifikanz für diese Aussage gab es jedoch nicht. Vorsichtshalber wurde über eine gewisse Zeit lang auch in der Bundesrepublik empfohlen, daß Erwachsene bei erstmaliger oraler Immunisierung gegen Kinderlähmung zuvor eine Art »Vorimpfung« mit *Salk*-Impfstoff bekommen sollten. Es gibt keinerlei Hinweise dafür, daß dieses Verfahren von Vorteil ist und daß Erwachsene die Schluckimpfung nicht ebenso gut vertragen würden wie Säuglinge und Kleinkinder.

Diese Aussage gilt für gesunde Erwachsene ohne dauernde Medikamenteneinnahmen mit immunsupprimierendem Effekt. Um ein Beispiel zu nennen: Bestimmte nichtsteroidale Antirheumatika führen bei systemischer Dauereinnahme über kurz oder lang zum Schwund der sekretorischen Immunglobuline A. Die lokale Immunität gegen Kinderlähmung, die durch die Polio-Schluckimpfung aufgebaut wird, begründet sich jedoch auf der Bildung spezifischer sekretorischer Immunglobuline A an den Eintrittspforten des Virus im Gastrointestinaltrakt. Bei diesen Erwachsenen dürfte es von Vorteil sein, eine *Salk*-Impfung (2 Injektionen im Abstand von 4 Wochen, innerhalb der nächsten 4 Monate Schluckimpfung) vorauszuschicken. Auch bei anderen Vorkrankheiten, bei denen möglicherweise eine Störung der Immunantwort zu erwarten ist, kann eine Vorimpfung mit *Salk*-Impfstoff empfehlenswert sein.

Da auch bestimmte Sekten ihre bisherigen Vorbehalte gegen die Polio-Schluckimpfung aufgegeben haben, ist die Durchimpfungsrate bis Schuleintritt in der Bundesrepublik Deutschland augenblicklich sehr günstig. In der Regel liegen bei Personen, bei denen die Polio-Schluckimpfung nicht im Säuglings- und Kleinkindesalter als Grundimmunisierung durchgeführt wurde, gesundheitliche Gründe für eine Impfrückstellung vor. Hierzu kann beispielsweise der Verdacht einer HIV-Infektion beim Säugling bestehen (Mutter HIV-positiv). Hier würde man in jedem Fall wegen möglicher Immundefizienz bzw. erhöhtem Impfrisiko beim bereits sich ausbildendem Immundefekt die Impfung mit *Salk*-Impfstoff durchführen. Für Erwachsene mit noch asymptomatischer HIV-Infektion, für Personen im Zustand nach zytostatischer Chemotherapie u. a., gelten ähnliche Grundsätze.

H. Stickl, München

Tetanusdurchseuchung

In ländlichen Gegenden ist der Tetanusimpfschutz teilweise erschreckend niedrig. Die Infektionsgefahr ist jedoch sehr hoch. Dazu folgende Fragen:

1. Wie hoch ist die Verbreitung des Clostridium tetani?

2. Wie häufig ist die manifeste Erkrankung?

3. Gibt es auch bei Tetanus die Möglichkeit der stillen Feiung? Existieren Untersuchungen über Durchseuchungsraten und Antikörpertiter nichtgeimpfter exponierter Populationen?

4. Sofern solche effektive Antikörpertiter bei nichtgeimpften Personen auftreten, müßte man bei Erstimpfung im Erwachsenenalter sicherlich gehäuft mit verstärkten lokalen Impfreaktionen oder sogar mit Minderung des Tetanusschutzes im Sinne einer »Überimpfung« rechnen.

Das Clostridium tetani ist weltweit verbreitet. Nach Berechnungen der WHO erkranken in den Ländern der sog. Dritten Welt jährlich mehr als 500 000 Erwachsene an Wundstarrkrampf, davon sterben mehr als 200 000. Nicht gezählt sind hierbei die Neugeborenen mit Tetanus neonatorum und die vielen an Tetanus sterbenden Kleinkinder (in Indien z. B. Mädchen, die durch Perforieren der Nasenflügel aus kosmetischen Gründen im Alter zwischen 12 und 24 Monaten infiziert werden).
In der Bundesrepublik Deutschland gab es 1968 noch 143 Erkrankungen mit 61 tödlichen Verläufen (Letalität 43%), 1981 nur noch 14 mit 8 Todesfällen (Letalität 57%). Zwischen 1985 und 1988 waren es jährlich zwischen 11 und 19 gemeldete Erkrankungen, was einer Häufigkeit von 0,02–0,03/100 000 Einwohner entspricht. Die Letalität betrug 1985 und 1987 jeweils 50%, 1986 26%. Die amtlichen Zahlen für die Letalität von 1988 liegen noch nicht vor.

Die heutzutage niedrige Erkrankungszahl beruht auf einem hohen Durchimpfungsgrad der Bevölkerung unterhalb des 60. Lebensjahres. Ein Vergleich mit der Letalitätsrate im brasilianischen Bundesstaat São Paolo bestätigt das: 1961–1963 starben dort jährlich etwa 1 600 Menschen an Tetanus. Nach Einführung der Pflichtimpfung gegen Tetanus, 1963, sank die Letalität steil auf 250 im Jahre 1970 ab mit weiter fallender Tendenz.

Clostridium tetani kommt ubiquitär und keinesfalls nur in Erde, sondern auch im Straßenstaub vor, ebenso im Kot von Tieren, gelegentlich auch von Menschen (6). Über die Sporendichte gibt es keine verwertbaren Angaben. Sie dürfte in noch natürlichen, nicht hochzivilisierten Ländern mit überwiegender Agrarstruktur größer als in Industrieländern sein. Es ist realistisch, bei Verletzungen grundsätzlich eine Tetanusinfektion anzunehmen, auch wenn nicht jede Infektion zur Erkrankung führt.

Vereinzelte Berichte über Antikörpernachweise bei Nichtgeimpften finden sich in der Literatur seit 1923. Sie berichten über kleinere Kollektive aus China, Brasilien und Indien. Die Antikörperspiegel werden als »nennenswert« angegeben oder liegen sehr niedrig. *Dastur* u. Mitarb. (1) fanden bei 410 Indern zwar zu 80% Antikörper, aber nur 3% lagen über der Schutzschwelle. *Ehrengut* u. Mitarb. (2) fanden in Mali bei 48 nichtgeimpften Erwachsenen und 99 Kindern unter 3 Jahren Antikörper in überwiegend sehr niedrigen Konzentrationen, die zumeist unter der Schutzschwelle lagen (bei Erwachsenen zu 58,3%, bei den Kindern zu 96%). Es muß erwähnt werden, daß die angewandte Analysemethode mit der heute üblichen nicht ohne weiteres vergleichbar ist.

Wie diese praktisch keinen verläßlichen Schutz bietenden Antikörper sich bilden konnten, ist unbekannt. *Ehrengut* vermutet, im viehreichen und wasserarmen Agrarland könnten Clostridien in den Magen-Darm-Trakt gelangen, dort aussprossen, Toxin bilden und über die *Peyer*schen Plaques zur Antitoxinbildung führen. Andererseits ist bekannt, daß das Tetanustoxin keine Antitoxine induziert; dazu ist nur das Toxoid (also das formalininaktivierte Toxin) imstande.

Die für eine manifeste Tetanuserkrankung notwendige Toxinmenge ist so gering, daß sie vom Immunsystem nicht erkannt wird, dieses quasi »unterläuft«. Ein überstandener Tetanus hinterläßt keine Immunität! Es liegen Beobachtungen über Patienten vor, die 2- oder 3mal in ihrem Leben an Tetanus erkrankt waren (ein Assistent *Emil v. Behring*s erkrankte 3mal an Tetanus und überlebte). Die aktive Impfung gegen Tetanus aber führt zu einer verläßlichen und sehr lange boosterfähigen Immunität. Jede Impfdosis enthält als Toxoid die 50–75fache Dosis, die als Toxin zur Tetanuserkrankung führen kann.

Wie auch die genannten Zahlen aus Brasilien deutlich machen, ist ein Absinken der Morbidität und Letalität an Tetanus erst durch die aktive Tetanusschutzimpfung möglich geworden. Daß es keine Alternative zur Impfung gibt, ist wissenschaftlich unbestritten. Die Autoren der hier erwähnten Studien haben aus ihren Ergebnissen ebenfalls nicht auf einen Tetanusschutz der Bevölkerung geschlossen. Man darf schließlich nicht vergessen, daß die zitierten Untersuchungen doch nur an Menschen vorgenommen werden konnten, die noch nicht – auch nicht an Tetanus – gestorben waren.

Überimpfreaktionen sind sehr selten. Sie können bei erstmaliger Injektion überhaupt nicht auftreten und kommen bei der Grundimmunisierung (3 Injektionen) praktisch nicht vor. Ursache ist eine Immunkomplexbildung am Injektionsort. Die Symptomatik ist typisch: Harte Induration und meist starke Rötung – mitunter auch Schwellung – der Haut, die sich über den gesamten Oberarm erstrecken können, gelegentlich bis zum Hals hinauf ziehend. Dabei erhebliche (!) Schwellung der regionalen Lymphknoten, Schmerzen und eingeschränkte Funktion (bei Injektion in den M. glutaeus medius entsprechende Lokalsymptomatik). Krankheitsgefühl und Fieber sind nicht obligat.

Die Symptomatik tritt wenige Stunden bis einen Tag p.v. auf. Bestimmt man zu diesem Zeitpunkt die Antitoxine, findet man in der Regel Werte, die nahe dem Schwellenwert (0,01 IE/ml Serum, ELISA) liegen, oder es werden überhaupt keine nachgewiesen. Nach 3–6 Monaten sind sie spontan auf hohe Werte angestiegen, 15–50 IE oder mehr. Zum Vergleich: Bei regulärer Reaktion auf Grundimmunisierung oder nach einem Booster etwa 10 Jahre nach Grundimmunisierung liegen die Antikörper zwischen 6 und 12 IE, selten noch etwas darüber. Während dieser Zeit sind weitere Tetanusimpfinjektionen zu unterlassen. Überimpfreaktionen setzen voraus, daß zum Zeitpunkt der Boosterinjektion noch etwa 4–8 IE Antitoxin vorhanden sind.

Von den Überimpfreaktionen scharf abzugrenzen sind allergische Reaktionen gegen eine der Begleitkomponenten des Impfstoffes, Aluminiumhydroxid und Natriumtimerfonat. Denkbare Spuren von Formaldehyd aus dem Produktionsprozeß sind unerheblich. Sie sind in jedem Falle geringer als die Körpereigenproduktion. Außerdem wird Formaldehyd im Gewebe sekundenschnell abgebaut. Die Symptomatik ist ähnlich der Überimpfreaktion, meistens nicht so stark ausgeprägt. Hyperergische Reaktionen mit generalisiertem Exanthem sind extrem selten. Die Impfstoffhersteller stellen die Begleitkomponenten zu Testzwecken bei Bedarf zur Verfügung.

Die regulären Impfreaktionen sind aufgrund hoher Reinheit heutiger Impfstoffe nur noch bei etwa 2–3% aller Impfinjektionen zu sehen. Sie werden häufig von Patienten wie von Ärzten als zumindest irregulär angesehen. Meist am Tage nach der Impfung auftretende und 2–3 Tage anhaltende Rötung, Schwellung und Schmerzhaftigkeit am Injektionsort sind normal und bedürfen keiner rationalen Behandlung. Rötung und Schwellung können Handflächengröße des Patienten durchaus erreichen.

Literatur

1. DASTUR, F. D. u. Mitarb.: Lancet **1981/II,** 219.
2. EHRENGUT, W. u. Mitarb.: Immun Infekt **11,** 229 (1983).
3. FURSTE, W. u. Mitarb.: Koordiniert und herausgegeben von ROMAN, G. u. R. CASAS. Tempo medical **3** (1977) (Dtsch. Ausgabe).
4. MARTIN, M. L. u. F. McDOWELL: Ann. intern. Med. **41,** 150 (1954).
5. MEIRA, A. R.: Congresso Internacional de Higiene, Medicina Preventiva e Medicina Social, VII. Madrid 1971 (zitiert bei EHRENGUT, W.).
6. MÜLLER, R.: Medizinische Mikrobiologie, S. 277. Urban & Schwarzenberg, Berlin-München-Wien 1946.
7. Statistisches Bundesamt, Gesundheitswesen: Reihe 2, Meldepflichtige Krankheiten. Metzler-Poeschel, Stuttgart 1988.
8. STICKL, H. A. u. H.-G. WEBER: Schutzimpfungen. Grundlagen und Praxis. Hippokrates, Stuttgart 1987.
9. VERONESI, R. u. Mitarb.: Rev. Hosp. Clinic. Fac. Med. Sao Paolo **28,** 313 (1973).

H.-G. Weber, Hannover

Pneumokokkenimpfung nach Splenektomie

Frage: Ist bei einem 40jährigen splenektomierten Mann (Zustand nach Splenektomie wegen stumpfen Bauchtraumas) eine Pneumokokkenprophylaxe (Vakzine) empfehlenswert?

Die Milz ist ein wichtiges Organ zur Abwehr bakterieller Infektion unter anderem auch der Pneumokokkeninfektionen. Letztere sind bei Männern im Alter zwischen 40 und 60 Jahren relativ häufig. Insofern ist eine Pneumokokkenimpfung sinnvoll.

Meta Alexander, Berlin

Polyarthritis

Frage: Bei 3 meiner Patientinnen im mittleren Lebensalter entwickelte sich unmittelbar nach der Enukleation eines heißen Knotens eine schwere chronische Polyarthritis. Ist das Zufall, oder besteht ein Zusammenhang?

Ein Zusammenhang zwischen einem heißen Knoten und einer Polyarthritis ist mir nicht bekannt. Daher dürfte es sich bei der Entwicklung einer Polyarthritis nach Enukleation eines heißen Knotens um ein zufälliges Zusammentreffen handeln.

Bei schweren Schilddrüsenunterfunktionen kann es zu einer hypothyreoten Myopathie kommen. Von den Patienten geklagte ziehende muskuläre Schmerzen können u. U. zu Anfang als Beschwerden einer Polyarthritis fehlgedeutet werden. Bei den in der Leseranfrage geschilderten Erkrankungen dürfte bei Enukleation eines heißen Knotens keine hypothyreote Funktionslage bestehen. Auch würde sich eine Myopathie mit einer gewissen Latenz und nicht unmittelbar nach einer Operation entwickeln.

P. Bottermann, München

Enzymtherapie bei chronischer Polyarthritis

Frage: In der Ärzte-Zeitung wurde berichtet, daß sich der Rheumatologe Klaus Miehlke bei der Behandlung der chronischen Polyarthritis für die Enzymtherapie ausgesprochen habe, die nachweislich fast so wirksam wie Gold, jedoch ohne gravierende Nebenwirkungen sei. Ein Gemisch aus pflanzlichen und tierischen Enzymen der Herstellerfirma Mucos Pharma könne nachweislich die Darmwand unverändert passieren und schädigende Immunkomplexe abbauen. Mit einer Enzymwirkung sei dann zu rechnen, wenn durch eine ausreichend hohe Dosierung (bis zu 32 Tabl./d) alle Enzym-Inhibitoren abgesättigt würden. Es handelt sich dabei um das Arzneimittel Mulsal Dragees, das vom Hersteller in einer durchschnittlichen Dosierung von 9 Dragees/d zur Behandlung entzündlicher und degenerativer rheumatischer Erkrankungen angeboten wird. Mit dem weiteren Bestandteil von 50 mg Rutosid wird dieses Enzymgemisch von derselben Firma unter dem Namen Wobenzym zur Behandlung von Entzündungen, Thrombophlebitis und Thrombosen empfohlen.
Gibt es Erkenntnisse darüber, ob in Mulsal enthaltende Enzyme in der Lage sind, Immunkomplexe abzubauen? Mit welchen Nebenwirkungen ist durch die Ausschaltung von Proteinase-Inhibitoren zu rechnen?

Bis heute liegen erst einige klinische Untersuchungen zur Verwendbarkeit des Enzymgemisches *Mulsal* bzw. *Wobenzym* bei der Behandlung der chronischen Polyarthritis vor. Es handelte sich aber bislang nur um »offene Studien«, meist verglichen mit einem oralen Goldpräparat.

Zur Feststellung, daß tierische Enzyme die Darmwand unverändert passieren und schädigende Immunkomplexe abbauen können: Diese gründet sich auf tierexperimentelle Untersuchungen, z. B. auch an

Arthritismodellen, *Steffen* u. Mitarb. (Institut für Immunologie der Universität Wien) vor einigen Jahren.

Etwa 20% der oral verabreichten Enzymgemische werden letztendlich resorbiert. Auch der Nachweis, daß diese Enzyme nach der Resorption noch hydrolytische Wirkung entfalten, wurde vom vorgenannten Institut geführt. Die doch hohe Tablettenanzahl pro Tag erklärt sich aus dem erwähnten Umstand, daß eben nur ein relativ kleiner Prozentsatz in aktiver Form resorbiert wird.

Bekannt ist ferner, daß das Enzymgemisch *Wobenzym* seit vielen Jahren zur Behandlung von Thrombophlebitiden eingesetzt wird und durchaus akzeptable Wirkung zeigt — soweit die zur Verfügung stehende Literatur hierzu berichtet.

Ob dieses Enzymgemisch bei der chronischen Polyarthritis einen Langzeiteffekt hat oder nicht, kann derzeit noch nicht endgültig beantwortet werden. Es laufen einige Doppelblindstudien. Eine jüngst fertiggestellte bei aktivierter Gonarthrose zeigt gegenüber der Bezugssubstanz Diclofenac eine durchaus klinisch vertretbare Wirkung hinsichtlich verschiedener Schmerz- und Schwellungsparameter.

Diese Enzymgemische können zumindest im Tiermodell Immunkomplexe abbauen. In einer offenen Studie an Patienten mit chronischer Polyarthritis konnte bis zu einer 6monatigen Therapiedauer kein Abfall der zirkulierenden Immunkomplexe im Plasma nachgewiesen werden, teilweise war sogar ein Ansteigen zu verzeichnen. Dies könnte sich mitunter so erklären, daß Gewebs-Immunkomplexe losgelöst werden und vermehrt ins Plasma übertreten. Ob diese Behauptung zutrifft, könnte nur durch Gewebsbiopsien mit entsprechender histologischer Aufarbeitung belegt werden. Daß dies möglicherweise so sein könnte, wurde an Nierengewebsschnitten von vorgenanntem immunologischem Institut nachgewiesen. Jedenfalls ist es bislang laborchemisch nicht möglich, aus Serumproben zwischen den eigentlichen zirkulierenden Immunkomplexen und solchen, welche aus dem Gewebe stammen, zu unterscheiden. Bekanntermaßen gibt es heute eine Vielzahl von Nachweismethoden für zirkulierende Immunkomplexe; ihre Verläßlichkeit und Reproduzierbarkeit ist mitunter sehr fraglich. Die Vielzahl erschwert auch die Vergleichsmöglichkeiten zwischen einzelnen Labors.

Die Überlegung bei der Therapie mit diesen hydrolytischen Enzymen geht auch dahin, daß die Proteinasen-Inhibitoren (allen voran α_2-Makroglobulin und α_1-Antitrypsin) abgesättigt werden. Diese Proteinaseinhibitoren decken vorwiegend die »Antigenseite« des Enzyms ab, während die hydrolytische Komponente intakt bleibt.

Auswirkungen als Folge einer kompletten Ausschaltung von Proteinaseinhibitoren (nur theoretisch denkbar) sind bis heute nicht bekannt.

Zusammenfassend läßt sich also festhalten, daß dieses Enzymgemisch die Darmwand passieren kann und anschließend noch zu einem gewissen, kleinen Prozentsatz aktiv ist. Wie die Auswirkungen vor allem auf die gewebsgebundenen Immunkomplexe sind, kann bis heute nur aufgrund von tierexperimentellen Studien beantwortet werden.

Eine Propagierung zur Behandlung der chronischen Polyarthritis mit Enzymgemisch in hoher Dosis kann derzeit zweifelsohne nicht mit einer allgemein gültigen Aussage empfohlen werden. Hier sind noch weitere klinische Prüfungen notwendig.

Möglicherweise handelt es sich bei diesem Enzymgemisch hinsichtlich der klinischen Wirkung um ein durchaus relevantes antiphlogistisch wirksames Mittel — wenngleich auch pharmakologisch der Wirkmechanismus noch nicht eindeutig geklärt ist. Diese Aussage wird auch durch das Ergebnis der Studie bei aktivierter

Gonarthrose gestützt. Die Wirkung erscheint aber kurz und rekuriert bei Absetzen, so daß man vielleicht nicht von einem Basistherapeutikum (Depoteffekt, langsamer Wirkungseintritt usw.) sprechen kann, sondern von einem »Symptomatikum«, ähnlich wie es die NSAR ja auch sind.

Bei rheumatischen Beschwerden, denen ein eindeutiges entzündliches Substrat fehlt, ist der Einsatz dieser Substanz nicht vorstellbar.

Literatur

1. KLEIN, G. u. H. SCHWANN: Enzymtherapie bei chronischer Polyarthritis. Acta med. empirica **37**, 8–10 (1988).
2. MIEHLKE, K.: Enzymtherapie bei rheumatoider Arthritis. Natur- und Ganzheitsmedizin **1**, 68–125 (1988).
3. MÖRL, H.: Behandlung des postthrombotischen Syndroms mit einem Enzymgemisch. Therapiewoche **36**, 2443–2446 (1986).
4. STEFFEN, C. u. Mitarb.: Die antigen-induzierte experimentelle Arthritis als Prüfverfahren für Entzündungshemmung durch oral applizierte Substanzen. Z. Rheumatol. **38**, 264–278 (1979).
5. STEFFEN, C. u. J. SMOLEN: Untersuchungen über intestinale Resorption mit 3H-markiertem Enzymgemischt (Wobenzym). Acta med. austriaca **6**, 13–18 (1979).
6. STEFFEN, C. u. J. MENZEL: In-vivo-Abbau von Immunkomplexen in der Niere durch oral applizierte Enzyme. Wien. klin. Wschr. **99**, 525–531 (1987).
7. STEFFEN, C. u. J. MENZEL: Enzymabbau von Immunkomplexen. Z. Rheumatol. **42**, 249–255 (1983).
8. STEFFEN, C. u. Mitarb.: Enzymtherapie im Vergleich mit Immunkomplex-Bestimmungen bei chronischer Polyarthritis. Z. Rheumatol. **44**, 51–56 (1985).
9. STEFFEN, C. u. J. MENZEL: Grundlagenuntersuchung zur Enzymtherapie bei Immunkomplexkrankheiten. Wien. klin. Wschr. **97**, 2–11 (1985).

F. Singer, Laab im Walde

Hyperkalzämie bei chronischer Polyarthritis

Frage: Eine 60jährige Patientin mit seit 10 Jahren bekannter seropositiver atypischer chronischer Polyarthritis hat klinisch keine Zeichen einer Arthritis, radiologisch zeigt sich aber eine ausgeprägte Osteoporose. Da aber die Kalziumwerte wiederholt erhöht waren (2,7 mmol/l), ergibt sich die Frage, wie diese Osteoporose behandelt werden soll. Eine Ursache für die Hyperkalzämie ließ sich nicht feststellen (Parathormon, Vitamin A, Knochenszintigraphie, Gesamteiweiß, Harnelektrophorese unauffällig, AP 332).

Eine Hyperkalzämie bei chronischer Polyarthritis ist bekannt. Die Ursache hierfür ist eine im Serum dieser Patienten vorhandene »knochenresorbierende Aktivität«, von der wir im Augenblick nicht genau wissen, was sie beinhaltet. Das Parathormon wurde bei diesen Patienten erniedrigt gefunden.
Eine Erklärungsmöglichkeit wäre eine Erhöhung des osteoklastenaktivierenden Faktors, der nicht eine einzelne Substanz darstellt, sondern eine Anzahl von strukturell verschiedenen, die Knochenresorption stimulierenden Faktoren, die von Immunzellen nach Stimulation mit einem Antigen oder Mitogen synthetisiert werden. Diese Faktoren können von Lymphozyten, Monozyten oder malignen lymphoiden Zellen produziert werden und umfassen das Interleukin I, den Tumornekrosisfaktor α sowie den Tumornekrosisfaktor β. Der knochenresorbierende Effekt von Interleukin I kann nicht durch Indometacin gehemmt werden. Eine Erniedrigung des Serum-Kalziums fand sich jedoch nach Calcitoningabe.

Das zweite Problem bei der 60jährigen Patientin ist die ausgeprägte Osteoporose. Hier kann nicht unterschieden werden, wie weit eine Menopause-Osteoporose bzw. eine Osteopenie bei chronischer Polyarthritis vorliegt.

Man kann folgendermaßen vorgehen: Die alkalische Phosphatase ist auf 332 U/l erhöht. Hier sollte geklärt werden, ob dieser Wert einen erhöhten Knochenumsatz angibt oder, ob er auf die Leber bezogen werden muß. Eine mögliche Unterscheidung wäre die Bestimmung des Osteokalzins bzw. der Transaminasen und der γ-GT im Serum.

Sollte die AP auf den Knochen bezogen werden müssen, wäre zunächst eine Therapie mit Calcitonin bis zur Normalisierung der alkalischen Phosphatase bzw. des Osteokalzins durchzuführen. Anschließend sollte auf eine knochenaufbauende Therapie übergegangen werden, bestehend aus Natrium-Monofluorphosphat 2×1, niedrig dosierten, konjugierten Östrogenen (0,3 mg) 1×1, *Vigantolette* 1000 1×1 sowie Kalzium je nach der Kalziumausscheidung im 24 Std.-Harn.

Auf alle Fälle sollte jedoch auch ein primärer Hyperparathyreoidismus ausgeschlossen werden. Hier sollten noch einmal die Serum-Kalziumwerte, das Parathormon mit einem Antikörper gegen das mittregionale PTH bzw. das intakte PTH sowie die Kalziumausscheidung im 24 Std.-Harn bestimmt werden. Falls dann immer noch keine Klarheit herrschen sollte, wäre als Ultima ratio eine Knochenbiopsie zu fordern.

E. Keck, Wiesbaden

Diagnostik des Lupus erythematodes

Frage: Welche diagnostischen Maßnahmen sind in der Praxis bei der Diagnostik des Lupus erythematodes zu empfehlen?

Beim Lupus erythematodes handelt es sich um eine chronisch entzündliche Bindegewebserkrankung (Autoimmunerkrankung), vor allem der Haut, der Gelenke und der Niere. Aber auch andere Organsysteme sind häufig betroffen. Entsprechend umfangreich sollte die Diagnostik sein.

Die amerikanische Rheumaassoziation (ARA) hat klinische und laborchemische Kriterien für die Diagnose des systemischen LE erarbeitet. Sind 4 der 11 Kriterien erfüllt, so ist die Diagnose eines »Systemischen Lupus erythematodes« wahrscheinlich:

1. Schmetterlingserythem
2. Discoider LE
3. Lichtempfindlichkeit
4. orale Schleimhautulzerationen
5. Arthritis
6. Polyserositis:
   Pleuraergüsse, Perikarderguß
7. Nierenbeteiligung:
   Proteinurie, Zellzylinder
8. ZNS-Beteiligung:
   Krampfanfälle oder psychiatrische Symptome
9. hämatologische Befunde:
   hämolytische Anämie, Thrombopenie, Leukopenie, insbes. Lymphopenie
10. immunologische Befunde:
    Anti-Doppelstrang-DNS-Antikörper, Anti-Sm-Antikörper
11. Antinukleäre Antikörper >1 : 320
    (ohne Hinweis auf einen Medikamenteninduzierten LE)

Aus diesen Kriterien leiten sich folgende Maßnahmen zur Diagnostik eines systemischen Lupus erythematodes ab:

Klinische Diagnostik: sorgfältige körperliche Diagnostik mit Inspektion von Haut und Schleimhäuten.

Labordiagnostik: antinukleäre Antikörper mit Doppelstrangantikörpern (bei negativem Testergebnis ist ein LE nahezu ausgeschlossen!), Kreatinin, Harnsediment, Proteinausscheidung im 24 Std.-Harn, Blutbild mit Differentialblutbild, BSG, CRP, Elektrolyte, Leberwerte, CK; fakultativ: Complement C3 (erniedrigt), C3a (erhöht), C4 (erniedrigt).

Technische Diagnostik: Ekg: Perikarditis? Myokarditis?, Thoraxröntgenaufnahme: Pleuraerguß? Abdomensonographie: Leber- und Milzgröße? Nieren? Pleuraerguß? Perikarderguß? Echokardiographie: Perikarderguß? Libman-Sacks Endokarditis? Kontraktilität? Fakultativ: Hautbiopsie, Nierenbiopsie, EMG, EEG und weitere Untersuchungen.

Da es sich beim Lupus erythematodes um ein sehr komplexes Krankheitsbild handelt, dessen konsequente Behandlung für die Prognose bedeutsam ist, sollte die Therapie und Diagnostik in Abstimmung mit einem Zentrumskrankenhaus erfolgen.

Literatur

GOEBEL, K. M.: Früherkennung des systemischen Lupus erythematodes. Dt. med. Wschr. **112**, 1990–1993 (1987).
TAN, E. M. u. Mitarb.: The 1982 revised Criteria for the classification of systemic Lupus erythematodes. Arthritis and Rheumatism **25**, 1271–1277 (1982).

K. Schwarting, Lübeck

Therapie des milden Lupus

Frage: Ein Lupus erythematodes mit Schmetterlingserythem, flüchtigen Arthralgien, Leukopenie, deutlicher Erniedrigung von Komplement C3 und C4, mit deutlich hohen Titern von anti-ds-DNS ist zu behandeln: nur symptomatische Therapie — mit Vermeiden von UV-Licht? Nichtsteroidalen Antiphlogistika? Absetzen von Ovulationshemmern oder auch zusätzlich (auch wenn keine Beteiligung von Nieren, Herz, serösen Häuten nachzuweisen ist) mit Kortikoiden?

Grundsätzlich gilt auch in der Therapie des Lupus, daß die Krankheit bzw. der Patient zu behandeln ist und nicht Laborphänomene.

Bei der geschilderten Patientin liegt zweifelsfrei ein systemischer Lupus erythematodes (SLE) vor: 4 von 11 ARA-Kriterien sind erfüllt. Allerdings ist offensichtlich derzeit keines der problematischen Organsysteme (Nieren, Lungen, Herz, ZNS, Augen, Erythropoese, Thrombopoese) beteiligt. Die Literatur über die optimale Therapie solcher klinisch milden Verläufe ist spärlich. Dies liegt z. T. daran, daß diese Erkrankten erst in jüngerer Zeit aufgrund verbesserter Labormethoden und aufgrund eines erhöhten Informationsstandes über die Erkrankung häufiger erkannt werden.

Es gibt keine gesicherten Daten darüber, ob eine intensive Therapie die Gesamtprognose verbessert oder einen nicht auszuschließenden späteren Organbefall hinauszögert.

Wir würden daher die Behandlung an der Schwere der derzeit klinischen Manifestationen (Erythem und Arthralgien) orientieren. Wenn keine psychisch belastende und durch Lokalbehandlung und Kosmetika korrigierbare Ausprägung des Erythems vorliegt, könnte sich die Behandlung durchaus auf die symptomatische

Therapie der Arthralgien (die ja in der Regel nicht zu Gelenkdeformitäten führen) beschränken. Am Bedarf orientierte Dosierungen von Acetylsalicylsäure und/oder nicht-steroidalen Antirheumatika wären die Mittel der Wahl. Die prophylaktische Vermeidung von UV-Licht ist weiterhin eine sinnvolle Empfehlung. Kortikosteroide sollten bestenfalls kurzfristig bei schweren und refraktären Arthralgien erwogen werden. Sollten Kortikosteroide jedoch erforderlich sein, können Malariamittel den Kortikosteroidbedarf reduzieren. In diesem Fall sollten die Dosierungsvorschriften beachtet und regelmäßige ophthalmologische Kontrolluntersuchungen durchgeführt werden. Bei Einhaltung einer kumulativen Gesamtdosis von 200 g Chloroquin dürfte eine toxische retinale Akkumulation zu vermeiden sein.

Auch wenn eine systemische Behandlung nicht durchgeführt wird, sind regelmäßige Kontrollen zu empfehlen, da die spätere Ausbildung weiterer Manifestationen nicht auszuschließen ist.

H. H. Euler und J. O. Schroeder, Kiel

Zellkernantikörpernachweis

Frage: Welche diagnostische Bedeutung besitzt die Positivität der antinukleären Faktoren?

Zellkernantikörper werden am häufigsten mit dem indirekten Immunfluoreszenztest nachgewiesen. Dabei dient dieser Test in der Regel als Suchtest. Die Zellkernantikörper können gegen verschiedene Antigenstrukturen gerichtet sein (Doppelstrang-, Einzelstrang-DNS, nukleoläre RNS, extrahierbare nukleäre Antigene und weitere). Die weitere Aufschlüsselung der Antikörper erfolgt mit der radialen Immundiffusion *(Ouchterlony*-Test), Radioimmuno-Assays, Enzymimmuno-Assays oder dem Hämagglutinationstest.

Antinukleäre Antikörper kommen bei den unterschiedlichsten Erkrankungen vor:

1. Lupus erythematodes	99%
2. Mischkollagenose	100%
3. Sklerodermie	87%
4. Polymyositis	60%
5. chronische Polyarthritis	35%
6. autoimmune Hepatitis	60%
7. primär biliäre Zirrhose	30%
8. Immunthrombozytopenie	60%
9. Lungenfibrose, Alveolitis	30%
10. Gesunde über 60 Jahre	25%
11. Gesunde unter 60 Jahren	5%

Die Sensitivität der Bestimmung von Zellkernantikörpern, d. h. die Fähigkeit, Lupus erythematodes – (LE-)Patienten zu erkennen, ist mit 99% extrem hoch. Es gibt also so gut wie keine LE-Patienten ohne positiven Zellkernantikörpernachweis.

Hingegen ist die Spezifität gering, da es eine Vielzahl von Erkrankungen mit positiven antinukleären Faktoren gibt. Die Spezifität für den LE erhöht sich beträchtlich, wenn man die Höhe der Antikörpertiter berücksichtigt. Antikörpertiter >1 : 320 in der Immunfluoreszenz verstärken den Verdacht auf einen Lupus erythematodes oder eine Sklerodermie. Das Vorliegen von hochtitrigen Antikörpern gegen Doppelstrang — DNS (in 80% positiv beim LE) ist beweisend für einen Lupus erythematodes. Auch der Nachweis von Antikörpern gegen das extrahierbare nukleäre Antigen Sm (in 30% positiv beim LE) ist hochspezifisch für einen LE.

Literatur

SEELIG, H. P.: Antikörper gegen Zellkernantikörper. Labormedizin und Klinik. Fischer, Stuttgart 1983.

K. Schwarting, Lübeck

Hauterkrankungen

Ernährung von Kindern und Jugendlichen bei Neurodermitis

Frage: Bei Kindern mit Neurodermitis soll man für längere Zeit Milch und Milchprodukte weglassen. Wie soll man den Kalziumbedarf gerade bei den heranwachsenden Jugendlichen decken?

Die Kalziumversorgung von Kindern und Jugendlichen unter Verzicht auf Milch und Milchprodukte ist ohne diese wertvollen Quellen erschwert, aber mit bewußter Lebensmittelwahl durchaus möglich. Die wichtigsten Kalziumlieferanten (außer Milch) sind Vollkornprodukte, besonders Hafer (Haferflocken), Trockenfrüchte (z. B. Feigen, Korinthen), verschiedene Nußarten und Ölsaaten (besonders Sesam) sowie Hülsenfrüchte, vor allem Sojabohnen. Von den Gemüsen enthalten Lauch, Fenchel und Grünkohl erhebliche Mengen an Kalzium. Auch Schnittlauch, Petersilie und Kresse sind kalziumreich, können aber mengenmäßig nicht sehr viel beitragen; trotzdem sollten sie regelmäßig verwendet werden.

Insgesamt werden die genannten kalziumhaltigen Lebensmittel in der Vollwert-Ernährung eingesetzt. Deshalb ist diese Kostform bei Neurodermitis empfehlenswert.

C. Leitzmann, Gießen

Zusammensetzung von Melkfett

Frage: Enthält das gegen Neurodermitis manchmal verwendete Melkfett Cortison? Welche Hauptbestandteile finden sich im Melkfett?

Melkfette sind Produkte, die zum Einreiben des Euters oder beim Handmelken auch zum Einreiben der Hände benutzt werden. Einzelne der freiverkäuflichen Melkfette sind durch das Bundesgesundheitsamt als Tierpflegemittel zugelassen. Sie dienen als Gleitmittel, sollen wunden Stellen vorbeugen, aber auch wunde Stellen schneller heilen.

Auf dem Markt werden verschiedene Melkfette angeboten, die sich in ihrer Zusammensetzung nur wenig unterscheiden. Die Bestandteile sind je nach Melkfetttyp Paraffine (dünnflüssig bis hart), Vaselin (gelb oder weiß) und als Konservierungsmittel manchmal Osmaron B. Das Mengenverhältnis von den Paraffinen zu Vaselin unterscheidet sich je nach Produkt; Osmaron B liegt, falls es Verwendung findet, 0,6%ig vor (1).

Paraffine und Vaselin gehören zu den Kohlenwasserstoffen; sie sind in zahlreichen Salben und Cremes enthalten und dienen als fettende und feuchtigkeitshaltende Vehikel. Unverträglichkeitsreaktionen auf diese beiden Substanzklassen sind nur dann zu erwarten, wenn sie in der Therapie der Ekzeme nicht stadiengerecht eingesetzt oder bei Dermatosen verwendet werden, die einer nichtfettenden Behandlung bedürfen. Kontaktallergien auf Paraffine und Vaselin haben Seltenheitswert.

Osmaron B ist ein Benzoat des aus Palmkernfettsäuren hergestellten Alkylamins und wirkt antiseptisch. Nach Angaben der Vertreiber soll es keine Reizungen auf der Haut des Melkers und der Haut des Tieres verursachen. Über Kontaktallergien auf Osmaron B gibt es verschiedene Angaben. So wird z. B. aus der Hautklinik Linden in Hannover über die hohe Reaktionsfrequenz von 6,7% aller getesteten Patienten berichtet, betrachtet man nur Patienten mit atopischem Ekzem, so sind es sogar 7,8% (2).

Literatur

1. Anonym: Melkfette — Theorie und Praxis. MGDA. Dialog **26**, 21–22 (1989).
2. KALLUSKY, J.: Epikutantest-Ergebnisse bei Hautkranken. Allergologie **8**, 22–26 (1985).

F. Enders und J. Ring, München

Melanom und Gravidität

Frage: Kann eine Gravidität die Wachstumsgeschwindigkeit bzw. die Metastasierungswahrscheinlichkeit eines malignen Melanoms erhöhen? Wenn ja, soll einer Melanompatientin grundsätzlich von einer Schwangerschaft abgeraten werden?

Bei etwa 1% der weiblichen Melanompatientinnen wird das maligne Melanom in engem zeitlichen Zusammenhang mit einer Schwangerschaft diagnostiziert und behandelt.

Nach neueren Daten erscheint es möglich, daß eine Schwangerschaft das Wachstum des malignen Melanoms stimuliert und schwangere Patientinnen dickere Primärtumoren aufweisen als nicht schwangere (3, 4). Für Patientinnen, bei denen es bereits zu Lymphknotenmetastasen gekommen ist, konnte auch gezeigt werden, daß eine Schwangerschaft die Prognose verschlechtert (5).
Eine Schwangerschaft nach ausreichender Behandlung eines primären malignen Melanoms (pT 1–4, N0, M0) beeinflußt die Prognose dagegen nicht negativ (1, 5).

Nach Behandlung eines primären malignen Melanoms der Haut sollten Patientinnen mit mittlerem und hohem Metastasierungsrisiko (Tumordicke über 0,75 mm) für 3–5 Jahre nicht hormonelle Antikonzeption betreiben, da 80–90% der Tumorprogressionen innerhalb dieses Zeitraumes auftreten (2). Erst nach dieser kritischen Phase sollte eine weitere Schwangerschaft in Erwägung gezogen werden. Bei Patientinnen mit geringem Metastasierungsrisiko (Tumordicke unter 0,75 mm) ist eine Änderung des Vorgehens möglich.
Ist es dagegen zu einem Fortschreiten der Melanomerkrankung gekommen (Lymphknotenmetastasen, Fernmetastasen) ist den Patientinnen dringend von einer weiteren Schwangerschaft abzuraten.

Literatur

1. BORK, K. u. Mitarb.: Schwangerschaft nach malignem Melanom. Dt. med. Wschr. **110**, 1323–1327 (1985).
2. BRAUN-FALCO, O. u. Mitarb.: Therapie und Prognose maligner Melanome der Haut. Dt. med. Wschr. **111**, 1750–1756 (1986).
3. LANDTHALER, M. u. O. BRAUN-FALCO: Maligne Melanome in der Schwangerschaft. Dt. med. Wschr. **110**, 1319–1323 (1985).
4. REINTGEN, D. S. u. Mitarb.: Malignant melanoma and pregnancy. Cancer **55**, 1340–1343 (1985).
5. SHIU, M. H. u. Mitarb. Adverse effect of pregnancy on melanoma. Cancer **37**, 181–185 (1976).

M. Landthaler, München

M. *Recklinghausen* – Therapie mit Ketotifen?

Frage: In der letzten Zeit las ich, daß man in Amerika bei M. Recklinghausen neuerdings das Wachstum von Fibromen zum Stillstand bringen kann, wenn man konsequent und lange mit Ketotifen therapiert. Ist diese Therapie bekannt? Wer kann über eigene Erfahrungen und evtl. Erfolge berichten?

Ketotifen wird seit Jahren wegen seiner antihistaminischen Wirkung als Antiallergikum und orales Asthmaprophylaktikum verwendet. *Vincent M. Riccardi,* der sich seit Jahren intensiv mit den Neurofibromatosen befaßt, ging von der bekannten Tatsache aus, daß Neurofibrome große Mastzellenansammlungen enthalten und nahm an, daß diese Mastzellen an der Entstehung oder an der Größenzunahme der Neurofibrome beteiligt sind. Er fragte sich, ob es möglich wäre, durch Substanzen, welche die Mastzellensekretion beeinträchtigen, auch das Wachstum der Neurofibrome zu stören.

1983 begann er bei einigen Patienten mit Neurofibromatose, Ketotifen zu verabreichen, und die Ergebnisse wurden 1987 publiziert: Bei insgesamt 15 Patienten (davon 3 Schulkinder) wurden 2–4mg Ketotifen täglich per os während 30–43 Monaten verabreicht. Vier Patienten wurden aus der Studie ausgeschieden. Das Wachstum der Neurofibrome wurde aufgrund der Angaben der Betroffenen und der ärztlichen Beobachtung beurteilt. Eine longitudinale fotografische Dokumentation der Neurofibrome erfolgte offenbar nicht bei allen Probanden.

Es wurden folgende als eindeutig bezeichnete Veränderungen festgestellt: Abnahme des lokalen Juckreizes und/oder der Dolenz. Unerwartet war die Verbesserung des Allgemeinbefindens und der Leistungsfähigkeit. Die Größenzunahme der Neurofibrome wurde in offenbar unterschiedlichem Ausmaße gebremst. Es handelt sich um eine preliminäre Untersuchung, der unbedingt weitere kontrollierte Studien folgen sollten.

In einer Antwort an *Krause* schreibt *Riccardi* 1988: »On the other hand, as ability of ketotifen to alter neurofibroma growth by preventing mast-cell degranulation still awaits confirmation, both by further clinical trials and by direct studies on neurofibromas before and after treatment. Such studies are pending«.

Literatur

1. KRAUSE, L.: Ketotifen and Neurofibromatosis. Archs Derm. **124**, 651–652 (1988).
2. RICCARDI, V. M.: Mast-Cell Stabilization to Decrease Neurofibroma Growth. Preliminary experience with Ketotifen. Archs Derm. **123**, 1011–1016 (1987).

F. Vassella, Bern

Erythema migrans – Impfung und Therapie?

Frage: Sollte man bei einem Zeckenbiß mit Auftreten von Erythema migrans immer eine FSME-Impfung durchführen und gleichzeitig mit Antibiotika behandeln? (Ortslage: Südpfalz)

Die in Europa weit verbreitete Zecke Ixodes ricinos kann beide Infektionen übertragen: die in der ganzen Bundesrepublik weit verbreitete Erythema migrans- oder Lyme-Borreliose und die auf wenige Gebiete Süddeutschlands beschränkte, virusbedingte Frühsommermeningo-Enzephalitis.

Ein Erythema migrans ist eine Frühmanifestation der Borreliose und sollte bereits vor dem Nachweis von Serumantikörpern unverzüglich spezifisch antibiotisch behandelt werden.

Eine postexpositionelle, passive FSME-Immunisierung mit spezifischem, humanem Immunglobulin ist lediglich binnen 48 Stunden nach dem Stich sinnvoll. Sie ist angezeigt in Endemiegebieten mit gehäuftem Vorkommen von FSME. In Rheinland-Pfalz ist diese Infektion außerordentlich selten. In den Jahren 1978–1984 wurden dort lediglich im Kreis Bad Kreuznach 2 Erkrankungen erfaßt. *(Ackermann* u. Mitarb., Dtsch. med. Wschr. **111,** 927–933 [1986]; *M. Roggendorf* u. Mitarb., Deutsches Ärzteblatt 86 [1989, 1992–1998]).

R. Ackermann, Köln

Therapie von Steißbeinfisteln

Frage: Ich betreue zwei junge Patienten mit rezidivierendem Sinus pilonidalis. Wegen der Rezidivneigung dieser Erkrankung bestehen erhebliche psychische Probleme. Gibt es neue Erkenntnisse in der Behandlung und der Betreuung solcher Patienten?

Der Pilonidalsinus – auch Steißbeinfistel, Haarnestfistel oder Rhaphefistel genannt – stellt einen haselnuß bis kastaniengroßen Haarbalg im Sakralbereich dar, der durch eine oder mehrere Fisteln mit der Hautoberfläche verbunden ist. Typisch sind oft aus der Fistelöffnung herausragende Haarbüschel. Die Steißbeinfistel hat nichts mit den perianalen Fisteln zu tun. Beschwerden treten dann auf, wenn sich entzündliche Veränderungen im Fistelbereich einstellen.

Hinsichtlich der Therapie gibt es keine grundlegend neuen Erkenntnisse. Allein durch chirurgische Maßnahmen wird ein zufriedenstellendes Ergebnis zu erwarten sein. Dabei muß der Dermoidsack mit allen Fistelkanälen in toto entfernt werden. Nach Möglichkeit versucht man, durch Adaption der Wundränder eine primäre Wundheilung zu erreichen. Ist aufgrund einer zu großen Wunde ein primärer Wundverschluß nicht möglich, so kann man auf eine plastische Deckung mittels *Thiersch*-Lappen zurückgreifen. Alternative Operationsmethoden nach *Buie* oder *Hanley* sind Modifikationen mit dem Ziel, eine schnelle Wundheilung zu erreichen und die gelegentlich auftretenden Rezidive zu vermeiden.

Konservative Behandlungsmaßnahmen mit z. B. Leukasekegeln, Fadendrainage, Bestrahlung, Sitzbädern usw. sind kaum erfolgversprechend und werden den Krankheitsverlauf nur unnötig verlängern.

W. Brühl, Bad Salzuflen

Therapie von Warzen

Frage: Wie behandelt man (Plantar-) Warzen?

Warzen sind viral bedingte Papillome, welche einer echten Chemotherapie bis zum heutigen Tage nicht zugänglich sind. Es handelt sich jedoch durchweg um gutartige Gebilde — mit Ausnahme der extrem seltenen Verrucosis generalisata (syn. Epidermodysplasia verruciformis), die zur malignen Entartung im Sinne von Plattenepithelkarzinomen neigt. Vulgäre Warzen und Plantarwarzen neigen demgegenüber zur Spontanheilung.

Das oberste Ziel einer therapeutischen Maßnahme muß daher sein, die Papillome narbenlos zu beseitigen. Das gilt besonders für die Fußsohlen, weil Plantarwarzen sich (fast) immer nur an den Druckpunkten von Vorfuß und Ferse ansiedeln, wo Narben u. U. lebenslängliche Beschwerden beim Gehen zur Folge haben.

Eine Therapie der Wahl ist nicht bekannt. Entsprechend groß ist die Anzahl der empfohlenen Behandlungsmodalitäten, die man in 4 Kategorien einteilen kann:

1. kaustische Methoden;
2. operative Methoden;
3. Zytostatika;
4. Immunmodulation.

Die früher vielfach angewendete Röntgenbestrahlung kann wegen ihrer Risiken nicht mehr empfohlen werden.

Zu 1.
Salicyl- und milchsäurehaltige Präparate (z. B. *Duofilm, Collomack, Verrucid*). Auch Trichloressigsäure, Silbernitrat u. ä. kann in der Hand des Geübten verwendet werden — cave schmerzhafte Reaktionen! Formalin- und Glutaraldehydzubereitungen sind wegen der Gefahr von Kontaktallergien nicht empfehlenswert. Gut wirksam ist die *Linser*sche Warzensalbe mit folgender Zusammensetzung: Phenolum liquefactum, Acid. salicyl., solve in Ol. ricini qu. s., β-Naphthol., Resorcini, Ol. thymi $\overline{aa}$ 8,0 g, Vasel. flav. ad 100,0. Wegen ihrer Ätzwirkung muß die umgebende Haut mit Zinkpaste gut abgedeckt werden.

Zu 2.
Kürettage, besser elektrokaustische Entfernung in Lokalanästhesie, besonders bei gestielten Warzen; auch der CO_2-Laser kann eingesetzt werden. Kryotherapie mit flüssigem Stickstoff (ohne Lokalanästhesie) ergibt gute, narbenlose Resultate, ist aber nicht schmerzfrei und wird speziell am Nagelwall nicht toleriert. Auftragen des flüssigen Stickstoffs mit Watteträger (oder speziellen Geräten), für die Aufbewahrung wird ein *Dewar*-Gefäß benötigt.

Zu 3.
Bewährt hat sich 5-Fluouracil mit Salicylsäure und DMSO *(Verrumal)*; ausnahmsweise kann auch Bleomycin intraläsional verabreicht werden, so bei besonders therapierefraktären Patienten. Podophyllin als 10—20%ige alkoholische Tinktur hat sich vornehmlich bei genitalen Warzen (Condylomata accuminata) bewährt, sollte aber wegen der Intoxikationsgefahr immer in der Hand des Arztes bleiben und ist in graviditate absolut kontraindiziert.

Zu 4.
Sicher wirksam sind Interferone, z. B. α-Interferon *(Roferon)* in einer Dosierung von 1,5 Mill. IE/d s.c. über mehrere Wochen, besonders bei immunkompromittierten Patienten (Neurodermitis, Hämoblastosen, Sarkoidose, HIV-Infektion u. a.). Umstritten ist die Effektivität von Etretinat, Levamisol und photodynamischer Inaktivierung mit Methylenblau oder Neutralrot.

Bei Plantarwarzen müssen immer auch die prädisponierenden Faktoren wie Hyperhidrosis, periphere Durchblutungsstörungen und vor allem Senk- und Spreizfüße (Lokalisationsfaktor!) mitbehandelt werden. Oberflächliche Warzen lassen sich nach vorheriger Erweichung mit 60%igem *Salicyl-Guttaplast* mit einem scharfen Löffel meist leicht entfernen. Tiefsitzende Warzen können in Lokalanästhesie mit dem scharfen Löffel ausgeschält werden; wegen der Rezidivgefahr ist es zweckmäßig, das Wundbett mit dem Thermokauter zu verschorfen und den Schorf gleichfalls auszukratzen. Dabei ist allerdings größte Vorsicht geboten, da es unweigerlich zur Narbenbildung kommt, wenn man zu weit in die Tiefe vordringt. Weniger riskant und für größere Warzenbeete besonders geeignet ist die Linsersche Warzensalbe (siehe oben). Bei solitären Dornwarzen führt oftmals auch die Vereisung der Papillome mit flüssigem Stickstoff zum Ziel; sie können nach erfolgter Blasenbildung mitsamt der Blasendecke entfernt werden.

W. P. Herrmann, Bremen

Anwendung der Lichttherapie

Frage: Nach einem Bericht über den Kongreß für Physikalische Medizin in Freiburg (12.–14. 10. 1989, Autor wird nicht genannt) wirkt Beleuchtung mit Licht einer Intensität von über 2500 Lux gegen Winterdepression (Hemmung der Melatoninproduktion). Wie wird diese Therapie in der Praxis durchgeführt? Ab welcher Beleuchtungsdauer tritt ein Effekt ein? Ist die Gaskörperbeleuchtung notwendig? Welche Lampen sind zu empfehlen?

Durch Unterstützung des Schweizerischen Nationalfonds während der letzten 6 Jahre konnten wir Patienten mit Herbst-Winterdepressionen genau untersuchen. Während der lichtarmen Jahreszeit leiden sie unter depressiven Verstimmungen, klagen über mangelnde Energie, zeigen ein großes Schlafbedürfnis bei einem wenig erholsamen Schlaf, einen erhöhten Appetit auf kohlenhydratreiche Nahrung und ziehen sich von ihrer Familie und ihren Freunden zurück. Im Frühling und Sommer dagegen fühlen sie sich gut, gehen ihren Aktivitäten voller Energie nach und bedürfen weniger Schlaf.
Seit 1980 hat man Erfahrungen, daß bei dieser speziellen Depressionsform eine Therapie mit Licht heilsame Wirkung haben kann.
Wir möchten darauf hinweisen, daß diese Therapieform noch jung ist. Unsere Erfahrungen entsprechen denjenigen vieler Forschungsgruppen in der ganzen Welt, insbesondere auch denen des National Institute of Mental Health in den USA, das als Initiator dieser Therapieform angesehen werden kann.
Wir haben bisher ca. 120 Patienten mit Winterdepressionen mit Licht behandelt. Wir empfehlen jetzt folgenden Behandlungsmodus:
Die Patienten sollten mindestens eine Stunde – entweder frühmorgens oder abends – vor der Lampe in einem Abstand von etwa 80 cm sitzen. Die für die Lichttherapie konstruierten Lampen bestehen aus

6 True-Lite 20 W Fluoreszenzröhren, die in diesem Abstand eine Intensität von etwa 2000–2500 Lux aufweisen. In der Zeit während der Lichttherapie können die Patienten lesen, essen, nähen usw. Wichtig ist, daß öfter in die Lampe geblickt wird.

Die meisten Winterdepressiven haben innerhalb von 7 Tagen eine deutliche Besserung der depressiven Symptomatik gezeigt. Sollte sich nach einer Woche Licht keine Besserung der depressiven Symptomatik zeigen, empfiehlt es sich, entweder länger vor der Lampe zu sitzen (z. B. 2 Stunden) oder die Tageszeit zu wechseln (statt frühmorgens abends und umgekehrt). Es wurde kaum von Nebenwirkungen berichtet (gelegentlich Kopfweh, Augenbrennen oder Gereiztheit).

Die Lampen können direkt von den Firmen *Kries* (Schweiz) und *SML-Licht- und Bestrahlungssysteme* (Bundesrepublik) bezogen werden. Man kann auch selber einen einfachen Apparat mit True-Lite-Röhren bauen (Bezugsquelle via *R. Stutz, Elec Handels A.G.,* Eichenweg 33 CH, 8121 Benglen Tel.: 01/825 24 14 für die Schweiz und *SML Licht- und Bestrahlungssysteme,* Postfach 1853, D-5100 Aachen Tel.: (02408) 49 89.

Wir möchten folgende Punkte besonders hervorheben:

1. Die Lichttherapie ist neu und ist noch immer im Stadium der Forschung. Es wurde vor kurzem eine Gesellschaft gegründet (Society for Light Treatment and Biological Rhythms; SLTBR), die sich bemüht, Standards für die Lichttherapie aufzustellen.

2. Die Lichttherapie hat sich bisher nur bei Winterdepressionen als erfolgreich erwiesen. Die Anwendung bei anderen Depressionsformen und/oder Krankheiten ist noch nicht genügend überprüft worden.

3. Obwohl wir vollspektrales Licht verwendeten, scheint dies nicht notwendig für eine antidepressive Wirkung zu sein.

4. Es gibt individuelle Unterschiede in der Wirkung des Lichts. Einige Patienten brauchen mehr als nur eine Stunde pro Tag, andere sogar weniger, einige reagieren nur zu bestimmten Tageszeiten (z. B. frühmorgens und nicht abends).

5. Augenuntersuchungen kurz nach Beendigung der einwöchigen Lichttherapie haben keine Probleme gezeigt. Ophthalmologische Veränderungen nach Langzeitbehandlung mit Licht sind bisher nicht untersucht worden. Besonders Patienten, die mit Lithium behandelt werden, sollten zur Kontrolle vor und nach der Lichttherapie eine Augenuntersuchung durchführen lassen.

Anna Wirz-Justice, Basel

Akute und Intervalltherapie beim Granuloma anulare

Frage: Wie gestaltet sich die moderne Therapie beim Granuloma anulare?

Beim Granuloma anulare handelt es sich um eine gutartige granulomatöse Entzündungsreaktion der Haut (speziell des Corium) ungeklärter Ätiologie, die als hypererge Spättypreaktion bei prädisponierten Personen aufgefaßt wird. Klinisch imponieren ringförmig angeordnete, nicht jukkende, glatte, derbe Papeln von weißlichem, rötlichem oder hautfarbenem Kolorit. Neben den typischen, über den Streckseiten von Gelenken angeordneten Hautveränderungen kommen auch generalisierte Formen vor.

Jede Indikationsstellung zur Therapie beim Granuloma anulare muß die Gutartigkeit des entzündlichen Prozesses sowie die Möglichkeit der spontanen Remission innerhalb von 2 Jahren berücksichtigen (1, 3, 4, 7).

Zur Therapie der lokalisierten Form ist die intraläsionale Applikation einer Triamcinolon-Kristallsuspension 1 : 3 bis 1 : 5 verdünnt mit Mepivacain mit gutem Erfolg angewendet worden (1, 3, 4, 6, 7). Bei fehlender Rückbildung der Hautveränderungen kann diese Therapie nach einem Intervall von 4–6 Wochen wiederholt werden. Alternativ kommt auch die topische Anwendung von fluorierten Kortikosteroiden okklusiv über mehrere Tage in Betracht. Die Wirksamkeit ist jedoch geringer (1, 3, 6, 7). Vor allem bei länger bestehenden Granulomen werden Rückbildungen nach Kryotherapie beschrieben (Kohlensäureschnee, flüssiger Stickstoff) (1, 3, 6).

Die generalisierten Formen des Granuloma anulare erfordern dagegen meist eine systemische Therapie über mehrere Wochen bis Monate. Hier sind Chlorambucil, Isoniazid (INH) und Kortikosteroide wirksam, aber aufgrund der Nebenwirkungen nur begrenzt einsetzbar (1, 3, 6–8). Die Wirksamkeit von DADPS, Resochin und Kaliumjodid ist dagegen nicht ausreichend belegt (4, 6, 8). Einen interessanten Ansatzpunkt in der Therapie des Granuloma anulare stellen möglicherweise die lokale wie systemische Photochemotherapie dar (8-Methoxypsoralen in Verbindung mit ansteigenden UVA-Bestrahlungsdosen). Bei mehreren Patienten ließen sich bislang gute Resultate erzielen, obwohl einige Autoren dem UV-Licht eine ätiologische Rolle beim Granuloma anulare zuschreiben (2, 3, 5, 8, 9).

Literatur

1. ALTMEYER, P. u. H. HOLZMANN: Lexikon der Dermatologie. S. 246–248. Springer, Berlin-Heidelberg-New York 1986.
2. ALTMEYER, P.: Klinische Patientendemonstration anläßlich des XI. Bochumer Dermatologischen Kolloquiums (unveröffentlicht) 1988.
3. BRAUN-FALCO, O., G. PLEWIG u. H. H. WOLFF: Dermatologie und Venerologie. S. 822–823. Springer, Berlin-Heidelberg-New York 1984.
4. CUNCLIFFE, W. J.: Necrobiotic disorders. In: ROOK, A. u. Mitarb. (Hrsg.): Textbook of Dermatology. 4. Aufl., Bd. 2, S. 1687–1691. Blackwell, Oxford-London-Edinburgh-Boston-Palo Alto-Melbourne 1986.
5. CZARNECKI, N. u. H. HINTNER: Disseminiertes perforierendes Granuloma anulare. Hautarzt **30**, 295–298 (1979).
6. DABSKI, K. u. R. K. WINKELMANN: Generalized granuloma annulare: Clinical and laboratory findings in 100 patients. J. Am. Acad. Dermatol. **20**, 39–47 (1989).
7. DAHL, M. V. u. R. W. GOLTZ: Granuloma anulare. In: FITZPATRICK, T. B. (Hrsg.): Dermatology in General Medicine. 3. Aufl., Bd. 1, S. 1018–1022. McGraw Hill, New York 1987.
8. HAENSCH, R.: Granuloma anulare disseminatum. Z. Hautkr. **54**, 65–73 (1979).
9. MARSCH, W. Chr. u. G. STÜTTGEN: Granuloma anulare – Eine Indikation für die Photochemotherapie? Z. Hautkr. **56**, 44–49 (1981).

P. Altmeyer, Bochum

Das Granuloma anulare muß den häufigsten granulomatösen Erkrankungen der Haut zugerechnet werden. Klinisch zeigen sich zu Beginn der Dermatose leicht erythematöse, zentral gedellte Papeln, im weiteren Verlauf typisch-ringförmige, zur Umgebung scharf begrenzte Knötchen mit einem Absinken des Zentrums in das Hautniveau. Als Prädilektionsstellen des »klassischen« Granuloma anulare müssen die Extremitäten, insbesondere Hand- und Fußrücken, aber auch die Gelenkregionen angesehen werden. Gesicht und Stamm sind seltener betroffen. Als Spielarten der Erkrankung zeigen sich subkutane oder perforierende Formen. Ein Granuloma anulare disseminatum wird häufiger angetroffen.

Die Ätiologie der granulomatösen Dermatose bleibt letztendlich bis heute ungeklärt. Über die Entstehung der Läsionen nach Traumen, beispielsweise Insektenstichen, wird gelegentlich berichtet. Sowohl gemeinsames Vorkommen mit Polyarthritis als auch Ähnlichkeiten mit Noduli rheumatici im feingeweblichen Bild lassen auf verwandte pathologisch-immunologische Vorgänge schließen. Insbesondere bei disseminierten Formen finden sich häufiger Hinweise auf Lichtprovokation oder diabetische Stoffwechsellage.

Bei der Einleitung therapeutischer Maßnahmen spielt die Ausdehnung des Befundes eine besondere Rolle. So hat sich bei Einzelherden die intraläsonale Injektion von Triamcinolonacetonid-Kristallsuspension *(Volon A* 10 mg, verdünnt mit einem Lokalanästhetikum) oder Methylprednisolon *(Urbason solubile)* bewährt. Gleichsam erfolgversprechend ist die Anwendung glukokortikoidhaltiger Folien *(Sermaka Folie).* Insbesondere ältere Herde sind einer Kryotherapie zugänglich.
Eine systemische Therapie sollte der disseminierten Form vorbehalten bleiben. Hier muß die suffiziente Einstellung eines möglicherweise vorliegenden Diabetes mellitus beachtet werden.

In der Literatur werden weitere Konzepte angeboten. Uns bewährt hat sich die Gabe von *Isozid* in einer Tagesdosis von 6 mg/kg KG. Ein längerer Behandlungszeitraum, möglicherweise über Monate, ist allerdings erforderlich. Gleiches gilt für Therapieversuche mit Clofazimin *(Lampren).* Weiterhin wird über erfolgreiche Behandlungseffekte mit Etretinat *(Tigason)* berichtet. Auch DADPS in einer Dosierung von 100 mg/d scheint zumindest einen morbostatischen Effekt zu erzielen. Vereinzelt hat sich die Anwendung von *Meladinine* lokal in Verbindung mit UV-A bewährt (PUVA).

Literatur beim Verfasser

C. Wepler und G. Ehlers, Berlin

Nervenkrankheiten

Elektrostimulation des Ganglion *Gasseri*

Frage: Wie funktioniert die Implantation eines Stimulationssystems zur therapeutischen Elektrostimulation des Ganglion Gasseri bei der schweren Trigeminusneuralgie? Welche Erfolge können erwartet werden?

Zunächst sollte erwähnt werden, daß bei der »echten« oder »idiopathischen« Trigeminusneuralgie die mikrochirurgische parapontine Dekompression des N. trigeminus (sog. Operation nach *Janetta*) das Mittel der Wahl ist. An 2. Stelle steht die perkutane Thermokoagulation oder die Glyzerolinstillation in das Ganglion *Gasseri*.

Die Elektrodenimplantation in das Ganglion *Gasseri* kann denjenigen Patienten Schmerzlinderung bringen, die bereits erfolglose Therapieversuche mit neuroläsionellen Methoden hinter sich haben (z. B. Thermokoagulation, Exhairesen, Alkohol- oder Glyzerolblockaden) und an einem sog. atypischen Gesichtsschmerz leiden. Die 2. Voraussetzung für eine mögliche Hilfe durch Elektrostimulation ist das Vorherrschen von brennenden Dauerschmerzen oder einer sog. »Anaesthesia dolorosa« (Gefühllosigkeit bei gleichzeitigem Brennschmerz im Gesicht).

Eine völlige Schmerzfreiheit ist durch die Elektrostimulation nicht zu erwarten, wohl aber eine deutliche schmerzlindernde Wirkung durch angenehme Kribbelempfindungen im Gesicht.

Die Implantation geschieht in Lokalanästhesie. Ähnlich der Thermokoagulation punktiert man das Ganglion *Gasseri* durch das Foramen ovale, ausgehend von einer Punktion 2–3 cm lateral des Mundwinkels. Unter dem Röntgenbildwandler wird eine Spezialelektrode durch die Punktionsnadel in das Ganglion vorgeschoben. Danach erfolgt eine Testreizung, die den optimalen Stimulationsort zu finden ermöglicht. Nach einer Testphase wird ein Generator (ähnlich einem Herzschrittmacher) unter die Haut implantiert und die Elektrode mit diesem Generator verbunden. Der zweite Eingriff kann ebenfalls in Lokalanästhesie oder in Vollnarkose durchgeführt werden. Der Patient hat die Möglichkeit, den Generator nach Belieben mit einem Magneten an- und auszuschalten; das gesamte System liegt unter der Haut und behindert den Patienten nicht in seinen täglichen Aktivitäten.

Die Erfolgsaussichten liegen bei entsprechender Indikation und erfolgreicher Teststimulation zwischen 50% und 100%.

Literatur

1. MEYERSON, B. u. S. HAKANSON: Alleviation of atypical facial pain by stimulation of the Ganglion Gasseri via an implanted electrode Acta neurochir. **30**, 303–339 (1980).
2. SPAZIANTE, R., A. FERONE u. P. CAPPABIANCA: Simplified method to implant chronic stimulating electrode in the Gasserian Ganglion. Appl. Neurophysiol. **49**, 1–3 (1986).
3. STEUDE, U.: Radiofrequency electrical stimulation of the Gasserian Ganglion in patients with atypical facial pain. Methods of percutaneous temporary tests and permanent implantation of stimulation devices. Acta neurochir. **33**, 481–486 (1984).

V. Tronnier, Heidelberg

Lumbalpunktion bei eitriger Meningitis

Frage: Wie oft soll man bei einer eitrigen Meningitis lumbal punktieren? Haben häufige Punktionen einen »Reinigungseffekt« oder können evtl. auch Nachteile entstehen? Ist eine einmalige Punktion aus diagnostischen Gründen vertretbar?

Kein Zweifel besteht über die Notwendigkeit einer diagnostischen Lumbalpunktion bei Verdacht auf eine eitrige Meningitis vor Beginn der Therapie. Diese einmalige Punktion ist jedenfalls unumgänglich. Von zahlreichen Fachvertretern und Autoren wird eine weitere Punktion nach Beginn der Therapie, etwa am 2./3. Tag, empfohlen, um festzustellen, ob sich die Zellzahlen im Liquor normalisieren oder zumindest rückläufig verhalten. Diese 2. Punktion ist u. U. auch aus forensischen Gründen zu empfehlen. Viele Kliniker sehen jedoch davon ab und verlassen sich ausschließlich auf den klinischen Verlauf.

Dieses Verhalten ist m. E. dann vertretbar, wenn der Patient rasch entfiebert und sich das klinische Bild normalisiert. Vor allem die neuen Antibiotika (Cephalosporine der 3. Generation) führen zu einer außerordentlich raschen Liquorclearance und damit auch zu einem unverzüglichen klinischen Erfolg. Es gibt selbstverständlich auch Ausnahmesituationen, in welchen mehrere Punktionen während einer Therapie notwendig werden können, vor allem dann, wenn der Patient nicht rasch entfiebert oder Komplikationen anderer Art auftreten.

Ein sog. »Reinigungseffekt« durch häufige Liquorpunktionen ist mit Sicherheit nicht zu erwarten, da die Bakterienzellen im wesentlichen durch das Antibiotikum und die körpereigene Abwehr aus dem Liquorraum entfernt werden und nach Abklingen der entzündlichen Veränderung im Bereich der Meningen wieder normale Verhältnisse eintreten.

Wenngleich zusätzliche Infektionen durch häufige Punktionen ein äußerst seltenes Ereignis darstellen, sollte — ganz abgesehen von der Beeinträchtigung des Patienten — auf häufige Liquorpunktionen grundsätzlich verzichtet werden.

D. Adam, München

*Friedreich*sche Ataxie — Therapie?

Frage: Welche Behandlungsmöglichkeiten gibt es bei spinozerebellärer Ataxie (Friedreichsche Ataxie)? Gibt es eine Elternvereinigung oder Gesellschaft für diese Erkrankung?

Die *Friedreich*sche Ataxie ist eine autosomal rezessiv vererbte, neurodegenerative Erkrankung mit Kleinhirnatrophie, Störungen der spino-zerebellären Afferenzen, der Hinterstränge, Pyramiden-, Seh- und Hörbahnen sowie peripherer Neuropathie. Typische Symptome sind eine Stand-, Gang- und Extremitäten-Ataxie, Muskelatrophien, spastische Symptome, Deformierungen der Füße und Hände, eine Kyphoskoliose, eine Dysarthrie, eine Visusverminderung und Sensibilitätsverluste. Außerdem haben fast alle Patienten eine hypertrophe Kardiomyopathie und 40% eine diabetische Stoffwechsellage. Die ersten Symptome treten zwischen dem 8.—14. Lebensjahr auf, der Verlauf ist über Jahrzehnte mit starken individuellen Unterschieden.

Erste objektive Meßdaten sind vermindert darstellbare sensible Nervenaktionspotentiale; Veränderungen der somato-sensibel, akustisch und visuell evozierten Hirnpotentiale sind die beste Möglichkeit der Dokumentation einer Progression.

Ein definierter Stoffwechseldefekt konnte bisher nicht nachgewiesen werden, obwohl vieles dafür spricht, daß eine Störung im Pyruvat-Stoffwechsel besteht.

Von den vielen Versuchen, mit Medikamenten den Verlauf zu beeinflussen, haben nur 2 objektivierbar positive Wirkung gezeigt:

1. Die Gabe von 600—1000 mg/d 5-OH-Tryptophan scheint vor allem die Progredienz zu hemmen.

2. Neuere japanische Studien mit einem Derivat von TRH (thyreotropem Relea-

sing-Hormon — DN-1417), das u. a. auch als Neurotransmitter im Kleinhirn fungiert, haben leichte Verbesserungen der klinischen Symptome erbracht. Die Tagesdosis beträgt dabei 0,5 mg, die i.m. injiziert werden muß. Bei etwa 30% traten Nebenwirkungen mit Schwindel, Übelkeit und Hypotonie auf. Das Medikament ist in der Bundesrepublik noch nicht im Handel.

So stehen z. Zt. vor allem symptomatische Behandlungsmaßnahmen im Vordergrund:

1. eine konsequente Krankengymnastik mit intensiver Aktivierung der Propriozeption und isometrischem Muskeltraining, z. B. auch nach *Vojta;*

2. eine vitamin- und schlackenreiche Ernährung;

3. orthopädische Maßnahmen;

4. die strikte Vermeidung von Alkohol und kleinhirnschädigenden Medikamenten (z. B. Hydantoin, bestimmte Zytostatika);

5. die frühzeitige Behandlung einer Herzinsuffizienz und der diabetischen Stoffwechsellage;

6. die psychosoziale Betreuung des Patienten und seiner Familie.

Seit 1983 besteht die Deutsche-Heredo-Ataxie-Gesellschaft (DHAG); der Sitz des Bundesverbandes ist in 7514 Eggenstein, Silcherstraße 9. Viermal jährlich wird die Vereinszeitung HERAX-FUNDUS herausgegeben, die aktuelle Informationen und persönliche Erfahrungen mitteilt.

Literatur
1. BARBEAU, A.: The Quebec Cooperative Study of Friedreich Ataxia: 1974—1984 — 10 years of research. Can. J. Neurol. Sci. **11,** 646—660 (1984).
2. DIENER, H. C.: Zerebelläre Störungen. In: ELGER, C. E. u. R. DENGLER (Hrsg.): Jahrbuch der Neurologie 1987. S. 173—177. Regensberg und Biermann, Münster 1987.

H. M. Straßburg, Freiburg/Br.

Subarachnoidalblutung — Diagnose und Therapie

Frage: Gibt es eine standardisierte Vorgangsweise, wann bei einer nicht ganz frischen Subarachnoidalblutung diagnostisch und/oder chirurgisch weiter vorgegangen wird?

Eine »standardisierte Vorgangsweise« hinsichtlich des weiteren Vorgehens bei »nicht ganz frischer Subarachnoidalblutung« (SAB) gibt es nicht; es müssen individuell für den einzelnen Patienten die diagnostischen und therapeutischen Schritte überlegt werden. Allerdings hat sich in den letzten Jahren der Trend zur möglichst frühen Diagnostik und möglichst frühen operativen Ausschaltung einer angiographisch nachgewiesenen intrakraniellen Gefäßmißbildung herausgebildet, wenn der klinische Zustand des Patienten es gestattet. Das Risiko der Rezidivblutung und der Vasospasmus sind Gründe, die im Prinzip für eine frühestmögliche Diagnostik und Therapie sprechen:
Patienten, die eine SAB aus einer angiographisch nachweisbaren Gefäßmißbildung (Aneurysma oder seltener Angiom) erlitten und diese überlebt haben, sind dem Risiko einer Rezidivblutung ausgesetzt, das mit etwa 50% innerhalb der ersten 6 Monate nach SAB angegeben wird, wobei wiederum etwa 50% der ersten Rezidivblutungen tödlich ausgehen.
Das Risiko der Rezidivblutung ist bei Patienten in klinisch schlechterem Zustand höher als bei Patienten in gutem Zustand. Außerdem ist die gefürchtete Komplikation des Vasospasmus für eine hohe sekundäre Morbidität/Letalität nach SAB verantwortlich. Das Risiko der Rezidiv-SAB ist solange vorhanden, wie eine Gefäßmißbildung nicht ausgeschaltet (abgeclippt bzw. exstirpiert) ist; hingegen bedroht der Vasospasmus durch sekundäre Ischämie das Gehirn auch noch nach Operation des Aneurysmas. Er manifestiert sich im allgemeinen am stärksten in der 2. Woche nach SAB.

In der Phase des klinisch manifesten Vasospasmus ist das Risiko operativer Therapie höher, so daß man ihm bei der Festsetzung des Operationszeitpunkts zuvorkommen bzw. sein Abklingen abwarten sollte. Die Therapie des Vasospasmus ist aber nach allgemeiner neurochirurgischer Auffassung besser möglich, wenn das Aneurysma abgeclippt ist, da nur dann z. B. forcierte Hypertension und Volumenbelastung des Kreislaufs eingesetzt werden können.

Aus diesen Gründen ist das folgende Vorgehen auch bei »nicht ganz frischer Subarachnoidalblutung« empfehlenswert (s. Abb. 1):

1. Nach Sicherung der Diagnose SAB (Anamnese, Klinik, Computertomogramm bzw. Lumbalpunktion) bei Patienten in gutem klinischen Zustand *(Hunt* u. *Hess* Grad I–II [–III]) durch transkranielle Dopplersonographie (TCD) Klärung, ob ein starker Vasospasmus vorliegt.

Abb. 1
Schema zur Diagnostik und Therapie bei SAB, abhängig vom klinischen Zustand des Patienten

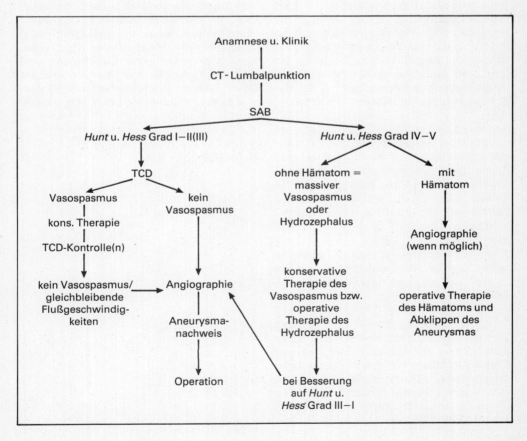

2. Liegt ein ausgeprägter Vasospasmus vor, Beginn medikamentöser Therapie (u. a. mit Kalzium-Antagonisten); am folgenden Tag Kontrolle mittels TCD, da Zunahme des Vasospasmus mit hohem Risiko klinischer Verschlechterung verbunden ist. Entsprechende konservative Therapie ist die Konsequenz.

3. Falls keine deutliche Flußgeschwindigkeitserhöhung vorliegt, kann angiographiert und operiert werden.

4. Eine andere Situation liegt bei Patienten in Grad IV und V nach *Hunt* u. *Hess* vor. Hat das CT keinen Hinweis auf eine raumfordernde intrakranielle Blutung ergeben, so ist am wahrscheinlichsten die Ursache der Verschlechterung in der Manifestation eines ausgeprägten Vasospasmus oder in der Entwicklung eines Hydrocephalus internus malresorptivus zu suchen. Entsprechende neurochirurgische Therapie des Hydrocephalus, der ja auch computertomographisch erkennbar ist, sollte von Besserung des klinischen Zustands gefolgt sein, so daß dann die Patienten der Angiographie und Ausschaltung der Blutungsquelle zugeführt werden können.

Ist die Möglichkeit der TCD nicht gegeben, so kann bei Patienten mit Grad I und II nach *Hunt* und *Hess* angiographiert werden, da die Wahrscheinlichkeit eines signifikanten Vasospasmus gering ist; bei Patienten in Grad III *(Hunt* u. *Hess)* ist es problematisch, zur sofortigen Angiographie zu raten.

Abschließend seien noch 2 Punkte erwähnt, die den Neurochirurgen in diesem Zusammenhang besonders am Herzen liegen:

1. Die Tatsache, daß immer noch nur etwa 25% der Patienten mit einer SAB in neurochirurgische Behandlung kommen und dies oft in einem klinischen Zustand, der keine sinnvolle Therapie mehr zuläßt, sollte Ansporn sein, die klinische Verdachtsdiagnose der SAB häufiger als bisher zu stellen und gezielt weiterzuverfolgen, insbesondere vermehrt in die Differentialdiagnose der Kopfschmerzen, Nackenschmerzen und Migräneattacken einzubeziehen. Derartige Beschwerden sind sehr häufig Symptome von »Warnblutungen«, die in kurzem Intervall von einer fatalen SAB gefolgt sein können. Der klinische Zustand zum Zeitpunkt der SAB und in den ersten darauffolgenden Stunden bestimmt aber als wesentlichster alleiniger Faktor den weiteren Verlauf!

2. Die apparative Diagnostik der SAB sollte in enger Abstimmung mit den bzw. durch die Neurochirurgen vorgenommen werden, mit denen man zusammenarbeitet. Eine Angiographie, die nicht die anatomischen Gegebenheiten des Aneurysmas und seiner Umgebung in dem für eine Operation erforderlichen Maß darstellt oder die nicht unmittelbar auf die Operation folgt, kann sogar dem Patienten schaden, da sie gegebenenfalls wiederholt werden muß, zumal die angiographische und klinische Manifestation des Vasospasmus dynamische Geschehen sind und Angiographie und Operation für ein durch SAB vorgeschädigtes Gefäßsystem und Hirn eine deutliche Belastung darstellen.

H. M. Mehdorn, Essen

Okulomotoriusparesen

Frage: Ist eine traumatische Okulomotoriusschädigung mit Mydriasis, Ptosis und Störungen der Augenmotorik ophthalmologisch behandelbar?

Diese Frage beinhaltet einen komplizierten und komplexen Sachverhalt und ist ohne genaue Kenntnis des Unfallherganges, der Lokalisation der Läsion und des aktuellen Befundes nur schwer zu beantworten.

Bei einer totalen Ptosis würden die für den Patienten sehr störenden Doppelbilder entfallen, die durch den Ausfall der Muskeln zustande kommen. Die übliche Stellung des gelähmten Auges ist nach unten außen. Bei leichteren Paresen oder im Stadium der Rückbildung kann durch orthoptische Übungen die Fusion angeregt und deren Amplitude erweitert werden, so daß der Patient leichter seine Diplopie überwindet. Gegebenenfalls muß mit einer Prismenkorrektur versucht werden, binokular Einfachsehen in einem möglichst großen Gebrauchsgesichtsfeld in Richtung geradeaus zu erreichen. Sind diese Möglichkeiten ausgeschöpft und ist damit kein befriedigendes Ergebnis zu erhalten, so sollte frühestens nach einem Jahr eine operative Korrektur versucht werden. Früher kommt eine Operation nicht infrage, da auch nach langer Zeit spontane Besserungen möglich sind.

Bei Okulomotoriusparesen nach Trauma kann es aber zusätzlich zu einer Fehlleitung der regenerierenden Nervenfasern kommen. Die nachwachsenden Nerven wachsen in die Nervenfasern anderer Muskeln ein, bei sog. komplexer Fehlleitung kommt es auch zum Fehlanschluß an vegetative Ganglien. Daraus resultiert dann einerseits eine gleichzeitige Innervation von verschiedenen Muskeln mit völlig abnormen Augenbewegungen, andererseits kann es zu gleichzeitiger Pupillenverengung usw. kommen. Dann wäre die Begleitptose geradezu wünschenswert, um die nicht korrigierbaren Doppelbilder zu okkludieren. Andernfalls muß die Ptosis durch geeignete Operationsverfahren beseitigt werden. Sollte aufgrund der Mydriasis starke Blendung auftreten, käme als therapeutische Maßnahme die Gabe von Miotika, z. B. Pilocarpin, in Betracht.

U. Köhler, Marburg/L.

Diagnose des M. *Alzheimer*

Frage: Welche diagnostischen biochemischen Untersuchungen sind geeignet, einen M. Alzheimer festzustellen? Wo werden diese Laboruntersuchungen durchgeführt?

Alois Alzheimer beschrieb 1907 die später nach ihm benannte Erkrankung als eine nicht-arteriosklerotische Form der Demenz, die mit bestimmten histopathologischen Kriterien (Fibrillen, Amyloidplaques, granulovakuoläre Degeneration) verknüpft ist. Auch heute noch wird die definitive Diagnose eines M. *Alzheimer* erst dann gestellt, wenn bioptisch oder autoptisch gewonnenes Hirngewebe zur Verfügung steht.

Die im Gehirn verstorbener *Alzheimer*-Patienten nachzuweisende Aktivitätsminderung der Azetylcholinesterase (AChE) findet sich auch im Liquor, wo außerdem die Konzentrationen von Homovanillinsäure (HVA), Somatostatin bzw. somatostatinähnlicher Immunreaktivität, corticotropin releasing factor (CRF), adrenokortikotropem Hormon (ACTH) und alpha-melanozytenstimulierendem Hormon (Alpha-MSH) gegenüber einem Kontrollkollektiv um bis zu etwa 30% erniedrigt sind (2, 3). Diese Veränderungen stellen jedoch kein hinreichend scharfes Kriterium dar, um eine zuverlässige Diagnose zu ermöglichen.

Ähnlich verhält es sich mit dem Nachweis einer reduzierten Anzahl von muskarinischen und nikotinischen Bindungsstellen an Lymphozyten (1). Auch der Versuch, aus einer Analyse des Chromosoms 21 Rückschlüsse auf das Vorliegen oder zukünftige Auftreten der Erkrankung zu ziehen, hat bislang zu keinem greifbaren Erfolg geführt.

Kürzlich konnte an der Harvard-Universität in Boston eine Untereinheit des Gefäß- und Plaque-Amyloids, das sog. A_4-Protein oder Vorläuferprotein der senilen Plaques, auch extrazerebral in der Haut, dem Unterhautgewebe und dem Intestinum nachgewiesen werden (5). Eine Reihe von Forscherteams ist derzeit intensiv mit dem Versuch befaßt, diesen Amyloidprecursor als extrazerebralen Marker in Hautfibroblasten-Kulturen oder Hautbiopsien nachzuweisen. Bei einigen Patienten mit einer familiären *Alzheimer*-Erkrankung wurde in solchen Fibroblasten-Kulturen eine gestörte Hexokinase-Aktivität beobachtet (6). Die Suche nach HLA-assoziierten Markern hat trotz anfänglicher Hoffnungen bisher keine schlüssigen Befunde erbracht.

Völlig nicht-invasiv ist die ^{31}Phosphor-Kernspinresonanz-Tomographie, mit der erste Erfolge bei einer Differenzierung von M. *Alzheimer* und zerebraler Multiinfarkterkrankung durch Bestimmung der regionalen Konzentration von Phosphomono- und -diestern und ihrem Verhältnis sowie des Verhältnisses von Phosphokreatin zu anorganischem Orthophosphat berichtet werden (4).

Welche Bedeutung diesen Ansätzen für die klinische Diagnostik zukommen wird, ist derzeit noch völlig offen. Es gibt gegenwärtig keine biochemischen Untersuchungen, die geeignet wären, einen M. *Alzheimer* mit der Zuverlässigkeit festzustellen, die man etwa beim M. *Wilson* durch Bestimmung des Kupfer- und Coeruloplasminspiegels im Blut erreichen kann. Bei der gegenwärtigen hektischen Forschungsaktivität auf diesem Gebiet könnte jedoch die Antwort auf die einleitende Frage bereits in wenigen Jahren anders ausfallen.

Literatur

1. ADEM, A. u. Mitarb.: Extraneural cholinergic markers in Alzheimer's and Parkinson's disease. Prog. Neuropsychopharmacol. **10**, 247–257 (1986).
2. ATACK, J. R.: Cerebrospinal fluid neurochemical markers in Alzheimer's disease. In: BOLLER, F. u. Mitarb. (Hrsg.): : Biological markers of Alzheimer's disease. S. 1–16. Springer, Berlin 1989.

3. BEAL, M. F. u. J. H. GROWDON: CSF Neurotransmitter markers in Alzheimer's disease. Prog. Neuro-psychopharmacol. **10,** 259–270 (1986).
4. BROWN, G. G. u. Mitarb.: In Vivo ^{31}P NMR profiles of Alzheimer's disease and multiple subcortical infarct dementia. Neurology **39,** 1423–1427 (1989).
5. JOACHIM, C. L., H. MORI u. D. J. SELKOE: Amyloid Beta-Protein deposition in tissues other than brain in Alzheimer's disease. Nature **341,** 226–230 (1989).
6. SORBI, S. u. Mitarb.: Lactate production and glycolytic enzymes in skin cultured cells from Alzheimer's disease patients. In: BOLLER, F. u. Mitarb. (Hrsg.): Biological markers of Alzheimer's disease. S. 163–166. Springer, Berlin 1989.

C. Lang, Erlangen

Apoplexie

Frage: Prinzip und Erfolg der physikalischen Behandlung von Lähmungen bei Apoplektikern nach Bobath?

In der Regel entwickelt sich nach einer Apoplexie (zerebrale Ischämie oder Blutung) mit Beteiligung motorischer Zentren und Bahnen im Bereich der Großhirnhemisphären über ein mehr oder weniger langes Durchgangsstadium mit einer schlaffen Lähmung eine spastische Parese, meist von Arm und Bein (spastische Hemiplegie). Das *Bobath*sche Behandlungsprinzip besteht nun nicht darin, die Behinderung dadurch zu lindern, daß man den Patienten lehrt, möglichst mit der gesunden Seite die Ausfälle der betroffenen Seite zu kompensieren, z. B. dadurch, daß man dem Patienten einen Dreifußstock gibt, damit er mit dieser Stütze das ganze Gewicht beim Gehen auf die gesunde Seite verlagern kann. Auch werden bei dieser Methode nicht die gelähmten Muskeln durch Kraftübungen »gekräftigt«, sondern durch bestimmte Techniken wird versucht, zum einen die die Bewegung hemmende Spastizität zu lindern, und zum anderen pathologische Haltungs- und Bewegungsmuster, die im Rahmen der zentral bedingten Lähmungen entstehen, wieder in normale physiologische Haltungs- und Bewegungsmuster zu überführen.
Durch die sorgfältige Beobachtung von spastisch gelähmten Patienten konnten Techniken erarbeitet werden, die es möglich machen, die Spastik als hemmenden Faktor für Bewegungsabläufe zu lösen; z. B. kann eine Beugespastik in Rumpf und Arm durch Streckung von Hals und Wirbelsäule sowie Außenrotation des in der Ellenbeuge gestreckten Armes deutlich reduziert werden; einer Spastizität im Bein wird am besten durch Abduktion und Außenrotation sowie Streckung im Hüft- und Kniegelenk entgegengewirkt.
Das weitere Ziel der Behandlung besteht darin, stereotype abnorme Haltungs- und Bewegungsmuster (ein klassisches Bei-

spiel ist der *Wernicke-Mann*sche Prädelektionstyp des Gangbildes beim Hemiplegiker) möglichst zu verhindern und normale Abläufe zu bahnen. Dabei ist ein wichtiges Grundprinzip darin zu sehen, daß alle Bewegungsabläufe nicht mit großen Anstrengungen durchgeführt werden sollen, weil große Kraftanstrengungen wiederum die Spastizität steigern.

Es kommt bei der Behandlung von Anfang an darauf an, abnorme, tonische Reflexe zu vermeiden und aktive, automatische Bewegungsabläufe zu fördern. Die Patienten müssen wieder ein Gefühl für normale Bewegungsabläufe bekommen, um so die Muskeln wieder »bewegungsgerecht« einsetzen zu können. Die Behandlung hat sofort nach Beginn der Lähmung einzusetzen und wird dem jeweiligen Zustand des Patienten individuell angepaßt. Erschwert wird die Wiedergewinnung der normalen Funktion durch Ausfall der Sensorik, was z. T. durch verstärkte taktile und propriozeptive Stimulation und unter Hinzuziehung optischer Kontrollen kompensiert werden kann.

Systematisch vergleichende Untersuchungen zu anderen Behandlungsverfahren existieren meines Wissens nicht, aber jeder, der in der Klinik Patienten mit spastischen Lähmungen betreut, wird durch die tägliche Arbeit von Krankengymnastinnen, die nach der *Bobath*schen Methode behandeln, sich von deren Nutzen überzeugen können, insbesondere wenn man tatsächlich beobachten kann, daß Patienten mit spastischer Hemiplegie sich eben nicht mehr nach dem Bewegungsmuster des *Wernicke-Mann*schen Prädelektionstyps, sondern normalen Bewegungsmustern angepaßt, fortbewegen.

Literatur
1. BOBATH, B.: Die Hemiplegie Erwachsener. Befundaufnahme, Beurteilung und Behandlung. Thieme, Stuttgart-New York 1985.
2. BOBATH, B. u. K. BOBATH: The faciletation of normal postural reactions and movements in the treatments of cerebral palsy. Physiotherapy **50**, 246 (1964).

B. Neundörfer, Erlangen

Alkoholentzugskrämpfe

Frage: Wie ist pathophysiologisch das Entstehen von Alkoholentzugskrämpfen zu erklären? Wie kommt es, daß nicht alle Patienten bei Entzug Krampfanfälle bieten? Gibt es Faktoren oder Laborparameter, die prognostisch auszuwerten sind?

Neben der akuten Intoxikation kann chronischer Alkoholabusus ein ausgedehntes Spektrum zentralnervöser Alkoholfolgeschäden hervorrufen (6, 9). Der früher geläufige Begriff »Alkoholepilepsie« ist als Krankheitseinheit nicht mehr haltbar, es sind im wesentlichen die folgenden 3 Möglichkeiten für die Entstehung epileptischer Anfälle bei chronischem Alkoholismus zu unterscheiden (3, 10):

1. Anfälle bei Alkoholikern im Entzug häufig als Vorboten eines Delirium tremens, selten auch in der Intoxikationsphase (Gelegenheitsanfälle).

2. Anfälle, die nicht im Entzug und nicht während akuter Intoxikation auftreten und bei chronischen Alkoholikern beobachtet werden, die früher sicher keine Anfälle oder latente Krampfbereitschaft aufgewiesen hatten und bei denen keine erkennbaren alkoholunabhängigen zerebralen Schädigungen bestehen (Alkoholepilepsie).

3. Zufällige Koinzidenz von epileptischen Anfällen und Alkoholismus (alkoholischer Epileptiker).

Was die Pathophysiologie von Alkoholentzugskrämpfen betrifft, so ist Alkohol mit seiner zentral dämpfenden Wirkung keine typische epileptogene Substanz wie etwa Penicillin. Beim Menschen konnte sogar ein vorübergehender antikonvulsiver Effekt von Alkohol in geringer Dosierung nachgewiesen werden (5).

Die Dynamik der Alkoholwirkung zeigt folgende Abhängigkeiten:

Im Alkoholanflutungsstadium besteht kurzzeitig eine vermehrte Krampfneigung mit gelegentlich auch im EEG nachweisbaren paroxysmalen Störungen; infolgedessen können Anfälle (Gelegenheitsanfälle) beim Alkoholiker in der Intoxikationsphase auftreten. Nach dem Alkoholanflutungsstadium dominiert die depressorische Alkoholwirkung. Im vorgeschädigten Gehirn kann schließlich die Alkohol-Abbauphase mit Erniedrigung der Krampfschwelle zum Ausbruch eines Anfalls (Entzugsanfall) führen (4).

Zudem können metabolische Wirkungen des Alkohols wie Glukosestoffwechselstörungen, Störungen des Säure-Basen-Haushaltes, des Wasserhaushaltes sowie Elektrolytstörungen die epileptogene Aktivität des ZNS steigern (1). Die Unregelmäßigkeit in den Lebensgewohnheiten von Alkoholikern, z. B. Schlafentzug, stellen eine weitere Anfallsprovokation dar.

Bei chronischem Alkoholabusus wird für eine erhöhte Anfallsbereitschaft ein sog. »kindling-Effekt« postuliert. Hierbei sollen rhythmische Veränderungen, etwa der 8—12stündige Alkoholentzug bei Alkoholikern über Nacht, die Krampfschwelle senken, ähnlich wie experimentell durch periodische Stimulation des Gehirns schließlich die Reizschwelle gesenkt werden kann (3, 10).

Alkoholiker erleiden insgesamt etwa 3mal so häufig Anfälle wie eine Population von Nichtalkoholikern (2). Ein beträchtlicher Teil der Alkoholdelirien (7—41%) wird durch epileptische Anfälle eingeleitet (3).

Bei weitem nicht jeder Alkoholentzug führt zu epileptischen Anfällen. Es ist letztlich unklar, warum bei Alkoholentzug und sonst ähnlicher Konstellation ein Teil der Patienten Anfälle erleidet und ein anderer Teil nicht, so daß dispositionelle Faktoren zu postulieren sind (3).

Vorausgegangene Entzugsanfälle scheinen die Wahrscheinlichkeit für erneute Krampfanfälle bei Entzug zu erhöhen (8, 10). Hier ist wohl auch das Ausmaß alkoholbedingter metabolischer Störungen (Glukosestoffwechsel, Säure-Basen-Haushalt, Wasser- und Elektrolythaushalt) von Bedeutung.

Spezielle Faktoren oder Laborparameter zur Abschätzung der Wahrscheinlichkeit von Entzugsanfällen gibt es nicht. EEG-Untersuchungen sind zur Voraussage von Entzugsanfällen sehr unergiebig, die Bedeutung photokonvulsiver oder photosensibler Reaktionen für den Nachweis einer erhöhten zerebralen Krampfbereitschaft ist nicht endgültig klar (7).

Schädel-Computertomographisch boten Alkoholiker mit epileptischen Anfällen eine mehr generalisierte Hirnatrophie als Alkoholiker ohne epileptische Anfälle (8); aber auch diesem Befund scheint für die Abschätzung der Wahrscheinlichkeit für die Entwicklung von Alkoholentzugsanfällen keine klinisch relevante Bedeutung zuzukommen.

Literatur

1. BADAWAY, A. A.-B.: Alcohol intoxication and withdrawal. In: ROSALKI, S. B. (Hrsg.): Clinical Biochemistry of Alcoholism. Churchill Livingston, Edinburgh-London-Melbourne-New York 1984.
2. CHAN, A. W. K.: Alcoholism and Epilepsy. Epilepsia **26,** 323—333 (1985).
3. FEUERLEIN, W.: Akute und chronische Alkoholschäden einschließlich Entzugssymptome. In: HOPF, H. Ch., K. POECK u. H. SCHLIACK (Hrsg.): Neurologie in Praxis und Klinik, Bd. II. S. 3.1—3.24. Thieme, Stuttgart-New York 1984.
4. HUBACH, H.: Die akuten Alkoholwirkungen als Regulationsphänomene. Nervenarzt **35,** 349—354 (1964).
5. KLINGLER, D. u. P. WESSELY: Influence of alcohol on photomyoclonic and photoconvulsive responses. Electroencephalogr. Clin. Neurophysiol. **43,** 272—273 (1977).
6. KÖMPF, D. u. D. CLAUS: Klinik der zentralnervösen Störungen bei chronischem Alkoholismus. Therapiewoche **34,** 2932—2951 (1984).
7. KOUFEN, H. u. W. BECKER: Klinische und EEG-Untersuchungen zum Problem der sogenannten Alkohol-Epilepsie. Nervenarzt **51,** 100—105 (1980).

8. MEYER-WAHL, J. G. u. J. BRAUN: Epileptic seizures and cerebral atrophy in alcoholics. J. Neurol. **228**, 17–23 (1982).

9. WESSEL, K.: Symptomatologie der Alkoholfolgekrankheiten. In: SCHIED, H. W., H. HEIMANN u. K. MAYER (Hrsg.): Der chronische Alkoholismus. S. 95–102. Fischer, Stuttgart-New York 1989.

10. WIETHÖLTER, H.: Alkohol und Epilepsie. In: SCHIED, H. W., H. HEIMANN u. K. MAYER (Hrsg.): Der chronische Alkoholismus. S. 155–161. Fischer, Stuttgart-New York 1989.

K. Wessel, Lübeck

Verwirrtheitszustände in der Geriatrie

Frage: Welche Medikation sollte in Altenheimen bei der Behebung von Verwirrtheitszuständen mit nächtlichen Unruheattacken auf der Grundlage einer zerebralen Insuffizienz bevorzugt Verwendung finden? Empfiehlt sich die niedrige Theophyllingabe ohne klinische erweisbare Zeichen einer kardiopulmonalen Insuffizienz?

Die oben gestellte Anfrage berührt ein praktisch wichtiges Problem der Geriatrie. Tatsächlich sind ausgeprägte nächtliche Verwirrtheitszustände bei vitalreduzierten Betagten mit zerebraler Insuffizienz ein verbreiteter Schrecken in Altenheimen. Diese Unruheattacken führen zu einer argen Belästigung der Mitinsassen und stellen hohe therapeutische Anforderungen an die behandelnden Ärzte, die betreuenden Schwestern und das Pflegepersonal. Etwa 5% der Patienten von geriatrischen Abteilungen neigen zu deliranten Gemütsveränderungen, speziell in den Nachtstunden, mit Angstzuständen und desorientiertem Herumwandern (2, 7).

Diesem »deliranten Syndrom« (1) mit inversem Schlaf- und Wachverhalten der älteren zerebralsklerotischen Patienten liegt pathophysiologisch ein heterogenes Geschehen auf dem Boden einer speziellen Altersmultimorbidität zugrunde (4). Es ist die vordringliche Aufgabe des zuständigen Geriaters, die komplexen Verhältnisse zu entschlüsseln, um dann daraus therapeutische Schlüsse zu ziehen und nicht allein das Krankheitszeichen der Verwirrtheit symptomatisch medikamentös zu behandeln.

Hierfür einige auf die ärztliche Praxis bezogene Beispiele:
Bei greisen Patienten mit einer zerebralen Insuffizienz ist die Großhirnleistung viel stärker von der Herz- und Kreislauffunktion abhängig als bei jüngeren Personen.

Während die Tagesrhythmik des Blutdrucks bei Jugendlichen und gesunden Menschen niemals zu einer Minderdurchblutung des Gehirns führt, können größere Schwankungen des Blutdrucks bei Betagten mit arteriosklerotischen Veränderungen der Hirngefäße nicht mehr ohne Funktionseinbuße kompensiert werden (8). Der nokturne Blutdruckabfall, aber auch kardiovaskuläre Störungen wie zunehmende Herzinsuffizienz mit nächtlicher Dyspnoe und vermehrte nächtliche Herzrhythmusstörungen (Tachykardie bzw. gesteigerte Neigung zu Extrasystolie in der REM-Phase des Schlafes) führen über eine »transportative« zerebrale Hypoxie bei diesen vitalitätsreduzierten älteren Patienten zu ausgesprochenen Aufwachperioden (6).

Deshalb können die durch **Blutdruckabfall** ausgelösten nächtlichen Verwirrtheitsattacken besser mit einer Tasse Bohnenkaffee oder Einnahme von Coffein-Tabletten behandelt werden als mit einem noch so stark wirkenden Schlafmittel. Letztere sind sogar bei diesen älteren Probanden mit zerebraler Insuffizienz kontraindiziert, weil die meisten Hypnotika die Hirndurchblutung zusätzlich verringern und dadurch das delirante Geschehen verstärken (3).
Eine erfahrungsgemäß sich in den Nachtstunden auf die bereits reduzierte Gehirnfunktion dieser zerebrovaskulär-insuffizienten Betagten negativ auswirkende **Herzinsuffizienz** bessert sich durch eine ausreichende Digitalisierung und beseitigt häufig die Verwirrtheitsattacken.

Theophyllin (sei es allein oder mit Digitalis) hat heute in der Therapie der Herzinsuffizienz erheblich an Bedeutung verloren (10). Ohne klinisch erweisliche Zeichen einer kardiopulmonalen Insuffizienz ist eine niedrige Theophyllingabe nach unseren Erfahrungen bei der Therapie nächtlicher Verwirrtheitsattacken von zerebralinsuffizienten Betagten nicht nachweisbar erfolgversprechend.
Die abendliche Gabe von Theophyllin speziell in Retardform (z. B. *Euphyllin long* weniger als 500 mg 2 Stunden vor dem Schlafengehen) ist in der Geriatrie speziell beim Schlaf-Apnoe-Syndrom der Betagten indiziert (11). Die speziell bei Adipösen auftretende nächtliche apnoische Pause von 10–30 Sekunden erniedrigt die zerebrale O_2-Versorgung und führt unter verstärktem Schnarchen zum Aufwachen. Dieses Schlaf-Apnoe-Syndrom geht jedoch in der Regel nicht mit den in der Anfrage angesprochenen deliranten Zuständen einher. Derartige Schlafapnoeperioden können sich während der Schlafzyklen mehrmals in der Nacht wiederholen.

Nach unseren Untersuchungen mit Langzeit-Ekg-Registrierung können auch nächtlich einsetzende Herzrhythmusstörungen bei alten Menschen speziell mit zerebraler Insuffizienz Aufwachperioden mit Verwirrtheitsattacken auslösen. Bei diesen Patienten ist eine termingerechte antiarrhythmische Therapie erfolgversprechend (6).

Es gibt im Rahmen von abendlichen Verwirrtheitszuständen mit deliranter motorischer Unruhe auf Altersabteilungen auch solche rein **iatrogene**, z. B. als paradoxe Nebenwirkung der modernen Langzeitmedikation beim *Parkinson*-Syndrom mit Levodopa-Präparaten und bei Überdosierung von Antidepressiva (9). Beim geringsten Verdacht sollten diese Medikamente abgesetzt werden.

Häufiger als bisher bekannt, können bei alten Menschen mit zerebraler Insuffizienz Entgleisungen des Wasser- und Elektrolythaushaltes nächtliche Verwirrtheitsattacken provozieren. Bei Exsikkosegefahr vermag die reichliche Zufuhr von Flüssigkeit, evtl. in Infusionsform, das delirante Syndrom sofort zu beseitigen.

Bei schweren nächtlichen psychotischen Unruhezuständen ist sofortiges medikamentöses Handeln notwendig, auch wenn zunächst die Ursache der Verwirrtheitsattacken unklar bleibt. Das Mittel der Wahl sind die relativ kreislaufneutralen Butyron-Präparate z. B. Haloperidol und seine

Verwandten Melperon oder Pipamperon (1). Von *Haldol* verabreicht man bei leichten bis mittelschweren Formen 2mal je 1 Tabl. à 2 mg; bei schweren, zunächst nicht beherrschbaren nächtlichen Delirien 20–40 mg Haloperidol per os mit viel Tee oder 1 ml der Injektionslösung, wenn möglich i.v., sonst i.m. In wenigen Minuten beruhigt sich der alte Mensch und versinkt in der Regel in einen Schlaf von mehreren Stunden.

In jüngster Zeit werden in psychiatrischen Fachkliniken (z. B. in Würzburg) die weiterentwickelten Medikamente der Butyron-Reihe wie Melperon (z. B. *Eunerpan)* und Pipamperon *(Dipiperon)* wegen ihrer besseren pharmakologischen Steuerbarkeit bei der Therapie derartiger nächtlicher Unruheattacken auf der Grundlage einer zerebralen Insuffizienz bevorzugt angewendet.

Literatur

1. BENKERT, O. u. H. HIPPIUS: Psychiatrische Pharmakotherapie, 3. Aufl. Springer, Berlin-Heidelberg-New York 1980.
2. BERNARD, W.: Verwirrtheit, Inkontinenz, Pflege. Z. Geriatrie **2,** 230–232 (1989).
3. BIENIK, E.: Neuroleptika und zephaler Kreislauf im Alter. In: BÖHLAU, V. (Hrsg.): Alter und Psychotherapie. Schattauer, Stuttgart 1971.
4. FRANKE, H.: Wesen und Bedeutung der Polypathie und Multimorbidität in der Altersheilkunde. In: PLATT, D. (Hrsg.): Handbuch der Gerontologie, Bd. 1: Innere Medizin, S. 449–470. Fischer, Stuttgart-Bern 1983.
5. FRANKE, H.: Gerotherapie. Fischer, Stuttgart 1983.
6. FRANKE, H.: Physiologisches und pathologisches Schlaf- und Wachverhalten im höheren Alter. Münch. med. Wschr. **126,** 74–80 (1984).
7. FÜSGEN, I. u. M. FREY: Verwirrtheit, Inkontinenz, Pflege. 3. G. F. Henning-Symposium Bad Sassendorf, 27.–30. Okt. 1988. Erbe, Gelsenkirchen 1988.
8. KAISER, H.: Differentialdiagnose der Schlafstörungen im Alter. Z. Gerontologie **12,** 207–212 (1979).
9. KUEMMERLE, H. K. u. N. GOSSENS: Klinik und Therapie der Nebenwirkungen. 3. erw. Aufl. Thieme, Stuttgart-New York 1983.
10. MUTSCHLER, E.: Arzneimittelwirkungen. 5. Aufl. Wissenschaftl. Verlagsges., Stuttgart 1986.
11. PETER, J. H. u. Mitarb.: Therapie der Schlafapnoe mit abendlich eingenommenen retardiertem Theophyllin (Euphylong). Prax. Klin. Pneumol. **41,** 433 (1987).
12. PLATT, D.: Pharmakotherapie im Alter. In: PLATT, D. (Hrsg.): Handbuch der Gerontologie, Bd. 1: Innere Medizin, S. 471–481. Fischer, Stuttgart-Bern 1983.

H. Franke, Gauting

Arzneimittel-
therapie

Hochdosierte Kortikoidtherapie

Frage: In welcher Zeit sollten hochdosierte Kortikosteroiddosen appliziert werden? Bestehen Gefahren bei einer Bolusapplikation? Sollte die Dosis von z. B. 500 mg oder 1000 mg Prednison-Äquivalent prinzipiell stets als Infusion appliziert werden?

Die hochdosierte intravenöse Kortikoidstoßtherapie (»pulse therapy« der Amerikaner) ist in den 70er Jahren zur Behandlung von Abstoßungsreaktionen nach Nierentransplantation entwickelt worden und gilt heute als Standardtherapie bei Abstoßungskrisen nach allen Organtransplantationen.
In den 80er Jahren wurde diese Therapieform in die Rheumatologie übernommen, zunächst zur Behandlung der Nierenkomplikationen bei systemischem Lupus erythematodes, dann bei multisystemischen Kollagenosen und generalisierten Vaskulitiden und schließlich auch zur Behandlung der chronischen Polyarthritis.
Der Vorzug dieser Therapieform ist, daß sie eine hochdosierte Langzeitbehandlung mit Kortikoiden vermeiden läßt und damit weder zu einer anhaltenden Störung des adrenalen Regelkreises noch zu den vielfältigen Folgen des Hyperkortizismus führt. Außerdem läßt sie — was gerade bei Jugendlichen von großer Bedeutung ist — oft auf eine Alkylantienanwendung verzichten.

Bei der chronischen Polyarthritis ist die hochdosierte Stoßtherapie immer noch umstritten, weil die Wirkung auf die entzündlich-exsudativen Gelenkveränderungen nur relativ kurze Zeit anhält, so daß bei den hochaktiven Formen Kortikoide auch im Intervall gegeben werden müssen. Damit ist aber das Prinzip der nebenwirkungsarmen Stoßtherapie durchbrochen.
Allerdings hat sich die Einstellung in jüngster Zeit wieder etwas zum Positiven gewandelt. Ursache ist einmal der Nachweis,

daß es genügt, 500 mg (1) oder nur 250 mg (2) Prednisolon/Dosis zu geben, wodurch das Risiko der Therapie sicher reduziert wird. Zum anderen wird die Stoßtherapie heute nicht mehr isoliert durchgeführt, sondern zusammen mit einer Basistherapie bzw. bei schon laufender Behandlung bei Wechsel auf ein anderes Basistherapeutikum (3–6). Dadurch kann die Phase bis zum Wirkungsbeginn der Basistherapie überbrückt werden. Selbstverständlich kommen auch hier nur die ganz schweren Verlaufsformen, die auf die übliche Therapie refraktär sind, als Indikation infrage.

In den ersten amerikanischen Publikationen wurden fatale Herzrhythmusstörungen und plötzlicher Herzstillstand als Folge der pulse therapy beschrieben. Dabei handelte es sich einmal um Patienten mit schwerer Niereninsuffizienz, die gleichzeitig hohe Dosen Furosemid intravenös erhalten hatten, so daß ein intrazellulärer Kaliumverlust angenommen werden muß. Zum anderen wurde der Bolus rasch intravenös gegeben. Deshalb gilt schon seit 1981 (7) die Regel, die Dosis **nur als Infusion** von mindestens 30 Minuten Dauer einlaufen zu lassen.

Auch unter diesen Voraussetzungen ist die Anwendung nicht ganz nebenwirkungsfrei. Geschmacksstörungen, Flush, Singultus, innere Unruhe, Schlafstörung und Schwitzen sind häufig. Seltener, aber gravierender sind Arthralgien und blande Gelenkergüsse, Aufflackern von Infektionen, Blutdruckkrisen bei Hypertonikern, Verschlechterung eines Diabetes. Schlimmste Komplikation ist zweifellos eine aseptische Knochennekrose, die sich Monate nach der Therapie einstellen kann.

Wegen der möglichen Nebenwirkungen sollte also diese hochdosierte intravenöse Stoßtherapie nur unter stationärer Überwachung durchgeführt werden.

Wir haben früher Lävulose als Infusionslösung verwendet, da uns bei hohen Dosen von Kortikoiden sowohl Glukose als auch Natriumchlorid als weniger geeignet erschien (8). Durch den Hinweis von *Keller* (9), daß jeder 20000ste Einwohner eine meist nicht bekannte hereditäre Fruktoseintoleranz aufweist und durch eine solche Infusion in Lebensgefahr kommt, haben wir auf 250 ml physiologische Kochsalzlösung gewechselt und dabei niemals das Auftreten von Ödemen beobachtet.

Literatur

1. HANSEN, T. M. u. Mitarb.: Combination of methylprednisolone pulse therapy and remission inducing drugs in rheumatoid arthritis. Ann. rheum. Dis. **46,** 290 (1987).
2. HATZ, H. u. J. SCHALM: Hochdosierte Kortikoidstoßtherapie bei Kollagenosen. Intern. Welt **8,** 254 (1986).
3. KELLER, U.: Zuckerersatzstoffe Fructose und Sorbit: ein unnötiges Risiko in der parenteralen Ernährung. Schweiz. med. Wschr. **119,** 101 (1989).
4. LIEBLING, M. R. u. Mitarb.: Pulse methylprednisolone in rheumatoid arthritis. Ann. rheum. Dis. **41,** 444 (1982).
5. NEUMAN, V. u. Mitarb.: Combination therapy with pulsed methylprednisolone in rheumatoid arthritis. Ann. rheum. Dis. **44,** 747 (1985).
6. SCHLUMPF, U. u. P. HOFMANN: Hochdosierte intravenöse Kortikoid-Stoßtherapie bei chronischer Polyarthritis. Z. Rheumatol. **49,** 157 (1990).
7. SMITH, M. D. u. Mitarb.: The clinical and immunological effects of pulse methylprednisolone therapy in rheumatoid arthritis. Rheumatology **15,** 229 (1988).
8. VISCHER, T. L.: Faut-il encore faire des assauts cortisonés? Rheumatologie **40,** 97–98 (1988).
9. WALTERS, M. T. u. M. I. D. CAWLEY: Combined suppressive drug treatment in severe refractory rheumatoid disease. Ann. rheum. Dis. **47,** 924 (1988).

H. Kaiser, Augsburg

Anexate bei hepatischer Enzephalopathie

Frage: Ist der Einsatz von Anexate (Flumazenil) zur Beeinflussung der hepatischen Enzephalopathie bereits klinisch etabliert?

Als hepatische oder portosystemische Enzephalopathie werden neurologische und psychiatrische Funktionsstörungen bezeichnet, die im Gefolge eines akuten, subakuten oder chronischen Leberversagens auftreten. Die Pathogenese der hepatischen Enzephalopathie ist bisher nur unvollständig erforscht (4, 5). Grundsätzlich liegt der Erkrankung eine gestörte Entgiftung von verschiedenen im Darm gebildeten, zentral-nervös toxisch wirkenden Substanzen zugrunde, die von der erkrankten Leber nicht eliminiert werden.

Als ein wesentlicher Mechanismus in der Entstehung der hepatischen Enzephalopathie wird das Überwiegen von verschiedenen inhibitorischen Neurotransmittern angesehen. Ein derartiger inhibitorischer Neurotransmitter ist die Gamma-Aminobuttersäure (GABA). Durch die Bindung von GABA an den GABA-Benzodiazepin-Rezeptorkomplex wird der postsynaptische Chloridinflux in die Zelle erhöht mit einer Hyperpolarisation der postsynaptischen Membran und einer entsprechend reduzierten Erregbarkeit der Zelle (3, 7). In einem experimentellen Modell des galaktosamin-induzierten Leberversagens wurden im Serum erhöhte GABA-Konzentrationen gemessen. Unter der Annahme einer erhöhten Permeabilität der Blut-Hirn-Schranke wurde hieraus auf eine zentralnervöse GABA-Wirkung geschlossen. Allerdings konnten in späteren Untersuchungen und in anderen experimentellen Modellen diese Befunde nicht bestätigt werden. Die Blut-Hirn-Schranke ist normalerweise für GABA kaum permeabel, so daß andere Hypothesen, wie beispielsweise die Hochregulation der GABA-Rezeptoren im Gehirn und der Nachweis einer Störung der Blut-Hirn-Schranke bei hepatischer Enzephalopathie, als zusätzliche Faktoren herangezogen werden mußten. Insgesamt muß die GABA-Hypothese in der klassischen Form für die Pathogenese der hepatischen Enzephalopathie bei der chronischen Leberinsuffizienz bezweifelt werden.

Trotzdem war die GABA-Hypothese Ausgangspunkt für Untersuchungen, die hepatische Enzephalopathie durch Antagonisten des GABA-Benzodiazepin-Rezeptor-Komplexes zu beeinflussen. In verschiedenen Studien wurde die Wirksamkeit des Benzodiazepin-Antagonisten Flumazenil bei der hepatischen Enzephalopathie überprüft. In einer Beobachtung wurde bei einem Patienten mit Zustand nach Leberresektion und Anlage eines portokavalen Shunts durch die Gabe von 2mal 25 mg Flumazenil eine deutliche Besserung der Enzephalopathie über den Behandlungszeitraum von 14 Monaten beobachtet (2). Einem Auslaßversuch folgte das Auftreten einer Enzephalopathie.

In einer weiteren Studie an 17 Patienten mit akutem oder chronischem Leberversagen wurde der Effekt einer einmaligen Gabe von Flumazenil überprüft (6). Bei 12 von 20 Komaepisoden zeigte sich eine passagere Verbesserung der Bewußtseinslage. In einer Studie an 14 Patienten mit hepatischer Enzephalopathie auf dem Boden einer dekompensierten Zirrhose zeigte sich nach einmaliger intravenöser Gabe von Flumazenil bei 71% der Patienten eine vorübergehende, in ihrem Ausmaß variable Besserung der Bewußtseinslage (1).

Eine der möglichen Erklärungen für die Wirkung von Flumazenil bei der hepatischen Enzephalopathie ist die Verdrängung eines endogenen Liganden mit Benzodiazepin-Agonisten-ähnlichen Eigenschaften vom GABA-Benzodiazepin-Rezeptorkomplex. Diese Hypothese bedarf jedoch noch weiterer experimenteller Überprüfung.

Die bisherigen klinischen Erfahrungen mit Flumazenil bei hepatischer Enzephalopathie sind überwiegend kasuistischer Natur. Bis zum Vorliegen prospektiver, kontrollierter, randomisierter Studien kann Flumazenil zur routinemäßigen Therapie der hepatischen Enzephalopathie nicht empfohlen werden. Die Basistherapie der hepatischen Enzephalopathie besteht unverändert in der Vermeidung und Behandlung komaauslösender Faktoren, Eiweißrestriktion, der oralen Gabe von Laktulose und/oder Neomycin und evtl. der Gabe verzweigtkettiger Aminosäuren (3–5).

Literatur

1. BANSKY, G. u. Mitarb.: Effects of the benzodiazepine receptor antagonist flumazenil hepatic encephalopathy in humans. Gastroenterology **97**, 744–750 (1989).
2. FERENCI, P. u. Mitarb.: Successful long-term treatment of portal-systemic encephalopathy by the benzodiazepin antagonist flumazenil. Gastroenterology **96**, 240–243 (1989).
3. FERENCI, P. u. G. GRIMM: Benzodiazepinantagonisten in der Behandlung der hepatischen Enzephalopathie. Leber Magen Darm **19**, 322–325 (1989).
4. FRASER, C. L. u. A. I. ARIEFF: Hepatic encephalopathy. New Engl. J. Med. **313**, 865–873 (1985).
5. GEROK, W.: Metabolische Grundlagen der hepatischen Encephalopathie. Internist **26**, 377–387 (1985).
6. GRIMM, G. u. Mitarb.: Improvement of hepatic encephalopathy treated with flumazenil. Lancet **1988/II**, 1392–1394.
7. KRETZ, F. J. u. Mitarb.: Flumazenil (Anexate): Pharmakodynamik, Pharmakokinetik, Indikationen und Kontraindikationen. Med. Klin. **85**, 256–263 (1990).

T. H. Hütteroth, Lübeck

Tumortherapie mit Levamisol

*Frage: Wie ist die adjuvante immunstimulierende Behandlung mit Levamisol, Fluorouracil oder eines speziell aus dem individuellen Tumorgewebe hergestellten Serums beim operierten Lymphknoten-positiven- oder negativen Kolonkarzinom zu bewerten? Sind dazu auch im europäischen Raum prospektive Studien geplant? Kann man zumindest die kombinierte Levamisol/Fluorouraciltherapie nach den bisher bekanntgewordenen Ergebnissen (Erhöhung der 5-Jahreslebenserwartung um 10%, vgl. Laurie, J. A. u. Mitarb.: J. Clin. Oncol. **7**, 1447, 1989) schon als zum »Standard« einer stadiengerechten Therapie des kolorektalen Karzinoms gehörig bezeichnen?*

Wir selbst haben keine Erfahrung mit Levamisol. Die Arbeit von *Laurie* (J. Clin. Oncol. 1989) haben wir mit großem Interesse gelesen und sehen hier erstmals in der adjuvanten Behandlung gegenüber allen anderen Versuchen einen Hoffnungsschimmer.

Beim letzten EORTC-Symposium im November 1989 in Straßburg wurden aus dem europäischen Bereich 2 Untersuchungen hierzu vorgestellt. Die eine von *J. P. Arnaud* aus dem CMCO-Department of Surgery Shieldigheim/Straßburg 67300, Frankreich, wo in einer randomisierten Doppelblindstudie kein statistischer Vorteil für die Levamisolgruppe für die tumorfreie Überlebenszeit, Rezidivhäufigkeit, Rezidivlokalisation oder Zeit des Auftretens eines Rezidivs nachgewiesen werden konnte. Darüber hinaus existiert eine Untersuchung von *R. Windle* vom Department of Surgery Glenfield, General Hospital, Leicester, die wiederum einen statistisch signifikanten Vorteil für das Überleben unter 5-FU/Levamisol aufzeigt.

Aus der Sicht der mir bekannten Literatur dürfte die Therapie derzeit nicht als Standardbehandlung angesehen werden, jedoch für die Zukunft in weiteren kritischen Untersuchungen ein sehr interessantes Behandlungskonzept darstellen, welches sich dann auch allgemein durchsetzen kann.

C. Hottenrott, Frankfurt/M.

Acetylsalicylsäure bei Koronarpatienten

Frage: Welchen gesicherten Stellenwert hat die Acetylsalicylsäure bei der Behandlung der koronaren Herzkrankheit mit und ohne Angina pectoris?

Acetylsalicylsäure (ASS) hemmt – vermutlich über eine Acetylierung der Zyklooxygenase – im Thrombozyten die plättchenaggregierende und vasokonstriktorische Wirkung des Thromboxan-A_2, aber auch im Gefäßendothel die antiaggregierende und vasodilatierende Wirkung des Prostacyclins.
Dabei hält nach einmaliger Gabe von 500 und weniger mg ASS die unerwünschte Prostacyclinhemmung nur wenige Stunden, die erwünschte Thromboxanhemmung dagegen über die ganze Lebensdauer des Thrombozyten, also mindestens 3, in der Regel 5 Tage an. Die Fähigkeit des Endothels zur Prostacyclinbildung erholt sich innerhalb weniger Stunden.

Pharmakologische Studien am Menschen belegen, daß weniger als 100 mg ASS genügen, um alle Zellen einer Thrombozytengeneration zu besetzen.
Diese pharmakologisch gesicherten Ergebnisse legen nahe, niedrige ASS-Dosen in Form einer Intervalltherapie jeden 2. oder 3. Tag zu verabfolgen.
Empfehlungen für die Praxis müssen sich aber auf breit angelegte prospektive plazebokontrollierte und randomisierte Studien berufen können. Die bisher vorliegenden unterscheiden sich im wesentlichen durch das untersuchte Patientengut, also die Indikation der Aggregationshemmertherapie. So gibt es Studien an Postinfarktpatienten, Patienten nach Bypass-Operation oder nach PTCA, solche mit stabiler oder instabiler Angina pectoris, Patienten einer bestimmten Altersgruppe mit und ohne nachgewiesenem Risiko einer koronaren Herzkrankheit sowie Patienten mit und ohne Anamnese eines erhöhten zerebralen Blutungsrisikos.

Prophylaktische Gabe von ASS

Aus 2 großen Präventionsstudien an englischen und amerikanischen Ärzten läßt sich eine Berechtigung zur prophylaktischen ASS-Gabe nicht ohne weiteres ableiten, da sich in der englischen Studie, bei der 500 mg täglich gegeben wurden, der Beweis der Überlegenheit gegenüber Plazebo nicht führen ließ und in der anderen, amerikanischen, bei der 325 mg jeden 2. Tag gegeben wurden, trotz signifikanter Senkung der Infarktquote methodische Einwände die Verbindlichkeit der Aussage infrage stellen. Gehäufte Nebenwirkungen in Form von intrazerebralen Blutungen verbieten geradezu den prophylaktischen Einsatz bei Patienten ohne ausgeprägtes Arteriosklerose-Risikoprofil. Zudem ist aus der englischen Studie keine verbindliche Aussage über den prophylaktischen Einsatz bei Frauen möglich.

Zeitpunkt der Gabe von ASS

Bei allen infrage kommenden Indikationen scheint sich die Bedeutung eines frühen Behandlungsbeginns als entscheidend für den Erfolg herauszukristallisieren. So liegt der empfohlene Beginn der Behandlung beim frischen Infarkt und bei der instabilen Angina pectoris in den ersten 48 Stunden nach PTCA ebenfalls so früh wie möglich. Bei Bypass-Operationen sollte möglichst schon perioperativ mit der Aggregationshemmung begonnen werden. Beginnt die Behandlung erst mehrere Tage postoperativ, so nimmt das Reinfarkt- und Mortalitätsrisiko mit jedem z. B. aus Sorge um Blutungskomplikationen verlorenen Tag zu.

Dosierung

Die Dosis kann niedrig, also 100–324 mg/d gewählt werden, da sich für alle gesicherten Indikationen stets die geringste getestete Dosis als ebenso effektiv wie die höheren erwiesen hat. In einer neuen Münchener Untersuchung mit Bestimmung der Thrombozytenfunktion sowie des Thromboxan- und Prostacyclinspiegels wurde nun auch bestätigt, daß im Vergleich der täglichen Gabe von 40 mg in einmaliger oder in zweizeitiger Dosis von 2mal 20 mg/d und der Intervalltherapie mit 80 mg jeden 2. Tag letztere die effektivste Applikationsform ist.

Dauer der Behandlung

Dürfte auch theoretisch eine jahrelange Dauertherapie in Form einer niedrig dosierten Intervalltherapie von etwa 100 mg jeden 2. Tag sinnvoll sein, so darf dieses Vorgehen z. Zt. noch nicht verbindlich empfohlen werden, da eben die entsprechenden Studienergebnisse fehlen. Man sollte aber bei den Überlegungen bezüglich der Behandlungsdauer Ergebnisse berücksichtigen, nach denen auch die vorübergehende Therapie nach ihrer Beendigung noch über Monate die Infarkt- und Mortalitätsrate senkt.

Die jüngste Diskussion über angebliche Kanzerogenität (Nierenkarzinom) basiert auf fraglichen Studienergebnissen. Dennoch bestärkt sie uns, vom prophylaktischen Einsatz bei Patienten mit geringem Arterioseriskio abzuraten.

F.-K. Maetzel, Timmendorfer Strand

ACE-Hemmer

Frage: Dürfen Patienten mit Herzinsuffizienz NYHA III-IV, die mit einer Kombination aus Diuretikum, Herzglykosid und ACE-Hemmer behandelt werden, bei rheumatischen Beschwerden mit Prostaglandinsynthesehemmern behandelt werden? Können diese Medikamente den Benefit der ACE-Hemmer-Therapie egalisieren?

Die Frage schneidet ein komplexes Thema an, das angesichts der heutigen breiten Verwendung von ACE-Hemmern bei Patienten mit Herzinsuffizienz von großer potentieller Bedeutung ist.

Um den Hintergrund und die daraus folgenden Implikationen besser zu verstehen, ist ein kurzer Abriß der Interaktionen zwischen dem Kinin und dem Prostaglandin-System erforderlich.

Bradykinin wird aus Präkallikrein in das biologisch aktive Enzym Kallikrein durch eine Vielzahl von Substanzen, darunter Gerinnungsfaktor X und XII konvertiert. Dieses Enzym spaltet das vasoaktive Bradykinin aus dem Substrat Kininogen ab. Bradykinin bewirkt eine Vasodilatation in vielen Gefäß-Systemen, kann aber auch eine bronchiale Konstriktion hervorrufen. Bradykinin wird durch mindestens 2 Kininasen (Kininase I und Kininase II) inaktiviert. Die Kininase II ist mit dem Angiotensin-Converting-Enzym identisch. Bradykinin bewirkt nicht nur eine Vasodilatation, sondern erhöht auch die Konversionsrate von Arachidonsäure in Prostaglandine (Prostazyklin und Prostaglandin E2).

Gibt man einen ACE-Hemmer, dann fallen, wie erwartet, die Angiotensin II-Spiegel ab. Weiterhin könnte es, zumindest theoretisch, auch zu einer Erhöhung der Bradykinin-Spiegel sowie der vasodilatatorischen Prostaglandin-Spiegel kommen. Diese Effekte könnten demnach zur Wirkung der ACE-Hemmer beitragen.

Die Auswirkung der ACE-Hemmer auf den Bradykininabbau und die Prostaglandin-Synthese sind nicht eindeutig. Dieses dürfte zum großen Teil darauf beruhen, daß das Bradykinin-System ein lokales, vor allem in der Gefäßwand lokalisiertes System ist und daß eine Interferenz mit diesem Gewebshormonsystem nicht unbedingt zu Änderungen der Plasmaspiegel führt. Es gibt jedoch indirekte Hinweise auf eine mögliche Beteiligung des Bradykinin- und Prostaglandin-Systems an den hämodynamischen Wirkungen der ACE-Hemmer. So konnte gezeigt werden, daß Aprotinin, welches die Konversion von Präkallikrein in Kallikrein hemmt, die antihypertensive Wirksamkeit von Captopril beeinträchtigt (1). Indometazin, welches die Cyclooxygenase und damit die Bildung der vasodilatatorischen Prostaglandine hemmt, vermindert ebenfalls die antihypertensive Wirksamkeit von Captopril und Enalapril (2).

Bezüglich der peripheren Wirkungen bei der Herzinsuffizienz liegen wenig Beobachtungen vor. Eine neuere Arbeit (3) untersuchte die Veränderungen der Unterarm-Hämodynamik bei Patienten mit Herzinsuffizienz, welche mit Captopril behandelt wurden. Captopril führte dabei zu einer signifikanten Verbesserung der Unterarm-Hämodynamik im Sinne einer arteriolären und venösen Dilatation. Eine Vorbehandlung mit Indometazin verminderte diese Captopril-induzierten hämodynamischen Wirkungen. Zudem fanden die Autoren, daß Indometazin die Captopril-induzierten Anstiege von Prostaglandin E2 und 6-Keto-Prostaglandin F-1 Alpha verhinderte. Aus diesen Daten wurde die Schlußfolgerung gezogen, daß die Prostaglandine eine signifikante Rolle bei den peripheren vasodilatatorischen Effekten von Captopril bei Patienten mit Herzinsuffizienz spielen dürften.

Die Ergebnisse weisen alle darauf hin, daß dem Bradykinin- und Prostaglandin-System bei den Wirkungen der ACE-Hemmer wahrscheinlich eine größere als bislang angenommene Rolle zukommen dürfte.

Inwieweit eine Beeinflussung des Prostaglandin-Systems durch nichtsteroidale Antirheumatika die klinische Wirksamkeit dieser Medikamente bei Patienten mit Herzinsuffizienz aufheben kann, ist vorderhand unklar. Diesbezüglich müssen weitere Untersuchungen, die spezifisch die klinischen Effekte von nichtsteroidalen Antirheumatika bei mit ACE-Hemmern behandelten Patienten anschauen, abgewartet werden.

Trotzdem erscheint generell aufgrund der vorliegenden Daten Vorsicht bei der Verwendung dieser Substanzen bei Patienten mit Herzinsuffizienz, die mit ACE-Hemmern behandelt werden, geboten zu sein. Sollte sich eine derartige Therapie nicht vermeiden lassen, sollte die klinische Situation genau beobachtet werden mit entsprechend häufigeren Kontrollen. Bei Zunahme der subjektiven Symptomatik oder der objektiven Befunde der Herzinsuffizienz sollte daran gedacht werden, daß nichtsteroidale Antirheumatika ursächlich an der Verschlechterung des Zustandes beteiligt sein könnten.

Literatur

1. MIMRAN, A., A. TARGHETTA u. B. LAROCHE: The antihypertensive effect of captopril: evidence for an influence of kinins. Hypertension **2**, 732–737 (1980).
2. MOORE, T. J. u. Mitarb.: Contribution of prostaglandins to the antihypertensive action of captopril in essential hypertension. Hypertension **3**, 168–173 (1981).
3. NISHIMURA, H. u. Mitarb.: Peripheral hemodynamic effects of captopril in patients with congestive heart failure. Am. Heart J. **117**, 100–105 (1989).

W. Kiowski, Basel

Nitratpflaster

Frage: Hat sich die Nitroglyzerinmedikation mittels Pflaster, z. B. Nitroderm, bei der koronaren Herzkrankheit bewährt? Welchen Stellenwert nimmt sie ein? Wirkungsgrad? Wirkungsdauer?

Die transdermale Nitroglyzerintherapie garantiert konstante Plasmawirkspiegel unter Umgehung der Leberpassage (first pass-Effekt) für die Zeit der Applikation. Damit verband sich die Hoffnung auf eine antiischämische Therapie über 24 Stunden.

Aufgrund zahlreicher und neuerer Untersuchungen kann heute folgendes festgestellt werden:

1.
Transdermal appliziertes Nitroglyzerin entfaltet in höheren Dosierungen (15–30 mg/24 Std.) typische hämodynamische Nitratwirkungen, meßbar an einer Abnahme erhöhter Füllungsdrücke des rechten und linken Ventrikels durch Erweiterung der venösen Kapazität und des arteriellen Systemdruckes. Direkte Wirkungen auf den Koronarkreislauf mit Erweiterung des Durchmessers von dynamischen Koronarstenosen werden auch durch kleinste Nitroglyzerindosen erzielt (6). Diese nitrattypischen Effekte erklären die antianginöse und antiischämische Wirkung der Nitratpflaster, erkennbar an einer Reduktion von Angina pectoris und Verminderung ischämischer Ekg-Veränderungen sowie auch günstige hämodynamische Wirkungen bei Linksherzinsuffizienz, meßbar an einer Abnahme der Vor- und Nachlast des linken Ventrikels mit Abnahme des Pulmonalarteriendruckes und des peripheren Gesamtwiderstandes und Zunahme des Herzindex (1, 4, 6, 7).

Die hämodynamischen Effekte sind bei konventionellen Dosierungen (5–10 mg Nitroglyzerin/24 Std.) allerdings gering, vor allem kommt es hierunter zu keiner Abnahme des arteriellen Systemdruckes.

2.
Die im Handel befindlichen Pflaster haben eine Pflastergröße von 10–20 cm², was einer Wirkstoffabgabe von 5 bzw. 10 mg/24 Std. entspricht. Mit letzteren werden Nitroglyzerinkonzentrationen bis zu 1 nmol/l im Plasma gemessen, Konzentrationen, die im unteren therapeutischen Bereich liegen und somit für eine therapeutische Wirksamkeit ausreichen (3).
Diese Plasmakonzentrationen werden über 24 Stunden weitgehend konstant aufrechterhalten. Dies ist allerdings aufgrund unserer heutigen Erkenntnisse über Wirkungen und Wirkungsverlust der Nitrate unerwünscht.

3.
Bei den Nitratpflastern mit kontinuierlicher Nitroglyzerinfreigabe ist eine 24-Stunden-Wirkungsdauer fraglich bzw. muß verneint werden, dies sicherlich in bezug auf die hämodynamischen Effekte, wahrscheinlich auch bezüglich der antianginösen Wirkung. Gesichert ist eine Wirkungsdauer von etwa 8–12 Stunden. Der limitierende Faktor für eine 24-Stunden-Wirkung ist die Entwicklung einer Nitrattoleranz (4). Ebenso wie für die orale Nitrattherapie wird deshalb für die transdermale Nitroglyzerinanwendung ein pulsierendes Dosierungsschema gefordert. Entsprechende Systeme mit diskontinuierlicher Substanzfreisetzung sind in klinischer Erprobung (8).
Die Ergebnisse sind je nach untersuchtem System unterschiedlich. Generelle Empfehlungen können derzeit noch nicht gegeben werden.

4.
Es bestehen eindeutige Dosiswirkungsbeziehungen auch bei Nitratpflastern (2, 4, 5). Eine Dosistitration mit 5-, 10-, 20- und 30 mg-Pflastern ergaben nach 2 Stunden nach Applikation einen Rückgang der belastungsinduzierten ST-Streckensenkungen um 67–87% (4). Bei Vergrößerung der Pflaster läßt sich der antianginöse Effekt steigern. Nach einwöchiger Therapie war die Wirkung nach 3 Stunden nachweisbar, nicht jedoch nach 24 Stunden (5).

5.
Einen neuen Aspekt erhält die Diskussion um die Nitratpflaster durch Erkenntnisse zur Wirksamkeit niedrigster Nitroglyzerindosierungen. *Bussmann* u. Mitarb. (2) konnten zeigen, daß minimale Dosen (0,025 mg i.v.) bei Koronarkranken die ST-Streckensenkungen im Belastungs-Ekg verringerte und die Myokardischämie im Mittel um 30% senkte (2). Dabei änderten sich Herzfrequenz und mittlerer arterieller Druck nicht, und auch der linksventrikuläre Füllungsdruck blieb unverändert. Nitroglyzerin entfaltet schon in kleinster Dosierung eine dilatierende Wirkung an stenosierten Koronararterien (6). Diese Dosis liegt weit niedriger, als für eine venöse oder arterioläre Dilatation im Kreislaufsystem erforderlich wäre. Daraus erklären sich antianginöse Wirkungen auch ohne Nachweis hämodynamischer Effekte.

6.
Die transdermale Nitratapplikation hat sich überall dort bewährt, wo eine orale Zufuhr vorübergehend nicht möglich und auch eine i.v. Dauerinfusion aus Gründen fehlender Überwachungsmöglichkeit nicht ratsam erscheint. Wird ein genügend langes nitratfreies Intervall von 8–10 Stunden eingehalten, so kommt es nicht zur Toleranzentwicklung. Von Vorteil ist die transdermale Applikation immer dann, wenn zeitlich limitierte Effekte erwünscht sind, indem die Nitratzufuhr augenblicklich durch Entfernung des Pflasters gestoppt werden kann. Auch bei nitratsensitiven Patienten sind Nitratpflaster mit geringer Dosierung, wenn es um die antianginösen Effekte geht, von Vorteil.
Bemerkenswert ist die hohe Patientenakzeptanz.

Literatur

1. ABRAMS, J.: The brief saga of transdermal Nitroglycerindiscs: Paradise lost? Am. J. Cardiol. **54,** 221 (1984).
2. BUSSMANN, W.-D.: Nitratpflaster: Wirkungsdauer – Wirkungsverlust. Dt. med. Wschr. **114,** 2023 (1989).
3. HEIDEMANN, R. u. Mitarb.: Serumkonzentration von Glyceroltrinitrat (GTN) bei transdermaler Applikation

von GTN-Pflastern unterschiedlicher Provinienz. Dt. med. Wschr. **110**, 1568 (1985).
4. RUDOLPH, W. u. Mitarb.: Behandlung der Angina pectoris mit Nitraten. Med. Praxis **79**, 2 (1984).
5. SCHNEIDER, W. u. Mitarb.: Antianginöse Wirkung von transdermal appliziertem Nitroglyzerin in Abhängigkeit von der Pflastergröße. Dt. med. Wschr. **110**, 87 (1985).
6. SIEVERT, H. u. Mitarb.: Koronar dilatierende Wirkung minimaler Nitroglyzerindosen. Z. Kardiol. **76**, 626 (1987).
7. TAYLOR, S. H., S. P. VERMA u. B. SILKE: Haemodynamic comparison of different routes of nitrate administration in postmyocardial infarction left ventricular failure. Z. Kardiol. **78**, Suppl. 2, 133 (1989).
8. WEBER, K., M. BERGBAUER u. D. RICKEN: Transdermales Nitroglyzerinsystem mit diskontinuierlicher Substanzfreisetzung. Dt. med. Wschr. **114**, 1551 (1989).

O. A. Beck, Peine

Verschiedenes

Einsichtsrecht in Krankenpapiere

Frage: Welchen rechtlichen Weg gibt es, um in einer Universitätsklinik an angeblich verschwundene CT- und Angiogramm-Röntgenaufnahmen zu kommen (als Hausarzt bzw. Angehörige)? Vorausging eine Subarachnoidalblutung bei einem 40jährigen Patienten während seines Urlaubs in Griechenland. Dort allmählich aufklarendes Bewußtsein. Rettungsflug nach Berlin gut überstanden, hier am selben Tag (8. Tag der Erkrankung) Angiographie. Beim 2. Kontrastmittelschub angeblich hypertone Krise und deletäre Blutung, nach 10 Tagen Exitus.

Nach der neueren Rechtsprechung des BGH haben Patienten bzw. nach deren Tod deren Hinterbliebene das jederzeitige Einsichtsrecht in die vorhandenen Krankenpapiere. Dieser Rechtsprechung liegt zugrunde, daß der Patient bzw. seine Hinterbliebenen zur Prüfung der Frage, ob gegebenenfalls ein Behandlungsfehler o. ä. vorgelegen hat, die Möglichkeit haben müssen, alle Unterlagen daraufhin durchzusehen.

Zunächst würde ich anraten, unter Hinweis auf dieses Recht, die Klinik über einen beauftragten Rechtsanwalt aufzufordern, die Krankenpapiere bzw. die Anlagen zur Verfügung zu stellen. Geschieht dies nicht, bleibt nur der Weg über eine Anzeige bei der Staatsanwaltschaft wegen des Verdachtes einer Körperverletzung mit Todesfolge durch einen sog. Behandlungsfehler. Die Ermittlungsbehörden haben dann entsprechend der StPO die Möglichkeit, einen Beschlagnahmebeschluß beim zuständigen Amtsgericht zu erwirken. Dieses Verfahren dient der Sicherstellung der Beweismittel.

Falls hierbei die CT- und Angiogramm-Röntgenaufnahmen bei einer evtl. Durchsuchung nicht mehr auffindbar sind, bedeutet dies letztlich, daß sich die Beweislast zugunsten des Patienten umkehrt, d. h. die Klinik muß dann für den Verlust in einem evtl. Straf- bzw. Zivilverfahren voll einstehen.

O. Pribilla, Lübeck

Irrtümliche Gabe eines Depotinsulins

Frage: Einer 79jährigen, 55 kg schweren Patientin werden im Krankenhaus irrtümlich 40 IE eines Depotinsulins (18 Std.) s.c. injiziert. Der Fehler wird bemerkt. Mit 36 Std. Zuckertropfen (niedrigster Blutzuckerwert 45 mg%, mit Stix) erholt sich die Patientin wieder. Ergeben sich für den Chefarzt (behandelnder Arzt) irgendwelche Konsequenzen (moralisch, rechtlich, Schmerzensgeld)? Hat die ausführende Schwester Konsequenzen zu erwarten? Gibt es irgendwelche Krankenhausrichtlinien, wie in einem solchen Fall vorzugehen ist?

Der Chefarzt bzw. der behandelnde Arzt sollte alle Einzelheiten genauestens dokumentieren. Falls der Patientin kein nachweisbarer Schaden entstanden ist, ergeben sich m. E., wenn sie selbst nicht Anzeige o. ä. erstattet, keine weiteren rechtlichen Konsequenzen. Vorsichtshalber würde ich anraten, das Vorkommnis dem Träger der Klinik bzw. auch der Versicherung anzuzeigen.
Falls der Patientin nennenswerte Beeinträchtigungen ihres Wohlbefindens oder gar ein nachweisbarer Schaden entstanden sind, sollte mit ihr ein ausführliches Gespräch geführt und sie auf die Möglichkeit hingewiesen werden, diese geltend zu machen. Auch dabei sollte m. E. primär der außergerichtliche Vergleich oder allenfalls der Weg über eine Schlichtungsstelle bei der entsprechenden Ärztekammer gesucht werden.
Hinsichtlich der ausführenden Schwester haftet der diese auswählende bzw. beaufsichtigende Arzt zivilrechtlich für sie als sog. Erfüllungsgehilfin. Strafrechtlich würde sie wohl nur bei grober Fahrlässigkeit haften müssen.
Krankenhausrichtlinien, wie in einer solchen Situation vorzugehen ist, sind mir nicht bekannt.

O. Pribilla, Lübeck

Blutalkoholgehalt von 0,23‰

Frage: 58 Jahre alter männlicher Patient mit dekompensierter Leberzirrhose erscheint zur Begutachtung. Angeblich vom Gutachter Foetor alkoholicus festgestellt. Blutuntersuchung ergibt: 0,23‰ Blutalkoholgehalt. Patient leugnet seit Jahren jeden Alkoholgenuß!
Könnte der Alkoholgehalt durch Gärungsprozesse im Magen-Darm-Kanal bei pflanzlicher Kost erklärt werden, wie das in einem Artikel aus der Laienpresse hervorgeht, den mir der besagte Patient zu seiner Entlastung vorgelegt hat (Quelle nicht ersichtlich)?

Man müßte zunächst wissen, mit welchen Methoden der Blutalkoholspiegel von 0,23‰ gemessen wurde. Während die *Widmark*sche Methode alle flüchtigen reduzierenden Stoffe im Blut erfaßt, sind die ADH und gaschromatographische Bestimmung alkoholspezifisch.

Nach der Literatur und eigenen Erfahrungen kann ein ordnungsgemäß nach den letzteren Methoden bestimmter Blutalkoholgehalt von 0,23‰ nicht durch Gärungsprozesse im Magen-Darm-Kanal bei pflanzlicher Kost erklärt werden. U. a. haben frühere Untersuchungen gezeigt, daß selbst dann, wenn Obstsäfte bis zu einem halben Gewichtsprozent Alkohol enthalten, kein Blutalkoholwert vorgetäuscht wird, sofern innerhalb einer Stunde ein Liter Saft getrunken wurde.

Auch hinsichtlich einer bestehenden Leberzirrhose liegen ausführliche Erfahrungen vor, wonach hierbei kein positiver Blutalkoholwert vorgetäuscht wird. Auch die Verbrennungs- bzw. Ausscheidungsgröße für den Alkohol sind bei Leberzirrhose nicht verändert.

O. Pribilla, Lübeck

Der betrunkene Patient in der Poliklinik

Frage: Der betrunkene Patient in der Poliklinik: Muß in jedem Fall der Schädel röntgenologisch untersucht werden?

Der unter Alkoholeinfluß nach einem tatsächlich beobachteten oder klinisch zu vermutenden Schädeltrauma in die chirurgische Poliklinik eingelieferte Patient ist ein in verschiedener Hinsicht gesondert zu betrachtender **Problemfall!** Einerseits gilt es, das Vorliegen eines kranialen bzw. kraniozerebralen Traumas zu erkennen und sein Ausmaß abzuschätzen, andererseits ergeben sich aus der tatsächlich oder vermutlich durch Alkoholeinfluß bewirkten Bewußtseinsstörung Besonderheiten hinsichtlich der Symptombewertung und Überwachungspflicht. Unter diesen Gesichtspunkten wird diese Frage zu erörtern sein.

Zunächst resultieren Schwierigkeiten aus der eingeschränkten Zuverlässigkeit des Alkoholisierten in puncto eigener Angaben zum Geschehen. Eine amnestische Lücke kann sowohl Folge eines Schädeltraumas als auch der Alkoholwirkung sein. Der unter Alkoholeinfluß Stehende ist durch eine Beeinträchtigung seiner Koordination und statomotorischen Bewegungsreflexe in besonderer Weise für ungeschützt ablaufende, heftige Stürze mit Gefahr eines Schädeltraumas prädestiniert.

In der Auswertung eines umfangreichen Kollektivs schädelverletzter Patienten hinsichtlich der Risikofaktoren für das Vorliegen einer Schädelfraktur spielte unmittelbar vorausgegangener Alkoholgenuß eine führende Rolle (1).

Die zur Erkennung eines kraniozerebralen Traumas entscheidende Untersuchung der Bewußtseinslage ist beim alkoholisierten Patienten naturgemäß erschwert. Die Differenzierung zwischen alkoholbedingter Bewußtseinsstörung und einer Funktionspsychose auf der Grundlage eines zusätzlich erlittenen Schädel-Hirn-

Traumas kann unmöglich sein, das Vorliegen beider Komponenten muß aus Gründen der Vorsicht zunächst angenommen werden.

Dies gilt insbesondere im Hinblick auf die Gefahr der Entwicklung eines intrakraniellen Hämatoms in der Folge einer Schädelfraktur: Etwa 90% der akuten Epiduralhämatome sind mit Kalottenfrakturen kombiniert (3). Auch andere Formen bedrohlicher intrakranieller Komplikationen wie Hirnkontusion und akutes Subduralhämatom sind bei Schädelfrakturen vermehrt anzutreffen. Die alkoholinduzierte Bewußtseinsstörung kann eine sekundär auftretende Bewußtseinstrübung infolge Hämatomentwicklung oder Hirnschwellung verschleiern (2, 3).

In dieser Situation gewinnen die äußeren Zeichen der Gewalteinwirkung auf den Schädel besondere Bedeutung (Prellmarke, Platzwunde, Monokel-/Brillenhämatom, Blutaustritt aus Ohr oder Nase, ...). Nach diesen evtl. einzigen objektiven Symptomen des Schädelhirntraumas muß sorgfältig gesucht werden!

Bei allen Patienten in alkoholisiertem Zustand mit sicherer Gewalteinwirkung gegen den Kopf ist eine weitere diagnostische Klärung und stationäre Überwachung unbedingt erforderlich (2).

Wie ist nun nach dieser theoretischen Problem-Erörterung die eingangs gestellte Frage für die Praxis zu beantworten?

Bei dem in betrunkenem Zustand in die Poliklinik eingelieferten Patienten muß immer das Vorliegen eines Schädelhirntraumas in Betracht gezogen und nach entsprechenden klinischen Merkmalen gefahndet werden! Da die Bewußtseinslage meist nicht zuverlässig beurteilbar ist, muß sorgfältig auf äußere Verletzungszeichen am Kopf hin untersucht werden. *Sind solche nachweisbar, ist eine Röntgenaufnahme des Schädels indiziert (in 2 Ebenen, gegebenenfalls zusätzlich nach Towne).*

Lassen sich äußere Zeichen einer Traumatisierung am Schädel mit Sicherheit ausschließen, dann kann u. E. auf eine Röntgendiagnostik verzichtet werden, da röntgenologisch nachweisbare knöcherne Läsionen ohne Spuren einer äußeren Gewalteinwirkung sehr unwahrscheinlich sind.

Über die unmittelbare Beantwortung der Frage hinausgehend erscheinen uns hier noch einige Ergänzungen wesentlich:

Bei einem betrunkenen Patienten, bei welchem äußere Merkmale auf eine Gewalteinwirkung gegen den Schädel hindeuten, darf selbstverständlich die Notwendigkeit einer weiteren diagnostischen Klärung und Beobachtung nicht allein vom Ergebnis der Schädel-Röntgenaufnahme abhängig gemacht werden! Immer ist zumindest eine stationäre Überwachung bis zum Abklingen des Alkoholrausches und Erreichen eines normalen Bewußtseinszustandes indiziert.

Je nach Ausprägung der Bewußtseinsstörung zum Zeitpunkt der Aufnahme und in Abhängigkeit von ihrer Verlaufsdynamik ist die Indikation zu einer zusätzlichen CT-Diagnostik zum Ausschluß einer intrakraniellen Blutungskomplikation, Hirnkontusion oder Hirnschwellung zu erwägen. Die alleinige Röntgen-Nativaufnahme des Schädels kann unzureichend sein, da auch bei Normalbefund im Röntgenbild solche ernsthaften intrakraniellen Läsionen vorliegen können.

In einer Auswertung unseres Krankenguts der letzten 6 Jahre fanden wir bei etwa 30% der Patienten mit der klinischen Primärdiagnose einer »Schädelprellung« bzw. »Commotio cerebri« eine computertomographisch zu sichernde Hirnkontusion. Hiervon waren vor allem alkoholisierte Patienten betroffen, Schädelfrakturen waren nur bei etwa der Hälfte der Patienten nachweisbar.

Literatur

1. GORMAN, D. F.: The utility of post-traumatic skull X-rays. Arch. Emerg. Med. **4**, 141–150 (1987).
2. LOEW, F. u. H. D. HERRMANN: Die Schädelhirnverletzungen. In: Handbuch der gesamten Unfallheilkunde II. 3. Aufl. Enke, Stuttgart 1966.
3. TODOROW, S. u. P. OLDENKOTT: Praktische Hirntraumatologie. Deutscher Ärzte-Verlag, Köln 1984.

F. K. Albert und St. Kunze, Heidelberg

Schmerzbehandlung mittels Periduralkatheters

1. Frage: Wann ist die Anlage eines Periduralkatheter bei einem inoperablen Tumorpatienten gerechtfertigt?

Falls keine grundsätzlichen Kontraindikationen (Gerinnungsstörungen, Opioidallergie o. ä.) bestehen, kann bei Tumorpatienten ein Periduralkatheter zur periduralen Opiatapplikation angelegt werden. Die peridurale Opiatanalgesie darf jedoch nicht voreilig oder verfrüht eingesetzt werden.
Ihr Einsatz richtet sich nach dem Stufenschema zur Krebsschmerztherapie, das bestimmte schmerztherapeutische Verfahren in einer logischen Reihenfolge anordnet: Nachdem eine Kausaltherapie wie Operation, Bestrahlung oder Chemotherapie nicht mehr zur Schmerzlinderung beigetragen hat, überprüft der Schmerztherapeut zunächst die Indikation für eine Regionalanästhesie, Neurolyse (z. B. Neurolyse des Plexus coeliacus beim Pankreaskopfkarzinom) oder neurochirurgische Operationen (z. B. perkutane Chordotomie).
Erst wenn regionale Analgesieverfahren mit langer Wirkdauer nicht eingesetzt werden können, beginnt man mit einer oralen medikamentösen Therapie. Zunächst setzt man nicht-narkotische Analgetika (Acetylsalicylsäure, Paracetamol oder Metamizol) in ausreichender Dosierung (4–6 g/d) ein. Reichen diese Analgetika allein nicht aus, kombiniert man sie in den nächsten Schritten des Stufenplanes mit schwachen bzw. starken Opioiden.
Orale Opioide stehen im Zentrum des analgetischen Stufenplanes. Sie gewährleisten die beste Patientenkompliance und bewahren dem Patienten größtmögliche Unabhängigkeit, auch vom Therapeuten. Bei über 90% der Patienten bleiben Tumorschmerzen bis zum Tode des Patienten hierdurch gut beherrschbar. Bei Schluckstörungen ist alternativ die subkutane Opioidinfusion zu erwägen.

Erst wenn diese Methoden versagen, ist an den Einsatz periduraler oder intrathekaler Opioide zu denken.
Zusammenfassend gelten folgende Voraussetzungen für den Einsatz spinaler Opioide:

1. Unwirksamkeit oder starke Nebenwirkungen oraler Opioide;
2. Finalstadium;
3. sofortige Effizienz bei stärksten Schmerzen;
4. Kausaltherapie (Operation), Neurolyse oder neurochirurgische Verfahren nicht möglich.

Die Opioidmengen können im Vergleich zur oralen Applikation auf etwa $1/15$ reduziert werden. Die lange Wirkdauer spinal applizierter Opioide ist ein weiterer Vorteil. Bei hydrophilen Substanzen (Morphin) ist der Unterschied zur oralen Gabe höher (oral 4 Stunden, peridural 11–18 Stunden Wirkdauer) als bei lipophilen Opioiden (z. B. Buprenorphin). Die Dosierungen richten sich nach dem individuellen Schmerzbedarf des Patienten. Nebenwirkungen sind Pruritus, Übelkeit, Erbrechen (selten), Harnretention (weniger bei lipophilen Substanzen) und Obstipation (gleichzeitige Laxanziengabe erforderlich!).

2. Frage: Ist die Versorgung eines solchen Katheters auch ambulant möglich?

Nach der Einstellungsphase können die Patienten die Opioidapplikation selbständig zu Hause durchführen. Eine stationäre Anlernphase (evtl. mit den Angehörigen) und eine genaue, schriftliche Anweisung wird den Patienten mitgegeben.
Die Punktionsstelle wird täglich verbunden und Polyvidon-Jod-Salbe aufgetragen. Wir empfehlen die perkutane Katheteranlage. Katheterliegezeiten von über 500 Tagen sind hier mit guter Pflege möglich. Die Versorgung des Katheters, gegebenenfalls Dosiskorrekturen und die Be-

gutachtung der Punktionsstelle, erfolgt einmal wöchentlich in der Schmerzambulanz. Im Gegensatz zur Verschreibung für die orale Applikation kann das Opioidrezept zur peridualen Gabe für einen Bedarf bis zu 28 Tagen ausgestellt werden.

3. Frage: Erreicht man durch diese Katheteranlage eine ausreichende Analgesie?

Eine grundsätzliche Überlegenheit der rückenmarksnahen, regionalen Opioidanalgesie gegenüber der oralen Opioidapplikation besteht nicht.
Bei stärksten Tumorschmerzen, die nicht neuropathischer Genese sind, ist durch die peridurale Opiatanalgesie eine gute Analgesie bei vergleichsweise geringen Nebenwirkungen (auch keine Atemdepression) möglich. Dies gilt selbst für Patienten mit Bronchialkarzinom. Mit periduraler Opiatanalgesie sind Segmente bis Th 2 ausgeschaltet worden. Dabei reicht die technisch einfache lumbale Katheteranlage aus. Bei Injektionen auf thorakaler Ebene würde eher eine Atemdepression begünstigt. Ausnahmsweise (Karzinom im zervikalen Bereich) kann jedoch sogar die zervikale Opioidgabe erforderlich sein. Dagegen sprechen Schmerzen durch Nervenkompression, radikuläre, segmental streng begrenzte Schmerzen oder Ischämieschmerzen grundsätzlich schlecht auf Opioide an. Dann ist auch bei Tumorpatienten die Gabe von Lokalanästhetika über einen Periduralkatheter indiziert.

4. Frage: Bei welchen Tumorleiden im Spätstadium ist diese Analgesieform gerechtfertigt und möglich?

Prinzipiell ist diese Analgesieform bei allen Tumoren möglich. Aufgrund verstärkter Schmerzen ist die peridurale Opiatanalgesie gerade bei Tumorpatienten im Spätstadium zu bedenken, obwohl die Effizienz der oralen Tumorschmerztherapie meistens Schmerzfreiheit auch in Spätstadien der Tumorerkrankung ermöglicht. Grenzen bei der periduralen Opiatanalgesie ergeben sich — wie oben ausgeführt — aus der Schmerzlokalisation.
Infiltriert ein Tumor einen Nerven, kann ein neuropathischer Schmerz entstehen, der eine »echte« Analgesie (z. B. mit Lokalanästhetika) erfordert. Die peridurale Opiatanalgesie bewirkt eher eine Hypalgesie, die für helle, segmental begrenzte Schmerzen nicht ausreichend ist, wohl aber bei den meist diffusen Tumorschmerzen sehr gut wirkt. Eine Verbesserung der Wirkung wird erreicht, wenn man auch die peridurale Opiatanalgesie mit systemischen nicht-narkotischen Analgetika kombiniert.
Insgesamt empfehlen wir die peridurale Opiatanalgesie als Schmerztherapie der »zweiten Wahl« nach der oralen Tumorschmerztherapie.

M. Strumpf und M. Zenz, Bochum

Erhitzen von Kuhmilch und Sterilisieren in der Mikrowelle

1. Frage: Minutenlanges Erhitzen von Kuhmilch in der Mikrowelle soll die Aminosäuren verändern. Gilt das auch für kurzzeitiges Erwärmen (Trinktemperatur für Babys)? Oder soll man sicherheitshalber auf das Milcherwärmen in der Mikrowelle ganz verzichten?

Ausgelöst durch Presseveröffentlichungen über die angeblichen Wirkungen von Mikrowellen bei der Erhitzung von Milch haben wir im 1. Halbjahr 1990 zahlreiche besorgte Anfragen bearbeiten müssen. Die Unruhe ist aufgrund des Abdruckes eines Briefes von *Lubec* u. Mitarb. im Dezember 1989 im »Lancet« entstanden, der offenbar von Journalisten völlig mißverstanden worden ist.

Das Mißverständnis dürfte wegen der von *Lubec* u. Mitarb. beschriebenen Wirkung von Mikrowellen auf Aminosäuren bei der chemischen Analyse von Proteinen (beispielhaft dargestellt an Milch und Milchhydrolysat) entstanden sein. Außerdem hat *Lubec* für seine wissenschaftlichen Untersuchungen ein haushaltsübliches Mikrowellengerät benutzt, wie es auch für die Erwärmung von Babynahrung verwendet wird (»a microwave oven used für heating of infant food«). Diese Erwähnung dürfte die Entstehung von Mißverständnissen sehr begünstigt haben.

Inzwischen hat *Lubec* sich dazu schriftlich geäußert (Telefax an *Hoffmeister,* BGA). *Lubec* erklärt eindeutig, daß seine Publikation wissenschaftliche Daten enthält, die nicht dazu geeignet sind, die Bevölkerung zu beunruhigen. Die Daten lassen keinerlei Rückschlüsse auf die Situation im Haushalt zu, auch wenn Reporter das gerne so sehen. Außerdem schreibt *Lubec*: »Wäre eine Warnsituation aus meinen Daten ableitbar, hätte ich die zuständigen amtlichen Stellen informiert und nicht in einer Fachzeitschrift publiziert.«

Wir begrüßen diese klärende Stellungnahme von *Lubec,* weil uns keine Fakten bekannt sind, die es ratsam erscheinen lassen, die sachgerechte Anwendung von Mikrowellenherden einzuschränken.

Wir selbst betreiben jedoch keine Forschung zur Wirkung von Mikrowellen auf Proteine und Aminosäuren. Deshalb möchten wir darauf hinweisen, daß Dr. *K. W. Bögl* (BGA, Thielallee 88–92, 1000 Berlin 33) Fachmann auf diesem Gebiet ist und eine offizielle Stellungnahme des BGA vorbereitet (hat?), die dort angefordert werden kann. Möglicherweise ist diese Stellungnahme bereits verfügbar.

Literatur

LUBEC, G., Chr. WOLF u. B. BARTOSCH: Amino acid isomerisation and microwave exposure. Lancet **1989/II**, 1392–1393.

2. Frage: Kann man in der Mikrowelle z. B. Milchflaschen sterilisieren?

Als Sterilisierung bezeichnet man die Beseitigung aller pathogenen und apathogenen Mikroorganismen, einschließlich deren Sporen mit physikalischen Mitteln, z. B. durch Hitze. Hierzu ist z. B. die Anwendung von Heißdampf bei 120°C für wenigstens 20 Minuten erforderlich. Ebenso ist es möglich, durch mehrfaches Erhitzen auf 100°C für 30 Minuten an 2–3 aufeinanderfolgenden Tagen eine Sterilisierung zu erreichen. Es ist leicht einzusehen, daß dieses nur mit Mühe in der Mikrowelle erreicht werden kann.

Allerdings enthalten Mikrowellenkochbücher oder Gebrauchsanleitungen für Mikrowellenherde Hinweise, wie sich mit Mikrowellenherden Konserven herstellen lassen (»Einkochen«). Die sinngemäße Anwendung der hierfür erforderlichen Maßnahmen dürfte eine »haushaltsübliche Sterilisation« auch im Mikrowellenherd ermöglichen, die wahrscheinlich sicherer durch Heißluft (180°C, 30 Minuten) im Backofen oder durch mehrfaches Auskochen weniger hitzebeständiger Materialien erreicht werden kann.

Falls sich die Anfrage auf die Keimfreimachung von Milchflaschen für die Säuglingsernährung bezieht, dann dürfte keine eigentliche Sterilisation im Sinne hygienischer Vorschriften gemeint sein. Diese Milchflaschen werden ja auch täglich mehrfach benutzt, wozu dann das Auskochen mit Wasser reichen dürfte. Es ist fraglich, ob dies im Mikrowellenherd durchgeführt werden sollte, weil gerade die homogene Erwärmung in vielen Geräten nicht gewährleistet ist.

3. Frage: Phytinsäure in Schmelzflocken sollen, wenn sie der Milch in der Babyflasche zugesetzt werden, das Milchkalzium binden. Handelsübliche Flocken sind zum Ausgleich mit Kalzium angereichert. Wird auch dieses Kalzium gebunden und nicht mehr resorbiert?

Erwiesenermaßen ist durch Kalziumbindung an Phytat die Kalziumabsorption vermindert. Dies läßt sich rechnerisch für folgende Annahme zeigen:
Pro Flasche Milch (250 ml entsprechend etwa 300 mg Ca) werden 20 mg Schmelzflocken (etwa 15 mg Ca, 180 mg Phytat, 70 mg Phosphor, davon etwa 50 mg als Bestandteil des Phytats) zugesetzt. 180 mg Phytat entsprechen etwa 0,28 mmol Phytinsäure, deren wasserfreies Molekulargewicht etwa 650 beträgt. Phytinsäure ist der Trivialname für Inositolhexaphosphorsäureester und enthält dementsprechend 6 Phosphatreste mit jeweils 2 Valenzen. Dementsprechend können 0,28 mmol Phytinsäure 0,28 mmol $\times$ 6 = 1,68 mmol Ca binden; das sind rund 67 mg Ca. Theoretisch könnte damit die gesamte Menge des Ca aus den Schmelzflocken (15 mg) sowie noch etwa 52 mg Ca aus der Milch gebunden werden. Das entspricht 21% der gesamten zugeführten Ca-Menge, die unter der Annahme der Resorption entzogen werden kann, daß Ca in Gegenwart von Phytinsäure als Ca_6Phytat präzipitiert und nicht resorbiert werden kann.
Wie *Morris* u. Mitarb. (3) zeigen konnten, scheint dies unter in vivo-Bedingungen nicht zu gelten. In Bilanzversuchen mit erwachsenen Männern fanden sie bei Zulage von zu 90% dephytinisierter Kleie entsprechend 0,2 g Phytinsäure eine Ca-Bilanz von 208 mg/d. Bei unbehandelter Kleie erniedrigte sich die Bilanz auf 184 mg/d. Die Erhöhung der Phytatmenge um den Faktor 10 verminderte also die Bilanz (und Absorption) nur um 10%.
Ob für Säuglinge ähnliche Werte gelten, ist nicht bekannt. *Morris* u. Mitarb. konnten ferner zeigen, daß mit fortschreitender Versuchsdauer eine Anpassung der Absorptions- und Retentionsrate eintritt. Dies kann auch aus der Studie von *Kelsay* u. Mitarb. (2) geschlossen werden, die keinen signifikanten Unterschied der Ca-Bilanz zwischen Vegetariern und Nicht-Vegetariern fanden. Die Vegetarier nahmen dabei signifikant größere Mengen an faserreicher Nahrung (Ballaststoffe) auf.

Zu einer gleichsinnigen Aussage kamen bereits *Sandberg* u. Mitarb. (5): Die Zulage von 4 mmol Phytat-Phosphat in 24 Stunden in Form von Kleie hatte nur in der Tendenz eine geringere Ca-Absorption zur Folge. Auch bei der Ratte hatte eine Steigerung des Weizenkleie-Anteils in der Diät auf bis zu 15% keinen signifikanten Einfluß auf die Ca-Absorption (1).
Neuere in vitro-Untersuchungen haben ergeben, daß die Zugabe von Na-Phytat zu $CaCl_2$ die Löslichkeit von Ca zwar erwartungsgemäß verminderte; dies war aber nicht der Fall, wenn Na-Phytat Milch zugesetzt wurde. Die Autoren vermuten, daß Milch einen schützenden Effekt auf die Phytat-bedingte Präzipitation von Mineralien ausübt (4). Hierzu fehlen allerdings Beobachtungen in vivo.
Man kann also davon ausgehen, daß Phytinsäure aus Schmelzflocken für die Säuglingsernährung die Kalziumresorption aus Milch nicht signifikant beeinträchtigen kann, insbesondere dann nicht, wenn die Schmelzflocken mit Kalzium angereichert sind.

Literatur

1. BAGHERI, S. M. u. L. GUÉGUEN: The effect of wheat bran on the metabolism of calcium-45 and zinc-65 in rats. J. Nutr. **112,** 2047–2051 (1982).
2. KELSAY, J. C. u. Mitarb.: Impact of variation in carbohydrate intake on mineral utilization by vegetarians. Am. J. clin. Nutr. **48,** 875–879 (1988).
3. MORRIS, E. R. u. Mitarb.: Mineral balance of adult man consuming whole or dephytinized bran. Nutr. Res. **8,** 445–458 (1988).
4. PLATT, S. R. u. Mitarb.: Protective effect of milk on mineral precipitation by Na-phytate. J. Food Sci. **52,** 240–241 (1987).
5. SANDBERG, A. u. Mitarb.: The effect of wheat bran on the absorption of minerals in the small intestine. Br. J. Nutr. **48,** 185–191 (1982).

C. A. Barth und H. Sick, Kiel

Mikrowellen nicht schädlich

Wiederholt werde ich von Patienten nach Schädlichkeit oder Unschädlichkeit von Mikrowellengeräten im Haushalt gefragt. Teilweise wird offenbar vor schädlichen Auswirkungen gewarnt.

1. Frage: Werden die in Mikrowellengeräten erwärmten Lebensmittel hinsichtlich Vitamingehalt usw. geschädigt?

Der Vorteil der Mikrowellenanwendung gegenüber herkömmlichen Garverfahren beruht auf der vergleichsweise wesentlich homogeneren und rascheren Erwärmung der Lebensmittel. Dies setzt voraus, daß gewisse Vorgaben eingehalten werden, denn nicht jedes Lebensmittel ist in jeder Form zur Mikrowellenbehandlung geeignet.

Für die ausschließliche Erwärmung eines Lebensmittels, z. B. bereits zubereitete aber gekühlte Produkte, bietet die Mikrowelle unter allen Umständen Vorteile im Hinblick auf die Erhaltung von Nährstoffen, aber insbesondere im Hinblick auf die sensorische Qualität (Aussehen, Geschmack, Textur).

Wird die Mikrowelle zum Garen eingesetzt, so wird auch die in diesem Fall für die Garung des Produktes erforderliche Temperatur-Zeit-Relation notwendig, so daß sich für diesen Fall die Veränderungen, wie sie durch traditionelle Zubereitungstechniken und die Mikrowellenanwendung resultieren, nivellieren.

Es spricht zwar nach wie vor einiges für eine bessere Qualitätserhaltung, unvermeidbare Verluste liegen in jedem Fall nicht höher als bei anderen Zubereitungsverfahren.

Im Hinblick auf Nährstoffe gibt es somit keine zusätzlichen Probleme, eher Vorteile durch die Mikrowellenanwendung.

2. Frage: Wirken sich die Mikrowellen in irgendwelcher Hinsicht (z. B. ZNS) negativ auf den menschlichen Organismus aus?

Die immer wieder in die Diskussion gebrachten Nebeneffekte bei der Mikrowellenanwendung sind bis zum heutigen Tag unbewiesen geblieben. Jede Behandlung von Lebensmitteln bewirkt Veränderungen; dies ist ja das Ziel einer Behandlung. Es ist schon allein aus energetischen Gründen äußerst unwahrscheinlich, daß Substanzen gebildet werden, die den Konsumenten in unerwünschter Weise beeinflussen.

Durch die entweichende Strahlung sind keine Gesundheitsgefährdungen zu erwarten. Bei Mikrowellengeräten dürfen in einem Abstand von 5 cm Leistungen von maximal 5 mW/cm^2) gemessen werden. Jedes hergestellte Gerät wird diesbezüglich überprüft, insofern gibt es hier keine »Ausreißer«. Bei sachgemäßem Umgang mit dem Gerät ist gewährleistet, daß die genannte Leckrate nicht überschritten wird. Bei geöffneter Tür kann das Mikrowellengerät zudem keine Strahlung erzeugen.

Deutsche Gesellschaft
für Ernährung e.V., Frankfurt/M.

Totale Eisenbindungskapazität

Frage: Welchen Stellenwert hat die Bestimmung der totalen Eisenbindungskapazität? Ist es vertretbar, z. B. in Kliniken aus Gründen der Rationalität darauf zu verzichten und im Labor lediglich Eisen und Ferritin anzubieten?

Die totale Eisenbindungskapazität (TEBK), gegebenenfalls annäherungsweise aus der Transferrinkonzentration berechnet, ist ein wichtiger Parameter für die Diagnostik des Eisenmangels und der Eisenüberladung. Während erniedrigte Ferritinwerte ausschließlich bei einem Speichereisenmangel gefunden werden, findet man erhöhte Ferritinwerte, pathologische Eisenwerte sowie eine pathologische Sättigung der TEBK auch bei anderen Krankheiten, beispielsweise erhöhte Eisenwerte bei infektiösem oder medikamentösem Leberzellzerfall, niedrige Eisenwerte bei akuten Entzündungen, eine erniedrigte TEBK bei chronischen Infektionen und Neoplasien sowie erhöhte Serum-Ferritinwerte bei soliden Tumoren und Leukosen.

Da jeder der 3 Laborparameter auch ohne Beziehung zum Eisenstoffwechsel pathologisch ausfallen kann, empfehlen wir zur Diagnostik des Eisenmangels und der Eisenüberladung alle 3 Parameter anzubieten.

M. Emami, Geesthacht

Gefahren bei Bildschirmarbeit?

Frage: Gibt es Gesundheitsschäden durch Arbeit vor dem Bildschirm?

Bildschirmarbeitsplätze haben die Tätigkeitsmerkmale zahlreicher Berufe verändert (11). Neben der als positiv empfundenen Arbeitserleichterung werden aber auch Klagen über gesundheitliche Belastungen geäußert.

Als Bildschirmarbeitsplatz, z. B. im Bürobereich, gelten Arbeitsplätze, bei denen Arbeitsaufgabe und Arbeitszeit am Bildschirmgerät bestimmend für die Tätigkeit sind, also durchschnittlich mehr als die Hälfte der Wochenarbeitszeit eines Vollbeschäftigten ausmacht.

Der Bildschirmarbeitsplatz soll den allgemeinen anerkannten Regeln der Technik unter Beachtung arbeitsmedizinischer, arbeitsphysiologischer, arbeitspsychologischer und ergonomischer Erkenntnisse entsprechen. Das GSE-Prüfzeichen, die entsprechenden DIN-Normen und die Richtlinien »Sicherheitsregeln für Bildschirmarbeitsplätze im Bürobereich« der gewerblichen Berufsgenossenschaften (ZH 1/618) gewährleisten die Vermeidung gesundheitlicher Beanspruchungen. Vor der Tätigkeitsaufnahme sollte bei den Arbeitnehmern eine ärztliche Untersuchung der Augen durchgeführt und in regelmäßigen Abständen von 5 bzw. bei Arbeitnehmern nach Vollendung des 45. Lebensjahres von 3 Jahren wiederholt werden.

Bei längeren Tätigkeiten (mehr als 4 Stunden pro Tag) mit ständigem Blickkontakt oder laufendem Blickwechsel zwischen Vorlage und Bildschirm kann eine zusätzliche Pausenregelung bis zu 10 Minuten innerhalb einer jeden Stunde angemessen sein.

Um unnötige Belastungen des Arbeitnehmers zu vermeiden, ist auf eine gute Lesbarkeit der Schriftzeichen, idealerweise in Positivdarstellung (dunkle Zeichen auf hellem Hintergrund), auf Blendfreiheit, ausreichende Beleuchtung (mindestens 500 Lux), ergonomische Sitz- und Arbeitsposition, eine bequeme Anordnung der Arbeitsmittel, die Vermeidung von Lärmbelastungen (z. B. Maschinengeräusche) und ein angemessenes Raumklima (21–23°C und 50–65% Luftfeuchtigkeit) zu achten. Bedienerfreundliche Programme (Software-Ergonomie), die auf den Arbeitsinhalt und den Benutzer abgestimmt sind, tragen dazu bei, Streßempfindungen zu reduzieren oder zu vermeiden (5).

Bedauerlicherweise entsprechen zahlreiche Bildschirmarbeitsplätze nicht den genannten Forderungen. Nach neueren Umfragen klagen 40% der in der Dateneingabe und Textverarbeitung beschäftigten Frauen über gelegentliche Augenbeschwerden, 90% über Muskelverspannungen, 50% über Rückenschmerzen und 40% über Gelenkbeschwerden. Psychische Belastungen und Streß (»Überanstrengung, hohe Anforderung, Nervosität«) am Bildschirmarbeitsplatz werden von 56% als Ursache von Magen- und Verdauungsbeschwerden sowie von $1/3$ als Auslöser von vegetativen Beschwerden, wie Kopfschmerzen, Schlaflosigkeit und Kreislaufproblemen vermutet (10).

Die Frage der Häufung von Aborten und Mißbildungen im Zusammenhang mit Bildschirmarbeit ist Gegenstand zahlreicher Untersuchungen (4), nachdem erstmals 1979 diese Vermutungen anhand epidemiologischer Studien aus Schweden geäußert wurden. Von Bildschirmen gehen elektromagnetische und elektrostatische Felder aus, weiterhin werden UV- und Röntgenstrahlen emittiert. Die Intensität ist jedoch gering und liegt weit unter den als sicher angesehenen Grenzwerten (6). Auch für die als Ursachen diskutierte Emissionen von Biphenylen und Flammschutzmitteln (polybromierte Furane und Dioxine) lassen sich keine Dosis-Toxizitäts-Wirkungsbeziehungen ableiten (2). Nach derzeitigem Erkenntnisstand sind Spontanaborte und kongenitale Mißbildungen als Folge von Bildschirmarbeitsplätzen nicht wissenschaftlich begründbar (3, 8, 9, 12).

Möglicherweise sind andere Faktoren im Sinne von Streßbelastungen seinerzeit für die beobachteten Häufungen verantwortlich gewesen.

Von einzelnen Arbeitnehmern werden Hautjucken, Hautrötung und Hautausschläge im Gesicht bei Tätigkeiten am Bildschirm berichtet. Durch die Aufladung von Staubpartikeln am Bildschirm (Ionisierung) und Abstoßung in Richtung des Benutzers können diese Phänomene verursacht werden (1). Eine ausreichende Luftfeuchtigkeit sowie Minimierung von Luftstaub (Rauchverbot!) sollten beachtet werden, außerdem ist ein ausreichender Abstand (50—80 cm) vom Bildschirm einzuhalten.

Zusammenfassend: Bei sorgfältiger Ausgestaltung eines Bildschirmarbeitsplatzes — unter Berücksichtigung der individuellen Bedürfnisse der Mitarbeiter und einer regelmäßigen ärztlichen Kontrolle der Augen — sind keine gesundheitlichen Beeinträchtigungen zu erwarten, die auf die Geräte selbst zurückgeführt werden können. Die Klagen zahlreicher Arbeitnehmer lassen aber Handlungsbedarf erkennen, Bildschirmarbeitsplätze hinsichtlich ergonomischer und anderer belastender Unzulänglichkeiten zu überprüfen und gegebenenfalls für Abhilfe zu sorgen (7).

Literatur

1. ADAM, J.: Die Fensterlüftung ist für neuzeitige Büroräume bedenklich. Rationelle Büro **12,** 28—30 (1987).
2. BERGQUIST, U.: Physical and chemical environments at VDT work stations. Air ions, electrostatic fields, magnetic fields and PCBs. Internat. meeting to examine allegations of reproductive hazards from VDUs. S. 55—64. Quorn, London 1984.
3. BERGQUIST, U.: Pregnancy and VDT work — an evaluation of the state of the art. In: KNAVE, B. u. Mitarb. (Hrsg.): Work with display units 86. S. 87—93. Elsevier, Amsterdam 1987.
4. BLACKWELL, R. u. A. CHANG: Video display terminals and pregnancy, a review. Br. J. Obstet. Gynecol. **95,** 446—453 (1988).
5. BOUCSEIN, W.: Wartezeiten am Rechner — Erholung oder Streß? Z. Arbeitswiss. **42,** 222—225 (1988).
6. GRÜTER, H.: Röntgenstrahlen an Bildschirmgeräten. Dt. med. Wschr. **115,** 274 (1990).
7. HAGSPIEL, G.: Gesundheitsgefahren durch neue Technologien? Dt. Ärztebl. **84,** 1814—1816 (1987).
8. KURPPA, K. u. Mitarb.: Birth defects, course of pregnancy, and work with video display units. In: KNAVE, B. u. Mitarb. (Hrsg.): Work with display units 86. S. 96—103. Elsevier, Amsterdam 1987.
9. McDONALD, A. D.: Birth defect, spontaneous abortion and work with VDUs. In: KNAVE, B. u. Mitarb. (Hrsg.): Work with display units 86. S. 94—95. Elsevier, Amsterdam 1987.
10. OTT-GERLACH, G. u. G. ALBRECHT: Frauen am Bildschirm — zur aktuellen Situation. Öff. Gesundh.-Wes. **50,** 42—47 (1988).
11. SKARPELIS, C.: Bildschirmarbeit (I). Bundesarbeitsblatt **11,** 15—19 (1988).
12. SUESS, M. J.: Health impact of work with visual display terminals. In: KNAVE, B. u. Mitarb. (Hrsg.): Work with display units 86. S. 6—15. Elsevier, Amsterdam 1987.

B. Heinzow, Kiel

Gesundheitsgefahren durch elektromagnetische Felder

Frage: Da ich etwa 10 m entfernt von einer Hochspannungsleitung mit 220 kV wohne, beschäftigt mich seit längerem die Frage: Welche negative Auswirkungen haben elektromagnetische Wellen auf die körperliche und geistige Gesundheit?

In seiner Umwelt ist der Mensch unterschiedlichen elektrischen, magnetischen und elektromagnetischen Feldern natürlichen und technischen Ursprungs ausgesetzt.

Für die Beurteilung der Verträglichkeit elektromagnetischer Felder sind Kriterien entwickelt worden: Die Grenzwerte der elektromagnetischen Verträglichkeit (EMV) nach DIN 57848/VDE 0848, Gefährdung von Personen. Die Belastungsgrenzen sind bei Frequenzen bis zu 30 kHz an der Vermeidung möglicher Wechselwirkung mit Nervenzellen und bei Frequenzen über 2 MHz am Ausschluß von Wärmewirkungen orientiert (1, 4; Tab. 7).

Bei hohen Leistungsflußdichte- oder Feldstärkewerten können Gesundheitsschäden (Katarakt, Überwärmung, Konvulsionen) ausgelöst werden. Eine Exposition unterhalb der Grenzwerte wird als nicht gesundheitsschädlich angesehen.

Von besonderem Interesse für die Bevölkerung sind energietechnische Felder mit Frequenzen von 50 Hz durch elektrische Leitungen und Geräte in Wohnungen und am Arbeitsplatz. Diese Felder nehmen in ihrer Stärke mit der Entfernung von der Quelle rasch ab. Ein Abstand von 50 m von einer Hochspannungsleitung bewirkt z. B. eine ca. 90% Abnahme, durch Gebäude und Vegetation erfolgt ebenfalls eine starke Abschwächung.

Unter Hochspannungsleitungen (bis 400 kV) werden durchschnittlich elektrische Feldstärken (E) von 1–6 kV/m (maximal 10 kV/m) gefunden. Von elektrischen Installationen in Gebäuden werden Felder bis zu 200 V/m aufgebaut. Magnetische Felder unter Hochspannungsleitungen lassen

Frequenz-bereich	elektrische Feldstärke (E_e)	magnetische Feldstärke (H_e)
10–30 kHz	2.000 V/m	500 A/m
>2 MHz	3.000/f V/m	7,5/f A/m

Tab. 7
Grenzwerte der elektromagnetischen Verträglichkeit für Expositionszeiten über 6 Minuten (f = Frequenz in MHz)

Tab. 8
Elektrische und magnetische Einheiten

	Symbol	Int. Einheit
elektrische Feldstärke	E	Volt m^{-1} (V/m)
magnetische Feldstärke	H	Ampere m^{-1} (A/m)
Frequenz	f	sec^{-1}, Hz (Hertz)
magnetischer Fluß	Φ	Weber, Wb (= Vs)
magnetische Induktion	B	Weber m^{-2}, T (Tesla)

sich nach: 0,01 mT/kA berechnen. Durch Hausinstallationen werden deutlich stärkere Felder bis zu 2,5 mT aufgebaut. Das Magnetfeld der Erde zum Vergleich beträgt in der Bundesrepublik etwa 0,04 mT. Die NMR-Tomographie bedient sich hierzu vergleichsweise hoher Feldstärken von 0,3 bis zu 2 Tesla zur nicht-invasiven Diagnostik. Im Zusammenhang mit der Diskussion der gesundheitlichen Risiken der Kernspintomographie wird von *Gremmel* (2) eine Feldstärke unter 0,3 Tesla als nicht gesundheitlich gefährdend angesehen.

Elektrische Wechselfelder erzeugen im Körper einen meßbaren Verschiebestrom (<200 uA) der nicht wahrgenommen wird, schädliche Wirkungen sind nicht bekannt. Magnetische Wechselfelder durchdringen den Körper, können dort jedoch nicht gemessen werden, auch hier sind keine schädlichen Wirkungen bekannt.

Von *R. Hauf* (3), Forschungsstelle für Elektropathologie in Freiburg, sind umfangreiche Versuche unter Laborbedingungen mit Feldern bis 20 kV/m und 0,3 mT sowie epidemiologische Untersuchungen durchgeführt worden, ohne daß gesundheitsschädliche Einflüsse festgestellt werden konnten. Dies steht im Einklang mit internationalen Arbeiten. Weder Berichte über ein gehäuftes Auftreten von Depressionen und Suiziden noch von Leukämie und anderen Malignomen, wie von einzelnen Arbeitsgruppen vermutet, halten einer kritischen Überprüfung stand.

Epidemiologische Untersuchungen bei Beschäftigten in elektrischen Berufen (Elektriker, Telegrafenarbeiter, Elektroingenieure) lassen zwar ein relativ erhöhtes Krebsrisiko für akute myeloische Leukämien vermuten (5, 7); da jedoch Angaben zur tatsächlichen Exposition auch gegenüber anderen Arbeitsstoffen fehlen, ist die Zuordnung problematisch und gegenüber einfachen Kausalitätsschlüssen Zurückhaltung angebracht (6).

So kommt *Hauf* (3) zu der Schlußfolgerung, daß derzeit keine spezifischen Symptome beim Menschen als Folge üblicher elektrischer und magnetischer Wechselfelder abgeleitet werden können.

Literatur

1. BERNHARDT, J. H., M. DAHME u. K. F. ROTHE: Gefährdung von Personen durch elektromagnetische Felder. STH-Berichte 2/1983. Reimer, Berlin 1983.
2. GREMMEL, H., H. WENDHAUSEN u. F. WUNSCH: Gesundheitliche Risiken bei der NMR-Tomographie? Dt. Ärztebl. **83**, 789–791 (1986).
3. HAUF, R.: Elektromagnetische Felder: Eine unsichtbare Gefahr? Dt. Ärztebl. **83**, 791–798 (1986).
4. HOMMEL, H.: EMV von Biosystemen Mensch, Tier, Pflanze. Umwelt und Technik 6–8, 1985.
5. MILHAM, S.: Mortality from leukemia in workers exposed to electrical and magnetic fields. New Engl. J. Med. **307**, 249 (1982).
6. SAVITZ, D. A.: Case-control study of childhood cancer and electromagnetic field exposure. Am. J. Epidem. **126**, 780 (1987).
7. WRIGHT, W. E., J. M. PETERS u. T. M. MACK: Leukemia in workers exposed to electrical and magnetic fields. Lancet **1982/II**, 1160–1161.

B. Heinzow, Kiel

Bedeutung der Elastase als Entzündungsparameter

Frage: Welche Bedeutung hat die Elastase als Entzündungsparameter?

Entzündung und Gewebstrauma führen zur Aktivierung humoraler und zellulärer Faktoren. Dabei kommt es auch zur Freisetzung von spezifischen und unspezifischen Proteinasen aus Granulozyten, Makrophagen, Endothel- und Mastzellen. So wird aus den polymorphkernigen Granulozyten durch Degranulierung neben Cathepsin S und Kollagenase vor allem die Elastase freigesetzt, die in der Lage ist, mit einer Reihe von Proteinen zu reagieren. Die primäre biologische Aufgabe der freien Elastase ist die Auseinandersetzung mit dem infektiösen Agens, die Inaktivierung von Toxinen und der Abbau von Zelltrümmern.

Daneben aber ist das Enzym auch geeignet, mit physiologischen Substraten wie Elastin, Kollagen III und IV, Proteoglykanen, Fibronektin, Komplementfaktoren, Immunglobulinen, Transportproteinen und Gerinnungs- sowie Fibrinolysefaktoren zu reagieren. Diese Inaktivierung funktioneller Proteine und Destruktion intakten Gewebes wird durch Inhibitoren wie dem α_1-Proteinase-Inhibitor (α_1PI), dem α_2 Makroglobulin, dem Antithrombin III und andere Substanzen verhindert. So kann am Ort der Entzündung eine relativ hohe Elastaseaktivität aufrechterhalten bleiben, während in der Peripherie lediglich biologisch inerte Komplexe aus Elastase und Inhibitorprotein zirkulieren.

Aus der Physiologie der Granulozyten-Elastase ist ohne weiteres ableitbar, daß eine Messung des Enzyms im peripheren Blut als freies Enzym und als Komplex aus Elastase und einem der Akute-Phase-Proteine, welches ihre Wirkung blockiert, möglich ist. Der wichtigste Inaktivator der Elastase ist der α_1-Proteinase-Inhibitor. Ein Komplex aus beiden (Elastase α_1-Proteinase-Inhibitor-Komplex, $E\alpha_1$PI) kann durch einen kommerziell erhältlichen enzymgebundenen Immuno-Assay *(Merck, AG,* Darmstadt) nachgewiesen werden. Die außerhalb der Schwangerschaft gültigen Normwerte liegen unter 150 mcg Elastase α_1PI pro Liter. Die klinische Anwendbarkeit des Assays in seiner manuell durchzuführenden Form ist durch den relativ großen Aufwand und die damit verbundene Zeit zwischen Probenentnahme und Erhalt des Ergebnisses belastet.

Die freie Elastase kann neuerdings ebenfalls in einem relativ rasch durchzuführenden Immuno-Assay *(IMAC-*Elastase) bestimmt werden. Diese Methode wird in unserem Elastase-Labor zunächst zusätzlich zum klassischen Test verwendet. Eigene Daten zeigen eine zufriedenstellende Korrelation der Ergebnisse beider Verfahren.

Entsprechend der Pathophysiologie des Gewebstraumas und der Entzündung kommt es zwar auch nach Operationen und Gewebsverletzungen anderer Genese zu einem passageren, nicht sehr ausgeprägten Anstieg der Konzentrationen des $E\alpha_1$PI im peripheren Blut ebenso, wie dies bei lokalen Entzündungsreaktionen der Fall ist; exzessiv hohe Werte jedoch werden vor allem im Beginn einer Septikämie gemessen. Dabei ist der Konzentrationsanstieg des Elastasekomplexes verbunden mit einem Konzentrationsabfall des Antithrombin III, dem Hauptinhibitorprotein der Elastase aus der Gruppe der Gerinnungsfaktoren. Auch die Schocklunge führt zu einer vermehrten Freisetzung der Elastase mit entsprechend hohen $E\alpha_1$PI Werten.

In der Geburtshilfe ist die Leukozytenelastase ein wertvoller Parameter bei der frühen Diagnose der Amnioninfektion, im besonderen nach vorzeitigem Blasensprung. Wie in eigenen Untersuchungen gezeigt werden konnte, sind Werte von ≥ 200 mcg/l in Abwesenheit anderer entzündlicher oder traumatischer Pathologie regelmäßig bei klinisch und pathologisch-anatomisch diagnostizierter Amnioninfektion zu finden. Außerhalb der frühen Eröffnungsperiode und ohne sonstige pathologische Befunde fanden sich in dem von uns untersuchten Krankengut keine über den genannten Wert hinausgehenden $E\alpha_1 PI$ Konzentrationen. Longitudinale Bestimmungen des Parameters zeigen, daß es bereits 1–2 Tage vor Auftreten klinischer Symptomatik zu einem Anstieg der Serumspiegel des $E\alpha_1 PI$ kommt, so daß nach unseren Erfahrungen hier ein ausgezeichneter Überwachungsparameter beim vorzeitigen Blasensprung vorliegt.

Im Gegensatz zum C-reaktiven Protein, welches deutlich später die Entzündungsreaktion anzeigt, sind die postpartalen $E\alpha_1 PI$ Konzentrationen ohne gleichzeitige Infektion nicht erhöht, so daß auch in dieser Phase der $E\alpha_1 PI$ für die Beurteilung des klinischen Verlaufes einer Sepsis oder deren frühe Erkennung post partum verwendbar ist. Die in der Schwangerschaft sehr variablen Leukozytenkonzentrationen werden im besonderen durch die Gabe von Glukokortikoiden zur fetalen Lungenreifung deutlich vermehrt. Da die Glukokortikoidprophylaxe häufig Grund weiteren Abwartens im Falle vorzeitigen Blasensprungs und drohender Frühgeburtlichkeit ist, muß der Wert der Leukozytenbestimmung als deutlich eingeschränkt bezeichnet werden.

Insgesamt ist nach unseren Erfahrungen der $E\alpha_1 PI$ als sehr zuverlässiger Entzündungsparameter in der Schwangerschaft und besonders beim vorzeitigen Blasensprung der Bestimmung des CRP und der Leukozytenkonzentrationen deutlich überlegen. Er führt zusammen mit der klinischen Diagnostik (mütterliches Fieber, beginnende Wehentätigkeit, fetale Tachykardie) zur rechtzeitigen Erkennung einer Amnioninfektion, so daß bei den meisten Patientinnen schwere septische Verläufe verhindert werden können.

Literatur

1. FRITZ, H. u. Mitarb.: Lysosomale Proteinasen als Mediatoren der unspezifischen Proteolyse bei der Entzündung. S. 75–93. Springer, Berlin-Heidelberg-New York-Tokyo 1984.
2. HILLER, E. u. M. JOCHUM: Plasma levels of human granulocytes elastase α_1-proteinase inhibitor complex ($E\alpha_1 PI$) in leukemia. Blut **48**, 1–7 (1984).
3. JOCHUM, M. u. Mitarb.: Plasma levels of human granulocytic elastase-α_1-proteinase inhibitor complex (E-α_1-PI) in patients with septicemia and acute leukemia. In: GOLDBERG, D. u. M. WERNER (Hrsg.): Selected Topics in Clinical Enzymology. S. 85–100. Walter de Gruyter, Berlin 1983.
4. NEUMANN, S. u. Mitarb.: »PMN-Elastase-assay«: enzyme immunoassay for human polymorphonuclear elastase with α_1-proteinase inhibitor. J. clin. chem. clin. Biochem. **22**, 693–697 (1984).
5. TEICHMANN, A. T., P. ARENDT u. Ch. SPEER: Premature rupture of the membranes and amniotic infection – the significance of laboratory tests. European Journal of Obstetrics and Gynecology and Reproductive Biology **34**, 217–222 (1990).

A. T. Teichmann, Göttingen

Hyponatriämie

Frage: Bei der hypotonen Dehydratation wird der Natriumbedarf nach Riegel u. Mitarb. (v. Harnack) unter Zugrundelegung des extrazellulären Volumens berechnet. Haggenmüller u. Rosendahl berücksichtigen auch das Intrazellulärwasser. Rosendahl (Monatschrift für Kinderheilkunde 1988, Seite 168) begründet das damit, daß die Hypoosmolalität auch das Gesamtkörperwasser betreffe. Das ist zwar richtig, doch kann man die intrazelluläre Hypoosmolalität nicht durch Natrium ausgleichen. Welches ist der richtige Therapieansatz?

Die Hyponatriämie ist definiert als ein Serumnatrium unter 131 mmol/l. Die Therapie der Hyponatriämie ist abhängig von 4 wesentlichen Faktoren:

1. vom Wasserhaushalt;
2. vom Schweregrad der Hyponatriämie;
3. von der Ursache der Hyponatriämie;
4. von klinischen Symptomen einer Hyponatriämie.

Der für die Therapie wichtige Zusammenhang zwischen Natriumhaushalt und Wasserhaushalt (1) wird aus Tab. 9 deutlich.

Die Hyponatriämie-Therapie der Wahl bei hypotoner Dehydratation ist die gemeinsame Gabe von Natrium und Wasser, z. B. bei Gastroenteritisfolgen mit schwerer Dehydratation die Infusion von isotoner Ringer-Laktatlösung (20 ml/kg Körpergewicht in der 1. Stunde), gefolgt von 100–200 ml/kg KG/24 Std. halbisotoner Kochsalz-Glukoselösung (2). Ursachen dieser hypovolämischen Hyponatriämie sind exzessive Salz- und Wasserverluste über den Darm, die Nieren, die Haut und eine Sequestierung von Flüssigkeit in den

Tab. 9
Beziehung zwischen Elektrolyt- und Wasserhaushalt
(* Auftreten der Hyponatriämie bei 3 verschiedenen Zuständen des Wasserhaushaltes)

Osmolalität (bzw. Tonizität)			
* hypotone Hyperhydratation	isotone Hyperhydratation	hypertone Hyperhydratation	
* hypotone Euhydratation	**isotone Euhydratation**	hypertone Euhydratation	Gesamtkörperwasser
* hypotone Dehydratation	isotone Dehydratation	hypertone Dehydratation	

3. Raum oder unzureichende Zufuhr von Natrium und Wasser.

Bei Hyponatriämie im Rahmen einer hypertonen Hyperhydratation ist die Flüssigkeitsrestriktion als Therapie der Wahl anzusehen. Ursachen sind: nephrotisches Syndrom, Leberinsuffizienz, Herzinsuffizienz usw. Die Infusion von 3%iger NaCl-Lösung bei diesen hypervolämischen Hyponatriämien ist zu vermeiden. Die Therapie der Hyponatriämie bei inadäquatem ADH-Syndrom erfolgt ebenfalls durch Flüssigkeitsrestriktion.

Die Hyponatriämie bei Euhydratation sollte durch Elimination der auslösenden Ursache behandelt werden, z. B. bei iatrogener Hyponatriämie, Hypothyreose, Glukokortikoid-Mangel usw.

Die Pseudohyponatriämie bedarf keiner Therapie.

Zusammenfassend ergibt sich in der Praxis nur selten die Indikation zu einer Infusion mit 3%iger NaCl-Lösung. Damit erübrigt sich bei der überwiegenden Mehrzahl der Patienten die in der obigen Frage zu Recht zur Klärung vorgestellte Überlegung. Die in der Arbeit von *Rosendahl* u. Mitarb. (3) publizierte Therapieempfehlung zur Infusion von hypertoner Kochsalzlösung (514 mmol/l) unter Berücksichtigung des geschätzten Natriumbedarfs beschränkt sich im Kindesalter im wesentlichen auf sehr seltene Formen der schweren, symptomatischen, euvolämischen Hyponatriämie.

Der initiale Natriumbedarf berechnet sich bei einem Patienten mit einem Körpergewicht von 20 kg und einem Serumnatrium von 120 mmol/l nach folgender Formel: (gewünschte Serumnatriumkonzentration [= 125 mmol/l] − gemessene Natriumkonzentration [= 120 mmol/l]) × 0,6 Gesamtkörpergewicht (= 20 kg) ergibt die zu infundierende Natriummenge in den ersten 4 Stunden (= 60 mmol Natrium). 4 Stunden nach Therapiebeginn sind erneute Serumelektrolytbestimmungen erforderlich, um die weitere Substitution vom Anstieg der Serumnatriumkonzentration abhängig zu machen.

Literatur

1. GRUSKIN, A. B. u. Mitarb.: Serum sodium abnormalities in children. Pediat. Clins N. Am. **29**, 907−932 (1982).
2. BRODEHL, J., M. KRAUSE u. E. DÖHRING-SCHWERDTFEGER: Parenterale Rehydratationsbehandlung bei akuter Diarrhoe. Mschr. Kinderheilk. **137**, 578−584 (1989).
3. ROSENDAHL, W., R. NOSSAL u. H. MOELLER: Diagnostik und Therapie hyponatriämischer Syndrome. Mschr. Kinderheilk. **136**, 162−170 (1988).

J. H. H. Ehrich, Hannover

Chronische Schwermetallvergiftung durch Amalgamfüllungen?

Frage: In einer Studie meint Max Daunderer anhand des DMPS (Dimaval)-Tests jetzt auch wissenschaftlich die Toxizität von Amalgamfüllungen nachweisen zu können. Obwohl die Untersuchung nur eine geringe Patientenzahl beinhaltet, wäre sie von Interesse, sofern sie sich als stichhaltig erweist.

Der in München niedergelassene *Daunderer* injiziert seinen Patienten ein in der Bundesrepublik bisher nicht zugelassenes Präparat, nämlich *Dimaval* Ampullen, und bestimmt danach die Quecksilberkonzentrationen im ausgeschiedenen Harn. *Dimaval* ist ein Komplexbildner, der Quecksilber und auch andere Metalle bindet und über die Niere zur Ausscheidung bringt.

Daunderer bringt nun erhöhte Quecksilberkonzentrationen im Harn von Amalgamfüllungsträgern mit neurologischen Vergiftungssymptomen, in erster Linie migräneartigen Kopfschmerzen in Verbindung. *Daunderer*s Untersuchungen beziehen sich aber nur auf Spontan-Harnproben, die etwa 30 Minuten nach intravenöser Applikation des Präparates gewonnen wurden, und berücksichtigen lediglich die gemessenen Konzentrationen von Quecksilber in µg/l Harn, nicht aber die Harnproduktion pro Zeiteinheit, die allein eine Aussage über die tatsächlich ausgeschiedenen Quecksilbermengen zuließe. Bei einem solchen Vorgehen können in Abhängigkeit von der Trinkmenge und der Harnausscheidung, selbst bei einer konstanten Quecksilberausscheidung, die unterschiedlichsten Quecksilberkonzentrationen im Harn auftreten. Die von *Daunderer* ohne Berücksichtigung der ausgeschiedenen Harnmengen ermittelten Quecksilberkonzentrationen sind deshalb kein Maß für die Quecksilberbelastung oder Quecksilberspeicherung im Organismus.

Es ist seit langem bekannt, daß Amalgamfüllungen gewisse Mengen von Quecksilber abgeben. Deshalb tragen Amalgamfüllungen meßbar zur Gesamtbelastung der Bevölkerung mit Quecksilber bei. Dieser Beitrag entspricht etwa der Quecksilberaufnahme aus Fischprodukten in der Nahrung. Jedoch liegt diese Belastung weit unterhalb der toxikologisch relevanten Größenordnung, die es erlauben würde, von einer Vergiftung zu sprechen. Die mit dem Auftreten erster Vergiftungssymptome verbundenen Minimalkonzentrationen an Quecksilber liegen nämlich im Harn etwa 5fach und im Blut etwa 10fach höher als die bei Personen mit Amalgamfüllungen; das aus den Füllungen freigesetzte Quecksilber reicht also zur Auslösung einer Vergiftung nicht aus. Es ist hier auch darauf hinzuweisen, daß Personen mit beruflich bedingten Quecksilberbelastungen, die nach Anwendung des Komplexbildners *Dimaval* wesentlich höhere Quecksilbermengen im Harn aufwiesen als Amalgamträger, keine subjektiven Vergiftungssymptome erkennen lassen. Unter diesen Aspekten sind die von *Daunderer* bei seinen Patienten beschriebenen unspezifischen Allgemeinsymptome wie Kopfschmerzen, Müdigkeit und Abgeschlagenheit nur mit großer Zurückhaltung als Zeichen einer Vergiftung zu bewerten.

Eine Minimierung der Quecksilberexposition ist aus Vorsorgegründen grundsätzlich erstrebenswert, und insofern ist es keine Frage, daß auf Amalgamfüllungen wegen der damit verbundenen Quecksilberbelastung des Menschen verzichtet werden würde, wenn entsprechend gleichwertiges, aber weniger toxisches Füllungsmaterial zur Verfügung stünde. Dies ist jedoch, soweit es Füllungen im Seitenzahnbereich betrifft, noch nicht der Fall.

Literatur

1. Beratungskommission Toxikologie der Deutschen Gesellschaft für Pharmakologie und Toxikologie: Stellungnahme zur Toxizität von Zahnfüllungen aus Amalgam. Dt. Apoth.Ztg. **129**, 2779–2780 (1989).

2. DAUNDERER, M.: Quecksilbervergiftungen durch Amalgam – Leitsymptom: Kopfschmerzen. Forum des praktischen und Allgemein-Arztes **28**, 89–91 (1989).
3. SCHIELE, R. u. A. KRÖNCKE: Quecksilbermobilisation durch DMPS (Dimaval) bei Personen mit und ohne Amalgamfüllungen. Zahnärztl. Mitteilungen **79**, 1866–1868 (1989).

O. Strubelt, Lübeck

Grenzwerte für Nikotin

Frage: Ärzte pflegen – u. a. auch unter dem Gesichtspunkt, ob sie Raucher sind – recht unterschiedliche Empfehlungen zu geben, wie viele Zigaretten man noch rauchen darf. Bislang habe ich aber noch nie gehört, daß der Zigarettenkonsum von der Menge des Teerkondensats oder/und des Nikotins abhängig gemacht wurde, die in den einzelnen Zigaretten der Marke des Patienten enthalten ist.

Eine Empfehlung ärztlicherseits auf die Frage von Patienten, ob sie noch rauchen dürfen, ist aufgrund des heutigen Kenntnisstandes natürlich problematisch. Eine ärztliche Empfehlung muß grundsätzlich für Nichtrauchen plädieren. Dies wird um so nötiger sein, falls beim Patienten eine möglicherweise tabakrauchbedingte Grundkrankheit, wie etwa Stenokardien, chronische Bronchitis oder Emphysem usw. vorliegen. Sollte seitens des Patienten aber klar ausgedrückt werden, daß er weiterrauchen möchte, so sollte die nächste Empfehlung dahin gehen, das Tabakrauchen so weit wie möglich einzustellen und die Dosis nicht über 5 Zigaretten hinaus pro Tag zu erhöhen. Hier sollten dann Zigarettenmarken ausgewählt werden, die einen möglichst geringen Gehalt an Tabakrauchkondensat (<5 mg pro Zigarette) mit einem mittleren Nikotingehalt ($\sim 0{,}8$ mg pro Zigarette) aufweisen.

D. Schmähl †

Stillen und Gewichtsabnahme

Frage: Ich habe bisher Patientinnen, die in der Schwangerschaft zu sehr zugenommen haben, das Stillen als gute Maßnahme zur Gewichtsreduktion empfohlen. Laut (z. T. alternativer) Laienpresse wird vor dem Abnehmen während des Stillens gewarnt wegen erhöhter Freisetzung von Schadstoffen aus dem Fettgewebe. Es wird hier auch noch ein Unterschied zwischen erst kürzlich erworbenem Übergewicht und altem Fett gemacht. Was ist da dran?

Stillen bedeutet für den mütterlichen Organismus genau wie die vorhergehende Schwangerschaft eine erhöhte Belastung ihres Stoffwechsels. Mit der Milch gibt die Mutter eine hohe Menge von Proteinen, Fett, Mineralien, Vitaminen und Spurenelementen an das Kind ab und damit gleichzeitig Energie und Kalorien. Es wurde deshalb von jeher der Ernährung der stillenden Wöchnerin wegen des gesteigerten Bedarfes eine große Bedeutung zugemessen. Bezüglich Kalorienbedarf, Fett- und Kohlenhydratbedarf sowie Bedarf an Mineralien und Vitaminen, besonders Folsäure, Vitamine A, B, C, D sowie Magnesium und Kalzium und Jodid besteht ein erhöhter Bedarf. Es ist verständlich, daß bei dieser hohen Leistung bei nicht ausreichender Ernährung Gewichtsabnahmen eintreten können.

Diese Entspeicherung geht über den Abbau von Glykogen, ferner die Entspeicherung von Fett, durch Hydrolyse der Triglyzeride zu Glycerin und Fettsäuren unter dem Einfluß der Lipase. Nur ein begrenzter Teil des Kalorienbedarfs kann durch Abbau von Eiweiß geleistet werden. Es resultiert eine mehr oder weniger ausgeprägte Azidose mit erhöhten Triglyzerid- und Fettsäurespiegeln. Triglyzeride und Fettsäuren spielen wahrscheinlich eine Rolle in der Atherogenese. Jedenfalls gibt es Beziehungen zwischen der Konzentration von freien Fettsäuren und der Einlagerung von Lipiden in Gefäßzellen. Als Gegenregulationsmaßnahme kann es zur Erhöhung des Insulinspiegels kommen. Mobilisiert wird vorwiegend das in jüngster Zeit gespeicherte Fett, nicht dagegen das überwiegend genetisch verankerte, sog. »alte Speicherfett«.

Ob eine Gewichtsabnahme mit erhöhter Lipolyse im Wochenbett wirklich schädlich ist, ist nicht völlig klar. Auf jeden Fall sollte es vermieden werden, daß die Patientin in ein Defizit von Kalorien, Proteinen, Kalzium, Vitaminen und Spurenelementen kommt. In neuester Zeit wird darauf hingewiesen, daß bei Frauen, die lange stillen und insbesondere solchen, die nicht genügend Kalzium zuführen, eine Osteoporose entsteht. Bekanntlich besteht ja während des Stillens ein Östrogenmangelzustand durch eine verminderte Ovarialfunktion bei erhöhten Prolaktinwerten. Stärke und Dauer des Östrogenmangels kann durch ungenügende Nahrungszufuhr verstärkt werden (Beispiel: Anorexie).

Es sei abschließend erwähnt, daß fast alle chlororganischen Pestizide (Pflanzenschutz- und Desinfektionsmittel) sowie polychlorierte Diphenyle (Weichmacher in der Kunststoffindustrie) im Fettgewebe gespeichert werden. Während des Stillens werden diese lipophilen Substanzen zum Teil in der Milch ausgeschieden. Bei einer vermehrten Auflösung des Fettgewebes erhöht sich die Konzentration dieser Gifte in der Muttermilch. Für Schwermetalle, Blei, Cadmium und Quecksilber ist die Milch keine bevorzugter Ausscheidungsweg.

C. Lauritzen, Ulm

Saunabesuch und Abhärtung

Frage: Gibt es belegbare Kriterien, die den Wert eines regelmäßigen Saunabesuches unterstützen können (u. a. Erhöhung der Immunglobuline)?

Gesundheitsfördernde Wirkungen der Sauna sind besonders für das Atemwegssystem, für das Kreislaufsystem und für den Bewegungsapparat nachgewiesen. In der pädiatrischen Praxis interessiert vor allem die chronische und die chronisch-rezidivierende Atemwegserkrankung.

Mehrere, zum Teil kontrollierte Studien haben günstige Wirkungen auf die allgemeine Infektresistenz und auf das obstruktive Beschwerdebild dokumentiert. Für letzteres bleibt offen, ob regulative Funktionen selbst »umgestimmt« werden, oder ob Obstruktion nur mit Rückgang der entzündlichen Symptomatik sinkt.

Dabei sind 2 Wirkkomponenten zu differenzieren: Die allgemeine Wärme und Inhalation heißer Luft könnten den phlogistischen Prozeß eher anregen und endgültige Resorption induzieren. Der anschließende Kaltreiz verbessert vaskuläre Regelvorgänge im Sinne einer thermischen Adaptation, vielleicht aber auch unspezifische Immunprozesse und somato-psychische Wirkungen im Sinne einer »Abhärtung«. Konkrete immunologische Laborparameter im Sinne der Anfrage wurden erst in Ansätzen untersucht.

Die allgemeine Erfahrung lehrt, daß Abhärtung auch durch einfache Kaltanwendungen, z. B. im Sinne der *Kneipp*schen Hydrotherapie angeregt werden kann. Der aufwendigere Saunabesuch ist also nicht zwingend.
Bewährt haben sich kalte Waschungen (z. B. einmal täglich mit einem gut getränkten Lappen Oberarme, Brust und Rücken) oder kalte Wickel mit anschließend kräftiger Anregung von Eigenwärme. Die individuelle Reizstärke richtet sich nach der Konstitution eines Kindes, nach der individuellen Verträglichkeit und nach dem Krankheitsprozeß.

Die nicht sehr umfangreiche klinische Literatur haben wir vor kurzem in einer balneologischen Zeitschrift zusammengefaßt (Heilbad und Kurort **37**, 34–36; 1985). Eine neuere Studie an Erwachsenen *(E. Ernst,* Hannover) ist gerade mit einem wissenschaftlichen Preis ausgezeichnet worden (Publikation in der Zeitschrift für Allgemeinmedizin vorgesehen).

M. Bühring, Berlin

Autorenverzeichnis

ACKERMANN, Prof. Dr. R.
Medizinisch-Diagnostisches
Laboratorium
Hohenzollernring 14
5000 Köln 1

ADAM, Prof. Dr. Dr. D.
Kinderklinik der Universität
Lindwurmstraße 4
8000 München 2

AHNEFELD, Prof. Dr. F. W.
Abteilung klinische Anästhesiologie
der Universität
Steinhövelstraße 9
7900 Ulm

ALBERT, Dr. F. K.
Neurochirurgische Universitäts-Klinik
Im Neuenheimer Feld 400
6900 Heidelberg

ALEXANDER, Prof. Dr. Meta
Universitätsklinikum Rudolf Virchow
Spandauer Damm 130
1000 Berlin 19

ALTMEYER, Prof. Dr. P.
Dermatologische Klinik
St. Josef-Hospital
Gudrunstraße 56
4630 Bochum 1

BACHERT, Priv.-Doz. Dr. C.
Universitäts-HNO-Klinik
Postfach 10 00 23
6800 Mannheim 1

BACHMANN, Prof. Dr. W.
Innere Abteilung
Kreiskrankenhaus
Friesener Straße 41
8640 Kronach

BAENKLER, Prof. Dr. H. W.
Medizinische Universitätsklinik III
Krankenhausstraße 12
8520 Erlangen

BARTH, Prof. Dr. C. A.
Bundesanstalt für Milchforschung
Postfach 60 69
2300 Kiel 14

BECK, Prof. Dr. O. A.
Medizinische Klinik I
Krankenhaus des Landkreises Peine
Virchowstraße 8 h
3150 Peine

BEIN, Dr. G.
Institut für Immunologie
und Transfusionsmedizin
der Medizinischen Universität
Ratzeburger Allee 160
2400 Lübeck 1

BÖHME, Prof. Dr. H.
Institut für Gefäßerkrankungen
Zentralkrankenhaus
Unterbrunner Straße 85
8035 Gauting

BORNHAUSEN, Dr. M.
GSF-Institut für Toxikologie
Ingolstädter Landstraße 1
8042 Neuherberg

BOTTERMANN, Prof. Dr. P.
II. Medizinische Klinik
der Technischen Universität
Ismaninger Straße 22
8000 München 80

BRÜHL, Priv.-Doz. Dr. W.
Institut für Proktologie
Goethestraße 37
4902 Bad Salzuflen

BÜHRING, Prof. Dr. M.
Abteilung für Naturheilkunde
Universitätsklinikum Steglitz an der
Freien Universität Berlin
Krankenhaus Moabit
Turmstraße 21
1000 Berlin 21

BUSCHER, Priv.-Doz. Dr. H.-P.
Medizinische Universitätsklinik
Hugstetter Straße 55
7800 Freiburg/Br.

CRAMER, Priv.-Doz. Dr. B.
Radiologische Klinik
Klinikum Barmen
Heusnerstraße 40
5600 Wuppertal 2

CREUTZIG, Prof. Dr. A.
Abteilung Angiologie
Medizinische Hochschule Hannover
Konstanty-Gutschow-Straße 8
3000 Hannover 61

Deutsche Gesellschaft
für Ernährung e.V.
Feldbergstraße 28
6000 Frankfurt/M. 1

van DONGEN, Prof. Dr. R. J. A. M.
Boerhaave Kliniek
Teniersstraat 1
NL-1071 DX Amsterdam

DREYER, Priv.-Doz. Dr. M.
Krankenhaus Bethanien
Martinistraße 44—46
2000 Hamburg 20

EHLERS, Prof. Dr. G.
Dermatologische Klinik
am Krankenhaus Neukölln
Blaschkoallee 32—46
1000 Berlin 47

EHRICH, Prof. Dr. J. H. H.
Kinderklinik der
Medizinischen Hochschule
Postfach 61 01 80
3000 Hannover 61

EMAMI, M.
Lauenburger Straße 67
2054 Geesthacht

ENDERS, Dr. F.
Dermatologische Klinik und
Poliklinik der
Ludwig-Maximilians-Universität
Frauenlobstraße 9—11
8000 München 2

EULER, Priv.-Doz. Dr. H. H.
2. Medizinische Universitätsklinik
Chemnitzstraße 33
2300 Kiel 1

FABEL, Prof. Dr. H.
Medizinische Klinik
der Medizinischen Hochschule
Podbielskistraße 380
3000 Hannover 51

FLECK, Prof. Dr. E.
Deutsches Herzzentrum Berlin
Klinik für Innere Medizin/Kardiologie
Augustenburger Platz 1
1000 Berlin 65

FORSTER, Priv.-Doz. Dr. J.
Universitäts-Kinderklinik
Mathildenstraße 1
7800 Freiburg/Br.

FRANKE, Prof. Dr. H.
Frühlingstraße 9
8035 Gauting

FREUND, Priv.-Doz. Dr. M.
Abteilung für Hämatologie und Onkologie
Medizinische Hochschule Hannover
Konstanty-Gutschow-Straße 8
3000 Hannover 61

FREYSCHMIDT, Prof. Dr. J.
Radiologische Klinik
Zentralkrankenhaus
St.-Jürgen-Straße
2800 Bremen 1

GEIGER, Dr. H.
Medizinische Universitätsklinik
Luitpoldkrankenhaus
Josef-Schneider-Straße 2
8700 Würzburg

GERLICH, Prof. Dr. W.
Abteilung Medizinische Mikrobiologie
Hygiene-Institut der Universität
Kreuzbergring 57
3400 Göttingen

GMELIN, Priv.-Doz. Dr. E.
Institut für Radiologie
der Medizinischen Universität
Ratzeburger Allee 160
2400 Lübeck 1

GÖTZ, Prof. Dr. M.
Universitäts-Kinderklinik
Währinger Gürtel 18–20
A-1090 Wien

GUTSCHMIDT, Dr. H.-J.
Abteilung Intensivmedizin und Dialyse
des Städtischen Krankenhauses
Metzstraße 53–57
2300 Kiel 1

HAMM, Dr. H.
Medizinische Klinik
der Medizinischen Hochschule
Podbielskistraße 380
3000 Hannover 51

HEINRICH, Prof. Dr. F.
Medizinische Klinik am
Krankenhaus Fürst-Stirum-Stiftung
Gutleutstraße 9–14
7520 Bruchsal

HEINZOW, Dr. B.
Untersuchungsstelle für
Umwelttoxikologie
Fleckenstraße 4
2300 Kiel 1

HELMKE, Dr. F. R.
Radiologische Abteilung
Marienhospital
Gottfried-Disse-Straße 40
5350 Euskirchen

HERRMANN, Prof. Dr. W. P.
Dermatologische Klinik
Zentralkrankenhaus
St.-Jürgen-Straße
2800 Bremen 1

HOLSTEGE, Priv.-Doz. Dr. A.
Medizinische Universitätsklinik
Hugstetter Straße 55
7800 Freiburg/Br.

HOPPE, Dr. J. E.
Sektion Bakteriologisches Labor
Universitäts-Kinderklinik
Rümelinstraße 23
7400 Tübingen

HOTTENROTT, Prof. Dr. C.
Zentrum der Chirurgie der Universität
Theodor-Stern-Kai 7
6000 Frankfurt/M. 70

HÜTTEROTH, Prof. Dr. T. H.
Medizinische Klinik
Städtisches Krankenhaus Süd
Kronsforder Allee 71–73
2400 Lübeck 1

KAISER, Prof. Dr. H.
Jesuitengasse 12
8900 Augsburg

KASPER, Prof. Dr. H.
Medizinische Universitätsklinik
Josef-Schneider-Straße 2
8700 Würzburg

KECK, Prof. Dr. Dr. E.
Rheumaklinik II
Leibnizstraße 23
6200 Wiesbaden

KERSTING, Dr. Mathilde
Forschungsinstitut für
Kinderernährung
Heinstück 11
4600 Dortmund 50

KIFFNER, Prof. Dr. E.
Klinik für Chirurgie
der Medizinischen Universität
Ratzeburger Allee 160
2400 Lübeck 1

KIOWSKI, Priv.-Doz. Dr. W.
Abteilung für Kardiologie
Kantonsspital Basel
Petersgraben 4
CH-4031 Basel

KÖHLER, Dr. U.
Universitäts-Augenklinik
Robert-Koch-Straße 4
3550 Marburg/L.

KRAEMER, Prof. Dr. R.
Medizinische Universitäts-Kinderklinik
CH-3010 Bern

KUNZE, Prof. Dr. St.
Neurochirurgische Universitäts-Klinik
Im Neuenheimer Feld 400
6900 Heidelberg

LANDTHALER, Prof. Dr. M.
Dermatologische Universitätsklinik
Frauenlobstraße 9–11
8000 München 2

LANG, Priv.-Doz. Dr. C.
Neurologische Universitätsklinik
Schwabachanlage 6
8520 Erlangen

LANGE, Priv.-Doz. Dr. V.
Chirurgische Klinik und Poliklinik
Klinikum Großhadern
Marchioninistraße 15
8000 München 70

LAURITZEN, Prof. Dr. C.
Universitäts-Frauenklinik
Prittwitzstraße 43
7900 Ulm

LEITZMANN, Prof. Dr. C.
Institut für Ernährungswissenschaft
der Universität
Wilhelmstraße 20
6300 Gießen

LORENZ, Dr. J.
III. Medizinische Klinik
mit Schwerpunkt Pneumologie
Universitätsklinikum
Langenbeckstraße 1
6500 Mainz

MAASS, Prof. Dr. G.
Hygienisch-bakteriologisches
Landesuntersuchungsamt »Westfalen«
Von-Stauffenberg-Straße 36
4400 Münster

MAETZEL, Priv.-Doz. Dr. F.-K.
Curschmannklinik
2408 Timmendorfer Strand

MALFERTHEINER, Priv.-Doz. Dr. P.
Abteilung Innere Medizin II
der Universität
Robert-Koch-Straße 8
7900 Ulm

MATZKIES, Prof. Dr. F.
Kurparkklinik GmbH
Kurhausstraße 31
8740 Bad Neustadt/Saale

MEHDORN, Prof. Dr. H. M.
Neurochirurgische Universitätsklinik
und Poliklinik
Hufelandstraße 55
4300 Essen 1

MEINERTZ, Prof. Dr. T.
II. Medizinische Klinik des
Allgemeinen Krankenhauses St. Georg
Lohmühlenstraße 5
2000 Hamburg 1

MENDEN, Prof. Dr. E.
Institut für Ernährungswissenschaft
der Universität
Wilhelmstraße 20
6300 Gießen

MERTZ, Prof. Dr. D. P.
Klinik Am Park
Postfach 22 50
4834 Horn-Bad Meinberg 2

MOHR, Prof. Dr. W.
Bernhard-Nocht-Institut
Oderfelder Straße 6
2000 Hamburg 13

MÜLLER, Priv.-Doz. Dr. P.
Kreiskrankenhaus Schwetzingen
Bodelschwinghstraße 11
6830 Schwetzingen

NEUHAUS, Prof. Dr. K. L.
Medizinische Klinik II
der Städtischen Kliniken
Mönchebergstraße 41/43
3500 Kassel

NEUNDÖRFER, Prof. Dr. B.
Neurologische Universitätsklinik
Schwabachanlage 6
8520 Erlangen

NIESERT, Priv.-Doz. Dr. St.
Frauenklinik der
Medizinischen Hochschule
Krankenhaus Oststadt
Podbielskistraße 380
3000 Hannover 51

PETERSEN, Prof. Dr. E. E.
Universitäts-Frauenklinik
Hugstetter Straße 55
7800 Freiburg/Br.

PFISTER, Prof. Dr. U.
Abteilung für Unfall- und
Wiederherstellungschirurgie
des Städtischen Klinikums
Postfach 62 80
7500 Karlsruhe 1

PIRSIG, Prof. Dr. W.
Universitätsklinik für
Hals-Nasen-Ohren-Heilkunde
Prittwitzstraße 43
7900 Ulm

PISKE-KEYER, Dr. K.-O.
Universitäts-Kinderklinik
Feulgenstraße 12
6300 Gießen

PLAGMANN, Prof. Dr. H.-Chr.
Zentrum Zahn-, Mund- und
Kieferheilkunde der Universität
Arnold-Heller-Straße 16
2300 Kiel

PODSZUS, Dr. T.
Zentrum für Innere Medizin
der Universität
Postfach 23 60
3550 Marburg/L.

PRIBILLA, Prof. Dr. med. Dipl. Chem. O.
Institut für Rechtsmedizin
der Medizinischen Universität
Kahlhorststraße 31–35
2400 Lübeck 1

RAATZ, Dr. D.
Gynäkologische Abteilung
Krankenhaus Neukölln
Mariendorfer Weg 28
1000 Berlin 44

REBMANN, Dr. H.
Universitäts-Kinderklinik
Rümelinstraße 21
7400 Tübingen

REGITZ, Dr. V.
Deutsches Herzzentrum Berlin
Klinik für Innere Medizin/Kardiologie
Augustenburger Platz 1
1000 Berlin 65

RIESEN, Prof. Dr. W. F.
Institut für Klinische Chemie
und Hämatologie
Kantonsspital
Frohbergstraße 3
CH-9007 St. Gallen

RING, Prof. Dr. Dr. J.
Dermatologische Klinik und
Poliklinik der
Ludwig-Maximilians-Universität
Frauenlobstraße 9—11
8000 München 2

ROTH, M.
Medizinische Universitätsklinik
Hugstetter Straße 55
7800 Freiburg/Br.

ROTTKA, Prof. Dr. H.
Fachbereich Pharmazie
der Freien Universität Berlin
Sonneberger Weg 19
1000 Berlin 45

RUDOLPH, Prof. Dr. W.
Deutsches Herzzentrum
Lothstraße 11
8000 München 2

SAILER, Prof. Dr. D.
Medizinische Universitätsklinik I
Krankenhausstraße 12
8520 Erlangen

SCHMID, Prof. Dr. E.
Schottstraße 13
7320 Göppingen

SCHNEIDER, Dr. B.
II. Medizinische Klinik
des Allgemeinen Krankenhauses
St. Georg
Lohmühlenstraße 5
2000 Hamburg 1

SCHNEIDER, Prof. Dr. W.
Medizinische Klinik und Poliklinik
der Universität
Moorenstraße 5
4000 Düsseldorf 1

SCHOLLMEYER, Prof. Dr. P.
Medizinische Universitätsklinik
Hugstetter Straße 55
7800 Freiburg/Br.

SCHÖLMERICH, Prof. Dr. J.
Medizinische Universitätsklinik
Hugstetter Straße 55
7800 Freiburg/Br.

SCHROEDER, Dr. J. O.
2. Medizinische Universitätsklinik
Chemnitzstraße 33
2300 Kiel 1

SCHULTZE-WERNINGHAUS,
Priv.-Doz. Dr. G.
Zentrum der Inneren Medizin
der Universität
Theodor-Stern-Kai 7
6000 Frankfurt/M. 70

SCHWARTING, Dr. K.
Klinik für Innere Medizin
der Medizinischen Universität
Ratzeburger Allee 160
2400 Lübeck 1

SCHWEMMLE, Prof. Dr. K.
Chirurgische Universitätsklinik
Klinikstraße 29
6300 Gießen

SCHWERING, Prof. Dr. H.
Chirurgische Abteilung
Marienhospital
Gottfried-Disse-Straße 40
5350 Euskirchen

SCHWIEDER, Dr. G.
Klinik für Innere Medizin
der Medizinischen Universität
Ratzeburger Allee 160
2400 Lübeck 1

SHMERLING, Prof. Dr. D. H.
Universitäts-Kinderklinik
Steinwiesstraße 75
CH-8032 Zürich

SICK, Prof. Dr. H.
Bundesanstalt für Milchforschung
Postfach 60 69
2300 Kiel 14

SIMON, Prof. Dr. B.
Kreiskrankenhaus Schwetzingen
Bodelschwinghstraße 11
6830 Schwetzingen

SINGER, Prim. Doz. Dr. F.
Rehabilitationszentrum für
rheumatische Erkrankungen
Tiergartenstraße 3 c
A-2381 Laab im Walde

STANGE, Prof. Dr. E. F.
Abteilung Innere Medizin II
der Universität
Postfach 38 80
7900 Ulm

STEINHOFF, Dr. J.
Klinik für Innere Medizin
der Medizinischen Universität
Ratzeburger Allee 160
2400 Lübeck 1

STICKL, Prof. Dr. H.
Lazarettstraße 62
8000 München 19

STRASSBURG, Priv.-Doz. Dr. H. M.
Universitäts-Kinderklinik
Mathildenstraße 1
7800 Freiburg/Br.

STRUBELT, Prof. Dr. O.
Institut für Toxikologie
der Medizinischen Universität
Ratzeburger Allee 160
2400 Lübeck 1

STRUMPF, Dr. M.
Universitätsklinik für Anästhesiologie,
Intensiv- und Schmerztherapie
Gilsingstraße 14
4630 Bochum

STUBBE, Prof. Dr. P.
Universitäts-Kinderklinik
Robert-Koch-Straße 40
3400 Göttingen

TAENZER, Prof. Dr. V.
Abteilung Röntgendiagnostik
Krankenhaus Moabit
Turmstraße 21
1000 Berlin 21

TEICHMANN, Prof. Dr. A. T.
Universitäts-Frauenklinik
Robert-Koch-Straße 40
3400 Göttingen

TRONNIER, Dr. V.
Neurochirurgische Universitätsklinik
Im Neuenheimer Feld 400
6900 Heidelberg

VASSELLA, Prof. Dr. F.
Medizinische
Universitätskinderklinik Bern
CH-3010 Bern

WAGNER, Prof. Dr. Th.
Klinik für Innere Medizin
Hämatologie/Onkologie
der Medizinischen Universität
Ratzeburger Allee 160
2400 Lübeck 1

WANDT, Dr. H.
Institut für Medizinische Onkologie
und Hämatologie der
Städtischen Kliniken
Flurstraße 17
8500 Nürnberg 91

WEBER, Dr. H.-G.
Abteilung Sozialpädiatrie
im Gesundheitsamt
Weinstraße 2
3000 Hannover 1

WEHMEIER, Dr. A.
Medizinische Klinik und Poliklinik
der Universität
Moorenstraße 5
4000 Düsseldorf 1

WEISWEILER, Priv.-Doz. Dr. P.
Holzstraße 25
8000 München 5

WEPLER, Dr. C.
Dermatologische Klinik
am Krankenhaus Neukölln
Blaschkoallee 32—46
1000 Berlin 47

WESSEL, Priv.-Doz. Dr. K.
Neurologische Klinik der
Medizinischen Universität
Ratzeburger Allee 160
2400 Lübeck 1

WICKLMAYR, Prof. Dr. M.
Institut für Diabetesforschung
Kölner Platz 1
8000 München 40

WIECHMANN, Priv.-Doz. Dr. H. W.
St. Barbara-Klinik Heessen
Sundern 19
4700 Hamm 5

WIEDEMANN, Dr. G.
Klinik für Innere Medizin
der Medizinischen Universität
Ratzeburger Allee 160
2400 Lübeck 1

WILDHIRT, Prof. Dr. E.
Elbeweg 9
3500 Kassel

WIRZ-JUSTICE, Priv.-Doz. Dr. Anna
Psychiatrische Universitäts-Klinik
Wilhelm-Klein-Straße 27
CH-4000 Basel

WOLF, Prof. Dr. H.
Universitäts-Kinderklinik
Feulgenstraße 12
6300 Gießen

WOLFRAM, Prof. Dr. G.
Institut für Ernährungswissenschaft
der Technischen Universität
8050 Freising

ZENZ, Prof. Dr. M.
Universitätsklinik für Anästhesiologie,
Intensiv- und Schmerztherapie
Gilsingstraße 14
4630 Bochum

Sachverzeichnis

Abdomenübersichtsaufnahmen, Beurteilung 63
ACE-Hemmer, Blutzuckersenkung 106
– – Vorsichtsmaßnahmen 157
Adipositas, Diagnostik 102
Alkohol, Allergie, Rhinitis 25
– Blutspiegel 163
– Notfälle 163
Alkoholentzug, Krämpfe 146
Alkoholintoxikation, Physostigmin 75
Allopurinol, Blutspende 27
Alterskrankheit, Verwirrtheit, Therapie 148
Amalgam, Vergiftungsmöglichkeit 179
Analfistel, Therapie 61
Anaphylaxie, Dextraninfusion 75
Anexate, Leberversagen, Therapie 153
Angina pectoris, Therapie 155
Antibiotikaprophylaxe, perioperative 87
Antikoagulanzien, Venenbypass, Nachbehandlung 6
Antikoagulation, Dauer 36
– Operationsnachbehandlung 35
Aortaerkrankungen, Diagnose 10
Apoplexie, Nachsorge 145
Arrhythmie, Therapie 3
– Vorhofflimmern, Embolieprophylaxe 1
Asthma, Inhalationstechniken 19
Ataxie, spinozerebelläre, Therapie 139

Bildschirmarbeit, Gefahren 171
Blutalkoholspiegel 163
Blutdruckdifferenz, Extremitäten, Diagnostik 11
Blutdruckmessung, beidseitige, Differenzen 12
Blutdrucküberwachung, Schwangerschaft 13
Bluthochdruck, Diagnostik 10
Blutspenden, Medikamente, Kontraindikationen 27
Bluttransfusion, Blutungen, gastrointestinale 74
Blutungen, gastrointestinale, Transfusion 74
– intrakranielle, Nifedipin 73
Blutwerte, Fasten 71
Bobath, Apoplexie, Therapie 145
Borreliose 131
– Immunität, Diagnostik 79
– Übertragung 80
Bronchialsystem, hyperreagibles, Therapie 20
– – Ursachen 22

Captopril-Test 42, 43
Chlamydieninfektionen, Schwangerschaft 85
— Therapie 85
Cholesterin, Ernährung, vegetarische 98
— HDL-Werte 100, 105
Cholesterinbestimmung, Wertigkeit 98
Cholesterinsynthese 97

Delirium, Alkoholentzug 146
Depressionen, Lichttherapie 133
Dextraninfusion, Anaphylaxie 75
Diabetes, Blutzuckersenkung, ACE-Hemmer 106
— Typen, Differentialdiagnose 95
— Typ II, Kombinationstherapie 96
Dickdarmoperationen, Vorbereitung 63

Einsichtsrecht, Krankenunterlagen 161
Eisenbindungskapazität, Stellenwert 170
Eiweißspeicherkrankheiten 97
Elastase, Entzündungsparameter 175
— Schwangerschaft 175
Embolieprophylaxe, Arrhythmie, Vorhofflimmern 1
Enzephalopathie, hepatische, Therapie 153
Enzymtherapie, Polyarthritis 119
Epilepsie, Alkoholentzug 146
ERCP, Kontrastmittel, Gefahren 54
Erythema migrans, Impfung 131

Fasten, Blutwerte 71
Felder, elektromagnetische, Gefahren 173
Flumazenil, Leberversagen, Therapie 153
Folsäure, Mangel 103
Friedreichsche Ataxie, Therapie 139
Fuchsbandwurm, Übersicht 89

Gallensteine, Alkohol 66
— Diät 66
— Kaffee 66
Ganglion Gasseri, Elektrostimulation 137
Ganzkörperhyperthermie 31
Geriatrie, Verwirrtheit, Therapie 148
Gingivarezessionen, Prophylaxe 64
— Therapie 64
Glomerulonephritis, Diagnostik, Komplementfaktoren 45
Granuloma anulare, Therapie 135

H_2-Blocker, Indikationen 52
— Magenkarzinomrisiko 59
— Nebenwirkungen 57
HDL-Cholesterin 100, 105

Heparin, Indikationen 35
Hepatitis B, Immunität 50
— Nachkontrolle 51
Herzinsuffizienz, ACE-Hemmer, Vorsichtsmaßnahmen 157
— Vorhofflimmern 3
Herzkrankheit, koronare, Therapie 155
Herzrhythmusstörungen, Embolieprophylaxe 1
— Therapie 3
Hypercholesterinämie, Wertigkeit 98
Hyperkalzämie, Polyarthritis 121
Hyperlipoproteinämie, Therapie 101
Hyperparathyreoidismus, Differentialdiagnose 121
Hypertonie, arterielle, Kindesalter, Diagnostik 14
— — — Therapie 14
— — Nierendiagnostik 44
— Diagnostik 10
Hypertriglyzidämien, Schwangerschaft 107
Hyperurikämie, Behandlungsbedürftigkeit 93
— Risikofaktoren 93
Hyponatriämie 177
Hypothyreose, Polyarthritis 119

Immunkomplexe, Wertigkeit 110
Impfstoffkombinationen, neue, Wertigkeit 111
Impfung, Pneumokokken, Splenektomie 118
— Röteln, Schwangerschaft 114
Infertilität, Strahlenbelastung 92
Insektengift, Allergie, Diagnose 25
— — Hyposensibilisierung 25
Insulin, Fehldosierung 162

Jodprophylaxe 92

Kaffee, löslicher, Schädlichkeit 70
KHK siehe Herzkrankheit, koronare, Therapie
Klimakterium, Hormonhaushalt 91
Koagulation, Arrhythmie, Vorhofflimmern 1
Kortikoide, Bolusapplikation 151
Krankenunterlagen, Einsichtsrecht 161
Krebskrankheit, Levamisol 154

Langzeitantikoagulation, Arrhythmie, Vorhofflimmern 1
Lebensmittel, geräucherte, Kanzerogenität 70
Leberversagen, Therapie 153
Leberzysten, Ursachen 104
Levamisol, Tumortherapie 154
Lichttherapie, Depressionen 133
— Winterdepressionen 133

Lipase-Erhöhungen, Ursachen 55
Lumbalpunktion, Meningitis 138
Lungenembolie, Antikoagulation 36
Lupus erythematodes, Diagnostik 122
– – Therapie 123
Lyme-Borreliose siehe Borreliose

M. Alzheimer, Diagnostik 144
– Crohn, Thrombozytose 53
– Menière, Therapie 5
– Recklinghausen, Therapie 130
Magenresektion, Röntgenuntersuchung,
   postoperativ 58
– – präoperativ 58
Malaria, Prophylaxe 83
– Resochin, Nebenwirkungen 84
Mammakarzinom, Verlaufskontrolle,
   Tumormarker 29, 30
Mandeln, Immunologie 109
Marcumar, Unverträglichkeit 38
Melanom, Schwangerschaft 129
Melkfett, Neurodermitis 128
Meningitis, Lumbalpunktion 138
Mikrowelle, Milcherhitzung 167
– Milchflaschensterilisation 167
– Schädlichkeit, allgemeine 169
Mononukleose 90
Mumps, Impfung, Alter 113
Myokarditis, Virusinfektionen, Diagnostik 88

Nährstoffbedarf 67
Nephritiden, Diagnostik, Komplement-
   faktoren 45
Neurodermitis, Ernährung 127
– Melkfett 128
Nierenarterienstenose, Diagnostik 42, 43
Nifedipin, intrakranielle, Blutungen 73
Nikotin, Grenzwerte 180
Nitratpflaster 158
Nitroglyzerin, Dosierung 158
Nitroglyzerintherapie, Pflaster 158
Non-Hodgkin-Lymphome, Thymusextrakte 34
– – – Verlauf 34
Non-ulcer-Dyspepsie, Therapie 52

Ohrrauschen, M. Menière, Therapie 5
Okulomotoriusparesen, Therapie-
   möglichkeiten 143
Opioide, orale, Wertigkeit 165
Osteoporose, Therapie 121

Pankreatitis, Diagnostik 56
Parodontitis marginalis, Prophylaxe 64
– – Therapie 64
Periduralkatheter, Schmerztherapie 165
Phenprocoumon, Unverträglichkeit 38
Physostigmin, Alkoholintoxikation 75
Plantarwarzen, Therapie 132
Pneumokokkenimpfung, Indikationen 118
Pneumonien, Antibiotikatherapie 82
Poliomyelitis, Impfung, Erwachsene 115
Polyarthritis, Enzymtherapie 119
– Hyperkalzämie 121
– Hypothyreose 119
Porphyrie, akute, intermittierende,
   Therapie 28
Promit, Indikationen 75
Prostataadenom, Diagnose 41
Prostatakarzinom, Diagnose 41

Rauchen, Grenzwerte 180
Refluxösophagitis, Therapie 52, 57
Resochin, Nebenwirkungen 84
Rhinitis, Allergie, Alkohol 25
Röteln, Mehrfachinfektionen 81

Saunabesuch, Abhärtung 182
Schädelfraktur, Alkohol 163
Schädelröntgenaufnahme, Indikation 163
Schlafapnoe, Therapie 23
Schmelzflocken, Phytinsäure 168
Schmerztherapie, Periduralkatheter 165
Schnarchen, Schlafapnoe, Therapie 23
Schwangerschaft, Blutdrucküberwachung 13
– Hypertriglyzeridämien 107
– Melanom 129
– Röteln, Impfung 114
Schweinefleisch, Sutoxine 68
– Vorteile 68
Schwindel, M. Menière, Therapie 5
Spirometrie, Normalwerte 17
Splenektomie, Impfung 118
Steißbeinfisteln, Therapie 131
Stillen, Gewichtsabnahme 181
Strumaprophylaxe 92
Subarachnoidalblutungen, Diagnose 140
– Therapie 140
Subtraktionsangiographie, Aorta,
   Möglichkeiten 10
Sutoxine, Schweinefleisch 68
Syndrom, plurimetaboles 105

Tetanus, Impfung, Übersicht 116
Thermochemotherapie 31
Thromboseprophylaxe, Indikationen 35
Thrombozytose, M. Crohn 53
— reaktive, Ursachen 39
— Thromboembolie 39
Thymusextrakte, Kontraindikationen 33
Tonsillen, Immunologie 109
Trigeminusneuralgie, Therapie, Elektrostimulation 137
Tumormarker, Mammakarzinom, Verlaufskontrolle 29, 30
Tumorschmerzen, Therapie 165
Tumortherapie, Levamisol 154
Tumorthrombozytose 39

Ulzera, Therapie 52
Unterleibsoperationen, Verwachsungsschmerzen 61

Venenbypass, Nachbehandlung, Antikoagulanzien 6
Verschlußkrankheit, arterielle, Diagnose 9
— — Therapie 8
Verwachsungsschmerzen, Unterleibsoperationen 61
Verwirrtheit, Therapie 148
Virämie, Schutzwirkung 77
Vitamin A-Hypervitaminose, Leberzysten 104
Vorhofflimmern, Arrhythmie, Embolieprophylaxe 1
— Therapie 3

Warzen, Therapie 132
Winterdepressionen, Lichttherapie 133

Zellantikörper, Wertigkeit 124
Zöliakie, Krebsrisiko 47